Verzeichniß
der
Guttentag'schen Sammlung
Deutscher Reichsgesetze
und
Preußischer Gesetze.

Text-Ausgaben mit Anmerkungen.

Taschenformat.

Deutsche Reichsgesetze grün,
Preußische Gesetze grau cartonnirt.

1898.
Berlin SW.48.
Wilhelmstraße 119/120.
J. Guttentag, Verlagsbuchhandlung.

Guttentag'sche Sammlung Deutscher Reichsgesetze.

Text-Ausgaben mit Anmerkungen.

34. Reichsgesetz, betr. die **Abzahlungsgeschäfte.** Vom 16. Mai 1894. Von **J. Hoffmann,** Geh. Regierungsrath. 95 Pf.

35. Die **Reichs-Eisenbahngesetzgebung.** Von **W. Coermann,** Kais. Amtsrichter. 2 M. 25 Pf.

36. Gesetze, betr. die **privatrechtlichen Verhältnisse der Binnenschiffahrt und der Flößerei.** Von **H. Makower,** Justizrath. Zweite veränderte Auflage bearbeitet von E. Löwe, Landgerichtsrath. Im Druck.

37. Gesetz zur **Bekämpfung des unlauteren Wettbewerbs.** Vom 27. Mai 1896. Von Dr. **Stephan,** Regierungsrath. Zweite Auflage. 80 Pf.

38/39. **Bürgerliches Gesetzbuch nebst Einführungsgesetz.** In Verbindung mit Prof. Dr. **André,** Amtsgerichtsrath **Greiff,** Gerichtsassessor **Ritgen,** Landgerichtsrath Dr. **Unzner,** s. Z. Schriftführer bei der Kommission für die zweite Lesung des Entwurfs eines Bürgerlichen Gesetzbuchs, herausgegeben von Reichsgerichtsrath Dr. **A. Achilles,** s. Z. Kommissar des Reichs-Justizamts bei derselben Kommission. 8°. Gebunden in ganz Leinen. 5 M. 50 Pf.

Dieser Band ist in größerem Format erschienen!

Zu beziehen durch jede Buchhandlung.

Verlag von **J. Guttentag** in Berlin SW.48.

Guttentag'sche Sammlung
№ 1. Preußischer Gesetze. № 1.
Text-Ausgaben mit Anmerkungen.

Die Verfassungs-Urkunde für den Preußischen Staat

nebst Ergänzungs- und Ausführungs-Gesetzen.

Mit Einleitung, Kommentar und Sachregister

von

Dr. Adolf Arndt.

Dritte, vermehrte und verbesserte Auflage.

Berlin SW.48.
J. Guttentag, Verlagsbuchhandlung.
1894.

Inhalt.

(Die in den Text oder die Anmerkungen vollständig oder unvollständig eingeflochtenen Gesetze und Verordnungen sind hier nicht aufgeführt.)

Abkürzungen.

AbgH. = Abgeordnetenhaus.
Abs. = Absatz.
AE. = Allerhöchster Erlaß.
ALR. = Allgemeines Landrecht für die Preußischen Staaten.
Anl. = Anlage.
Anm. = Anmerkung.
B. = Bekanntmachung.
betr. = betreffend.
BGBl. = Bundesgesetzblatt.
CPO. = Civilprozeßordnung.
CR. oder Cirk.-Reskr. = Cirkular-Reskript.
d. h. oder d. i. = das heißt oder das ist.
E. oder Entsch. = Entscheidungen des bezüglichen Gerichts.
E. oder Erk. = Erkenntniß.
EG. = Einführungsgesetz.
G. oder Ges. = Gesetz.
GA. = Goltdammer's Archiv.
GewO. = Gewerbeordnung.
GS. = preußische Gesetzsammlung.
GVG. = Gerichtsverfassungsgesetz.
HerrH. = Herrenhaus.
HGB. = Handelsgesetzbuch.
JMBl. = Justizministerialblatt.
Instr. = Instruktion.
JV. = Verfügung des Justizministers.
KG. = Kammergericht.

KO. oder KabO. = Kabinetsordre.
KommBer. = Kommissions-Bericht.
M. oder Mot. = Motive.
Min. = Minister.
MV. = Ministerial-Verfügung.
Nr. = Nummer.
OR. = Oppenhoff, Rechtsprechung des Ober-Tribunals.
OVG. = Oberverwaltungsgericht.
R. = Rechtsprechung des Reichsgerichts in Strafsachen.
RB. = Rekursbescheid.
RCBl. = Centralblatt für das Deutsche Reich.
Regl. = Reglement.
RG. = Reichsgericht.
RGBl. = Reichsgesetzblatt.
RMilG. = Reichsmilitärgesetz.
RMilStrGB. = Reichsmilitärstrafgesetzbuch.
ROHG. = Reichs-Oberhandelsgericht.
StrGB. = Strafgesetzbuch.
StrPO. = Strafprozeßordnung.
V. = Verordnung.
Verf. = Verfügung.
vgl. = vergleiche.
VMBl. = Ministerialblatt für die gesammte innere Verwaltung.
z. B. = zum Beispiel.

I. Einleitung.

Entstehung und Charakter der preußischen Verfassungsurkunde.

(v. Rönne, Preuß. Staatsr. 4. Aufl. I §§ 4 ff. H. Schulze, das Preuß. Staatsr. Bd. I § 32 a. a. O. Arndt, Verordnungsrecht des deutschen Reichs auf der Grundlage des Preußischen und unter Berücksichtigung des fremdländischen Verordnungsrechts systematisch dargestellt, Berlin 1884 S. 61 ff. v. Stengel, das Staatsrecht des Königreichs Preußen.)

Bis zum Jahre 1848 bildete Preußen eine ständische Monarchie. Die Stände hatten seit dem achtzehnten Jahrhundert keine beschließende Stimme mehr. Soweit sie nicht in Vergessenheit geriethen, wurden sie nur noch zur Erbhuldigung des jedesmaligen Landesherrn berufen. Alles, was sich auf den Willen des Königs zurückführte, war geltendes Recht. „Alle Rechte und Pflichten des Staats gegen seine Bürger und Schutzverwandten vereinigen sich in dem Oberhaupte desselben" (ALR. Thl. II Tit. 13 § 1). „Die vorzüglichste Pflicht des Oberhauptes im Staat ist, sowohl die äußere als innere Ruhe und Sicherheit zu erhalten, und einen Jeden bei dem Seinigen gegen Gewalt und Störungen zu schützen (§ 2). „Ihm kommt es zu, für Anstalten zu sorgen, wodurch den Einwohnern Mittel und Gelegenheit verschafft werden, ihre Fähigkeiten und Kräfte auszubilden, und dieselben zur Beförderung ihres Wohlstandes anzuwenden" (§ 3). „Dem Oberhaupte im Staat gebühren daher alle Vorzüge und Rechte, welche zur Erreichung dieser Endzwecke erforderlich sind" (§ 4). „Die Vertheidigung des Staats gegen auswärtige Feinde anzuordnen; Kriege zu führen; Frieden zu schließen; Bündnisse und Verträge mit fremden Staaten zu errichten..." (§ 5). „... Gesetze und allgemeine Polizeiverordnungen zu geben, dieselben wieder aufzuheben, und Erklärungen darüber mit gesetzlicher Kraft zu ertheilen..." (§ 6). „Privilegia als Ausnahmen von dergleichen Gesetzen zu bewilligen, Standeserhöhungen, Staatsämter und Würden zu verleihen..." (§ 7). „... Verbrechen zu verzeihen; Untersuchungen niederzuschlagen; Verbrecher ganz oder zum Theil zu begnadigen..." (§ 9). „... Münzen, Maaß und Gewicht zu bestimmen..." (§ 72). „Alle im Staat vorhandenen und entstehenden... öffentlichen Anstalten sind der Aufsicht des Landesherrn... unterworfen (§ 13). „... die Personen, ihre Gewerbe, Producte oder Consumtion mit Abgaben zu belegen..." (§ 15).

In einer wesentlichen Hinsicht hatten sich Preußens Könige selbst beschränkt, — dahin, daß „in den Gerichtshöfen die Gesetze sprechen und der Souverain schweigen muß" und daß in bürgerlichen Rechtsstreitigkeiten auch der Monarch Recht vor den ordentlichen Gerichten geben und nehmen muß.[1] Die Trennung der richterlichen Gewalt, die ein wesentliches Resultat der konstitutionellen Theorie darstellt — war schon im absoluten Staate Preußen durchgeführt.

Nach dem Frieden von Tilsit i. J. 1807 wurden, hauptsächlich um den gefährdeten Staatskredit wieder herzustellen, die Stände, wo sie sich erhalten hatten (Ostpreußen), oder neu geschaffene Repräsentanten derselben (Schlesien) zur Berathung der Staatsangelegenheiten durch die KO's. v. 27. Febr. und 17. Dez. 1808 herangezogen. Die Verordnung wegen verbesserter Einrichtung der Provinzial-, Polizei- und Finanzbehörden v. 26. Dez. 1808 (GS. 1806/10 S. 464) schrieb vor (§§ 18 bis 20), daß bei jeder (Bezirks-)Regierung landständische Repräsentanten mit vollem Stimmrecht an den Geschäften theilnehmen sollten. Diese Vorschrift wurde indeß durch die Verordnung wegen verbesserter Einrichtung der Provinzialbehörden v. 30. April 1815 (GS. 85) nicht wiederholt und beseitigt.

Eine Nationalrepräsentation wurde zuerst in dem Edikte Friedrich Wilhelms III. über die Finanzen des Staates und die neuen Einrichtungen wegen der Abgaben v. 27. Okt. 1810 (GS. 31) verheißen, indem der König zum Schlusse desselben erklärte: Wir behalten Uns vor, „der Nation eine zweckmäßig eingerichtete Repräsentation, sowohl in den Provinzen als für das Ganze zu geben, deren Rath Wir gern benutzen und in der

[1] E. Loening, Verwaltungsarchiv II S. 258.

Wir — Unsern getreuen Unterthanen die Ueberzeugung fortwährend geben werden, daß der Zustand des Staats und der Finanzen sich bessere und daß die Opfer, welche zu dem Ende gebracht werden, nicht vergeblich sind". Eine ähnliche Verheißung erfolgte in dem Edikte über die Finanzen des Staats und das Abgabensystem v. 7. Sept. 1811 (GS. 262) § 14. Eine interimistische Repräsentation war bereits im Febr. 1811 zu Berlin versammelt worden.

In der Verordnung, betreffend die zu bildende Repräsentation des Volks, v. 22. Mai 1815 (GS. 103) bestimmte, „um der Preußischen Nation ein Pfand Unseres Vertrauens zu geben und damit der Nachkommenschaft die Grundsätze, nach welchen unsere Vorfahren und Wir selbst die Regierung Unsers Reichs — geführt haben, treu überliefert und vermittelst einer schriftlichen Urkunde als Verfassung des Preußischen Reichs dauerhaft bewahrt werden", der König:

§ 1. „Es soll eine Repräsentation des Volks gebildet werden.

§ 2. Zu diesem Zwecke sind:

a) die Provinzialstände da, wo sie mit mehr oder minder Wirksamkeit noch vorhanden sind, herzustellen, und dem Bedürfnisse der Zeit gemäß einzurichten;

b) wo gegenwärtig keine Provinzialstände vorhanden sind, sie anzuordnen.

§ 3. Aus den Provinzialständen wird die Versammlung der Landes-Repräsentanten gewählt, die in Berlin ihren Sitz haben soll.

§ 4. Die Wirksamkeit der Landes-Repräsentanten erstreckt sich auf die Berathung über alle Gegenstände der Gesetzgebung, welche die persönlichen und Eigenthumsrechte der Staatsbürger, mit Einschluß der Besteuerung, betreffen".

Eine beschließende und entscheidende Mitwirkung der Volksvertretung ist hiernach nicht versprochen worden. Solches geschah erst in (und innerhalb der Grenzen) der Verordnung wegen der künftigen Behandlung des gesammten Staatsschuldenwesens v. 17. Jan. 1820 (GS. 9). In § II derselben heißt es nämlich: „Sollte der Staat künftighin zu seiner Erhaltung oder zur Förderung des allgemeinen Besten in die Nothwendigkeit kommen, zur Aufnahme eines neuen Darlehns zu schreiten, so kann solches nur mit Zuziehung und unter Mitgarantie der künftigen reichsständischen Versammlung geschehen". So weit — nicht weiter — war also den Ständen ein votum decisivum verheißen worden. Noch weniger erfolgte eine solche Verheißung durch die Gesetze des Deutschen Bundes:

Art. 13 der deutschen Bundesakte v. 8. Juni 1815 bestimmte hierüber nur: „In allen Bundesstaaten wird eine landständische Verfassung Statt finden".[1] In Ansehung dieser Bestimmung verordnete die in Preußen als Landesgesetz publizirte Wiener Schlußakte v.

---

[1] Preuß. GS. 1818 Anh. S. 143 ff.

15. Mai 1820 (GS. 1820 S. 113) Art. 55: „Den souveränen Fürsten der Bundesstaaten bleibt überlassen, diese innere Landes-Angelegenheit, mit Berücksichtigung sowohl der früherhin gesetzlich bestandenen ständischen Rechte, als der gegenwärtig obwaltenden Verhältnisse zu ordnen". Art. 57: „Da der deutsche Bund, mit Ausnahme der freien Städte, aus souveränen Fürsten besteht, so muß, dem hierdurch gegebenen Grundbegriffe zufolge, die gesammte Staatsgewalt in dem Oberhaupte des Staats vereinigt bleiben, und der Souverän kann durch eine landständische Verfassung nur in der Ausübung bestimmter Rechte an die Mitwirkung der Stände gebunden werden.

Art. 58. „Die im Bunde vereinten souveränen Fürsten dürfen durch keine landständische Verfassung in der Erfüllung ihrer bundesmäßigen Verpflichtungen gehindert oder beschränkt werden".

Die verheißene Nationalrepräsentation kam in Preußen nicht zu Stande. Das allgemeine Gesetz wegen Anordnung der Provinzialstände v. 5. Juni 1823 (GS. 129) ordnete die Errichtung von Provinzialständen „im Geiste der älteren deutschen Verfassung" an, erklärte das Grundeigenthum zur Bedingung der Standschaft und die Provinzialstände für das gesetzmäßige Organ der verschiedenen Stände der Unterthanen in jeder Provinz und bestimmte deren Wirkungskreis, wie folgt:

1. Den Provinzialständen sollen die Gesetzentwürfe zur Berathung vorgelegt werden, welche allein die Provinz angehen.

2. So lange keine allgemeinen ständischen Versammlungen stattfinden, sollen ihnen auch die Entwürfe solcher allgemeinen Gesetze, welche Veränderungen in Personen- und Eigenthumsrechten und in den Steuern zum Gegenstande haben, soweit sie die Provinz betreffen, zur Berathung vorgelegt werden.
3. Den Provinzialständen soll das Recht zustehen, Bitten und Beschwerden, welche auf das spezielle Wohl und Interesse der ganzen Provinz oder eines Theiles derselben Bezug haben, an den König gelangen zu lassen.
4. Ihren Beschlüssen, unter Vorbehalt Königlicher Genehmigung und Aufsicht, sollen die Kommunalangelegenheiten der Provinz überlassen werden.

Die Provinzialstände — nicht die allgemeinen Landstände — wurden durch drei Gesetze v. 1. Juli 1823 (GS. 130) und fünf Gesetze v. 27. März 1824 (GS. 62 ff.) alsbald ins Leben gerufen.

Hauptsächlich der Umstand, daß nach der Verordnung v. 17. Jan. 1820 (GS. 9) Staatsanleihen „nur mit Zuziehung und unter Mitgarantie der reichsständischen Versammlung" aufgenommen werden sollten, veranlaßte — um eine Anleihe für Erbauung der Ostbahn abzuschließen — das Patent, die ständischen Einrichtungen betreffend, v. 3. Febr. 1847 (GS. 33). Dasselbe verordnete:

1. „So oft die Bedürfnisse des Staates entweder neue Anleihen, oder die Einführung neuer, oder eine Erhöhung der bestehenden Steuern erfordern möchten, werden Wir die Provinzialstände der

Monarchie zu einem Vereinigten Landtage um Uns versammeln, um für Erstere die durch die Verordnung über das Staatsschuldenwesen vorgesehene ständische Mitwirkung in Anspruch zu nehmen und zu Letzterer Uns ihrer Zustimmung zu versichern".

2. „Den Vereinigten ständischen Ausschuß werden Wir fortan periodisch zusammenberufen".

3. „Dem Vereinigten Landtage und in dessen Vertretung dem Vereinigten ständischen Ausschusse übertragen Wir:

a) in Bezug auf den ständischen Beirath bei der Gesetzgebung diejenige Mitwirkung, welche den Provinzialständen durch das Gesetz v. 5. Juni 1823 § III Nr. 2, so lange keine allgemeine ständische Versammlungen Statt finden, beigelegt war;

b) die durch das Gesetz v. 17. Jan. 1820 vorgesehene ständische Mitwirkung bei der Verzinsung und Tilgung der Staatsschulden, soweit solche nicht der ständischen Deputation für das Staatsschuldenwesen übertragen wird;

c) das Petitionsrecht über innere, nicht bloß provinzielle Angelegenheiten."

Der Vereinigte Landtag bestand nach einer Verordnung v. 3. Febr. 1847 (GS. 34) aus der Vereinigung der acht Provinziallandtage zu Einer Versammlung. Er war in zwei Kurien eingetheilt: die Herrenkurie (Stand der Fürsten, Grafen und Herren mit 80 Stimmen) und die Kurie der drei Stände (Abgeordnete der Ritterschaft mit 231, der Städte mit 182 und der Landgemeinden mit 124 Stimmen). Beide Kurien beriethen und beschlossen theils abgesondert, theils in vereinigter Sitzung als Vereinigter Landtag.

Der Vereinigte Landtag trat am 11. April 1847 in Berlin zusammen, erbat in einer Adresse am 20. April eine Vermehrung seiner Rechte, namentlich die (im Patente nur seinem Ausschusse zugesicherte) Periodizität, erhielt hierauf am 22. April einen abschläglichen Bescheid, lehnte die Anleihe für die Ostbahn ab und wurde am 26. Juni geschlossen.

Dem am 17. Jan. 1848 nach Berlin wieder einberufenen Vereinigten Landtage wurde in der Schlußsitzung durch Königl. Botschaft v. 6. März die Periodizität gewährt.

Am 18. März 1848 erging die Königl. Proklamation, betreffend die künftige Staatsverfassung (BMBl. 81). In derselben wird das Verlangen gestellt, daß Deutschland aus einem Staatenbund in einen Bundesstaat verwandelt werde, und in dieser Beziehung bemerkt: „Wir erkennen an, daß dies eine Reorganisation der Bundesverfassung voraussetzt, welche nur im Verein der Fürsten mit dem Volke ausgeführt werden kann. — Wir erkennen an, daß eine solche Bundesrepräsentation eine konstitutionelle Verfassung aller deutschen Länder nothwendig erheische".

Die Proklamation hinderte den Ausbruch der Revolution noch am nämlichen Tage nicht. Diese endete trotz des Sieges der Truppen durch deren Zurückziehung aus Berlin kraft Königlichen Befehls. Der Aufruf König Friedrich Wilhelms IV. v. 21. März an das (Preußische) Volk und die Deutsche Nation (VMBl. 82) bezeichnete „die Einführung wahrer konstitutioneller Verfassungen, mit Verantwortlichkeit der Minister in allen Einzelstaaten, gleiche politische und bürgerliche Rechte für alle religiöse Glaubensbekenntnisse und eine wahrhaft volksthümliche, freisinnige Verwaltung" als die einzigen Mittel, welche im Stande sind, „die sichere und innere Freiheit Deutschlands zu bewirken und zu befestigen".

Mit der (zwar politisch zur Wahrung der Rechtskontinuität, aber nicht staatsrechtlich bedeutsamen) Zustimmung des Vereinigten Landtages erging die Verordnung über einige Grundlagen der künftigen Verfassung v. 6. April 1848 (GS. 87) und das Wahlgesetz v. 8. April 1848 (GS. 89). Erstere bestimmte in § 6: „Den künftigen Vertretern des Volks soll jedenfalls die Zustimmung zu allen Gesetzen, sowie zur Festsetzung des Staatshaushalts-Etats und das Steuerbewilligungsrecht zustehen". Die staatsrechtliche Bedeutung dieses Gesetzes ist die einer bloßen Verheißung. Solange die versprochene Konstitution nicht zu Stande kam, blieb der König unumschränkter Gesetzgeber, welcher als solcher rechtlich nicht verhindert war, die Verordnung v. 6. April 1848 beliebig wieder aufzuheben. Auch durch das Wahlgesetz v. 8. April 1848 begab sich der König seiner Machtfülle nicht. Es heißt in demselben (§ 13):

„Die auf Grund des gegenwärtigen Gesetzes zusammentretende Versammlung ist dazu berufen:

a) die künftige Staatsverfassung durch Vereinbarung mit der Krone festzustellen und

b) die seitherigen reichsständischen Befugnisse namentlich in Bezug auf die Bewilligung von Steuern und Staatsanleihen für die Dauer ihrer Versammlung interimistisch auszuüben".

Eine Verpflichtung, sich über die Veräußerung von Befugnissen zu „vereinbaren", mag politisch wichtig und werthvoll sein, rechtlich ist sie werthlos. Die Erfüllung einer solchen Verpflichtung liegt im freien Willen des Verpflichteten, weil dieser nicht gezwungen ist, eine Uebereinstimmung mit dem anderen Kontrahenten herbeizuführen. Rechtlich wäre die Verpflichtung gesichert, wenn etwa der König die Beschlüsse der Versammlung hätte acceptiren müssen, — wenn diese also statt zur Vereinbarung zur Konstituirung einer Verfassung ermächtigt worden wäre —, oder wenn etwa ein Dritter den mangelnden Konsens des Königs zu den Beschlüssen der Versammlung hätte ergänzen dürfen. Ohne die Zustimmung des Königs konnte die auf Grund des Wahlgesetzes berufene Nationalversammlung keine Verfassung vereinbaren; bis zu einer solchen Vereinbarung aber blieb der König unumschränkter Gesetzgeber und konnte daher, ohne daß er rechtlich hieran gehindert war, beliebig das Wahlgesetz wieder aufheben und die Nationalversammlung vertagen, verlegen und auflösen.[1]

[1] In Ansehung des verfassungsberathenden Norddeutschen Reichstages ist von keiner Seite auch nur in Zweifel gezogen, daß

Anders waren die Ansichten des größten Theils der Nationalversammlung. Diese gemäß dem Wahlgesetz v. 8. April 1848 auf Grund allgemeinen, gleichen und geheimen Stimmrechts mittelbar (durch Wahlmänner) gewählte Versammlung, welche am 22. Mai 1848 in Berlin zusammenberufen wurde, zählte bei 402 Mitgliedern vier Parteien. Die Linke (Waldeck) erklärte in ihrem Rechenschaftsbericht v. 25. Juni 1848 das Prinzip der Volkssouveränität mit allen seinen Konsequenzen als maßgebend und legte demgemäß der Nationalversammlung, als der Vertretung des souveränen Volks, das alleinige Recht der Feststellung der Verfassung bei. Das Programm des linken Centrums (Rodbertus) v. 27. Mai forderte die konstitutionelle Monarchie mit demokratischer Grundlage und nur ein aufschiebendes Veto für die Krone; dasjenige des rechten Centrums (von Unruh) v. 3. Juni erkannte zwar das Wahlgesetz v. 8 April, wonach die Verfassung nur durch Vereinbarung mit der Krone zu Stande gebracht werden sollte, als maßgebend an, stellte aber zugleich den Satz auf, daß die Krone nicht das Recht habe, die Nationalversammlung aufzulösen, und daß der ersteren nur ein aufschiebendes Veto einzuräumen sei; dasjenige endlich der Rechten (Milde, Grabow, P. Reichensperger) betonte die Nothwendigkeit der erblichen konstitutionellen Monarchie,

---

die verbündeten Regierungen den Reichstag vertagen, verlegen und auflösen könnten und daß dieser nicht einseitig eine Verfassung festsetzen dürfte.

erklärte das Wahlgesetz v. 8. April als den Rechtsboden der Nationalversammlung und forderte die gemeinschaftliche Ausübung der Souveränitätsrechte durch König und Volk.[1] Die drei erstgenannten Parteien verfügten über die Mehrheit, und unter ihnen erhielt unter dem Drucke aufrührerischer Volksmassen und der Fahnenflucht vieler Mitglieder der Rechten allmählich die Linke die Führung.

Mit der Königl. Botschaft v. 20. Mai 1848 wurde der Entwurf eines Verfassungsgesetzes ohne Motive der Nationalversammlung zur Erklärung vorgelegt. (Verhandlungen der Nationalversammlung 1 S. 1 ff.). Die Versammlung übertrug am 15. Juni einer Kommission von 24 Mitgliedern „die Umarbeitung des Regierungsentwurfs oder die Ausarbeitung eines neuen Entwurfs". Die Kommission, deren Vorsitzender der Ober-Tribunalsrath Waldeck war, überreichte am 26. Juli einen von ihr ausgearbeiteten Entwurf der Verfassungsurkunde nebst Motiven. (Protokolle der Kommission, herausgegeben von Rauer, Berlin 1849, Verhandlungen der National-

---

[1] Prinz Wilhelm (nachmals Kaiser Wilhelm I) für den Wahlkreis Wirsitz gewählt, erschien am 8. Juni in der Nationalversammlung und erklärte: „Die Blicke der Welt sind auf unsere Versammlung gerichtet, da durch sie eine Vereinbarung mit unserem Könige herbeigeführt werden soll, welche für lange Zeit die Schicksale des Preußischen Volks und seiner Könige feststellen soll. — Die konstitutionelle Monarchie ist die Regierungsform, welche unser König zu gehen uns vorgezeichnet hat. Ich werde ihr mit der Treue und Gewissenhaftigkeit meine Kräfte weihen, wie das Vaterland sie von Meinem ihm offen vorliegenden Charakter erwarten kann".

versammlung I S. 630 f., 729 ff.) Das Plenum berieth und beschloß in der Zeit v. 12. bis 23. Okt. nur über den Eingang und die vier ersten Artikel des Kommissionsentwurfs. Am 9. Nov. wurde die Versammlung mit Bezug auf die Bedrohungen und Störungen aufrührerischer Volkshaufen durch Königl. Botschaft v. 8. Nov. (Ministerium Graf Brandenburg, Manteuffel) (BMBl. 1848 S. 308) nach Brandenburg verlegt und bis zum 22. Nov. vertagt. Die Mehrheit beschloß nach Reden der früheren Minister Gierke und Bornemann mit 252 Stimmen, der Botschaft nicht Folge zu leisten, der Krone das Recht zur Vertagung, Verlegung und Auflösung bestreitend. Am 10. Nov. rückten die in der Nacht zum 19. März nach siegreichem Kampfe aus Berlin abgezogenen Truppen dort ohne Schwertstreich unter Wrangel ein, worauf die Bürgerwehr widerstandslos aufgelöst und entwaffnet, der Belagerungszustand über Berlin verhängt und das Forttagen der Nationalversammlung mit Gewalt verhindert wurde, nachdem diese am 15 Nov. noch beschlossen hatte: „das Ministerium Brandenburg ist nicht berechtigt, über die Staatsgelder zu verfügen und die Steuern zu erheben". — Durch Königl. Verordnung v. 5. Dez. 1848 (GS. 371)[1] er-

[1] Der in der GS. 1848 S. 371 abgedruckte Bericht des Staatsministeriums an die Krone giebt als Grund der Auflösung an, „daß die Mehrzahl der Abgeordneten, ungeachtet der Vertagung und Verlegung der Versammlung, ihre Berathungen eigenmächtig in Berlin festgesetzt und sich angemaßt habe, als eine souveräne Gewalt über Rechte der Krone zu entscheiden, insbesondere die Steuerweigerung zu proklamiren und hierdurch die Brandfackel der Anarchie in das

folgte die Auflösung der Nationalversammlung. Am gleichen Tage verlieh der König die in der Gesetzsammlung als Gesetz veröffentlichte Verfassungsurkunde v. 5. Dez. 1848. Dieselbe heißt gewöhnlich die „oktroyirte", — weil sie nicht mit der Nationalversammlung vereinbart war —; sie ist aber nicht mehr und nicht weniger oktroyirt als alle anderen Gesetze, welche bis an jenen Tag in Preußen erlassen wurden. Aeußerlich schloß sich diese Verfassung an die Arbeiten der Kommission der Nationalversammlung an; sie enthielt wenige, aber sehr bedeutende Abweichungen von dem Entwurf dieser Kommission.

Die Rechtsgültigkeit der Verfassungsurkunde v. 5. Dez. 1848 ist vielfach bestritten worden (z. B. von den Abgeordneten der II. Kammer von Berg, Jacoby, Waldeck, von Unruh, Schneider (Schönebeck) am 19. und 20. März 1849).[1] Das aus dem Wahlgesetz v. 8. April 1848 für die Rechtsungültigkeit hergenommene Argument ist bereits widerlegt worden; das andere viel stärker be-

---

Land zu schleudern — daß hiernächst die Versammlung in Brandenburg nicht in beschlußfähiger Anzahl zusammengekommen sei, und daß die von der der Verlegung sich widersetzenden Partei späterhin dort eingetretenen Mitglieder dadurch, daß sie sich nach kurzer Frist wieder entfernt, die Versammlung abermals wieder beschlußunfähig gemacht —, daß somit die Majorität der Versammlung sich in offener Auflehnung gegen die Königl. Anordnungen befinde und auf einem Standpunkte verharre, der die Möglichkeit einer Vereinbarung mit der Krone ausschließe — —."

[1] Vgl. Verhandlungen der (aufgelösten) zweiten Kammer 1849 S. 152, 153, 155, 176, 182.

tonte, daß es „die natürliche Berechtigung jedes Volkes sei, bei allen Gesetzen mit entscheidender Stimme mitzuwirken",[1] entbehrt jeder rechtlichen Grundlage. Am 6. Dez. 1848 erließ der König zwei Wahlgesetze (GS. S. 395 und 499), dasjenige für die zweite Kammer entspricht im Wesentlichen dem v. 8. April (gleiches, allgemeines, geheimes, mittelbares Wahlrecht für alle selbstständigen Preußen), das für die erste Kammer berief zu Wählern alle Preußen, die über 30 Jahre alt waren und wenigstens 8 Thlr. Klassensteuer im Jahre zahlten, oder Grundbesitz im Werthe von 5000 Thlr., oder ein jährliches Reineinkommen von 500 Thlr. nachwiesen. Beide Kammern (die zweite allerdings mit geringer Mehrheit) haben die Verfassung v. 5. Dez. 1848 „als

[1] Der Abgeordnete von Bismarck-Schönhausen bemerkte am 22. März 1849 (Verhbl. der II. Kammer S. 233) den Oppositionsrednern gegenüber, sie thäten so, „als ob das ganze Staatsrecht auf der Barrikade beruhe". Viele gingen damals von der Auffassung aus, als ob naturrechtlich der Volkswille die alleinige Rechtsquelle, die Nation und bezw. ihre Vertretung der einzige und wahre Souverän seien. Dies war, bestimmter und unbestimmter ausgesprochen, die Ansicht der Mehrheit der Nationalversammlung und der politischen Tagesschriftsteller (z. B. Rodbertus). Die Nationalversammlung hatte demgemäß am 12. Okt. 1848 mit 217 gegen 143 die Worte „von Gottes Gnaden" in der Einleitungsformel zur VerfUrk. gestrichen, nachdem Schulze-Delitzsch erklärt hatte: „Man pflegt, wenn ein Handlungshaus bankerott geworden ist, die Firma nicht in das neue Geschäft herüber zu nehmen. Nun glaube ich, daß in der Geschichte der Absolutismus mit der alten Firma „von Gottes Gnaden" vollständig bankerott gemacht habe. Ich rathe daher, wir nehmen die alte bankerotte Firma nicht mit in das neue Geschäft hinüber."

das nunmehr gültige Grundgesetz des Preußischen Staates" ausdrücklich anerkannt.[1] Dieses Anerkenntniß, auf welches von den Staatsrechtslehrern großer Werth gelegt wird, mag für das Ansehen der Verfassung werthvoll gewesen sein; vom Rechtsstandpunkte ist es dagegen ohne jede Bedeutung, daß die Kammern, welche erst auf Grund der vom Könige verliehenen Verfassung und der zu dieser Verfassung ergangenen Gesetze v. 6. Dez. 1848 (GS. 395) erwählt waren, welche also in dieser Verfassung erst die rechtliche Grundlage ihrer Existenz fanden, dieselbe als gültig anerkannten.

Durch die Verfassungsurkunde v. 5. Dez. 1848 ist Preußen in die Reihe der konstitutionellen Staaten eingetreten. Jedes andere bis dahin erlassene Gesetz konnte der König einseitig und beliebig widerrufen; durch die Verfassungsurkunde band der König kraft eigener Prärogative seinen solange unumschränkten Willen für alle Zukunft dahin, daß er fortan nur noch nach Maßgabe dieser Verfassung Gesetze geben und zurücknehmen durfte. Soweit die Verfassung eine Beschränkung der Königlichen Macht nicht enthielt, war der König im Vollbesitze seiner Macht verblieben. Mag die Verfassung politisch eine Nothwendigkeit gewesen sein, rechtlich ist sie ein Akt der freien Gnade gewesen; denn es gab keine Rechtsnorm, welche den König zwang oder zwingen konnte, überhaupt eine Verfassung zu geben, d. h. auf die Ausübung eines Theils seiner Königlichen Befugnisse zu verzichten.

---

[1] BMBl. 1849 S. 35, 36.

Tritt man von diesen Gesichtspunkten in die Prüfung der staatsrechtlichen Bedeutung der Verfassung ein, so ergiebt schon die Einleitung, daß die Verfassung nur eine vorläufige sein sollte; denn es war eine Revision derselben im ordentlichen Wege der Gesetzgebung vorbehalten worden.[1] Von weit größerer rechtlicher und thatsächlicher Bedeutung ist aber Absatz 2 des Artikels 105, welcher lautet:

„Wenn die Kammern nicht versammelt sind, können in dringenden Fällen, unter Verantwortlichkeit des gesammten Staatsministeriums, Verordnungen mit Gesetzeskraft erlassen werden, dieselben sind aber den Kammern bei ihrem nächsten Zusammentritt zur Genehmigung sofort vorzulegen."

Beachtet man, daß dieses Königliche Verordnungsrecht in Ansehung seines Inhalts unumschränkt war und insbesondere auch nicht einmal an der Verfassungsurkunde seine Grenze finden sollte, so kann man der Opposition vom juristischen Standpunkte aus kaum widersprechen, wenn sie durch die angezogene Vorschrift die ganze, im Uebrigen die Königlichen Rechte weit mehr als die heutige beschränkende Verfassung v. 5. Dez. 1848 als in Frage gestellt und zur Verfügung des Königs stehend erachtete. Unter Bezugnahme auf Artikel 105 wurden bis zur Verfassungsurkunde v. 31. Jan. 1850 die wichtigsten Gesetze erlassen: über das Gerichtsverfahren in Straf- und Civil-

[1] Die Kammern werden deshalb die „Revisionskammern" genannt.

sachen, die Gerichtsorganisation, den Belagerungszustand, die Presse, das Vereins- und Versammlungswesen, das Disciplinarrecht u. dergl. m.

Auf Grund des Artikels 49 der Verfassung löste der König am 27. April 1849 die zweite Kammer auf[1] und erließ in Ausführung der Artikel 67 bis 74 und auf Grund des Artikels 105 am 30. Mai 1849 eine neue, und zwar die noch heute gültige Wahlordnung für die zweite Kammer.[2] Mit Unrecht ist die Gültigkeit dieser Wahlordnung bestritten worden.[3] Wenn der Wortlaut des Abs. 2 Art. 105 in seiner Abweichung von den entsprechenden Vorschriften anderer Verfassungsurkunden und namentlich auch von Artikel 63 der heutigen Preußischen Verfassungsurkunde berücksichtigt, wenn erwogen wird, daß Voraussetzung und Inhalt der in Artikel 105 ausgedrückten Königlichen Oktroyirungsbefugniß **ausschließlich** und **einzig** in das Königliche Ermessen gestellt waren, wenn endlich der Inhalt und Gegenstand der übrigen,

---

[1] Die Auflösung erfolgte (BMBl. 1849 S. 57 f.), weil in der II. Kammer keine feste Mehrheit bestanden, und weil die Kammer u. A. bei ihren Beschlüssen, wodurch die von der Deutschen Nationalversammlung in Frankfurt beschlossene Verfassung (ohne die Zustimmung des Königs) für verbindlich und die Fortdauer des über Berlin verhängten Belagerungszustandes für ungesetzlich erklärt wurden, sich nicht immer in den Schranken ihrer Befugnisse gehalten habe.

[2] GS. 1849 S. 205. S. auch die Proklamation v. 15. Mai und den Bericht des Staatsministeriums v. 29. Mai 1849 (BMBl. S. 85 ff.).

[3] S. v. **Rönne** I S. 44 Anm. 3.

auf Grund derselben Vorschrift anstandslos vorgenommenen und von den Kammern gutgeheißenen Oktroyirungen in Betracht gezogen werden, so ist die Schlußfolgerung unabweislich, daß die Königliche Verordnung v. 30. Mai 1849, betreffend die Wahl der Abgeordneten zur zweiten Kammer, rechtlich unanfechtbar wurde, sobald sie die in Art. 105 vorbehaltene nachträgliche Genehmigung der beiden Kammern erhielt. Und sie erhielt diese Genehmigung.[1] Für die Legalität der Wahlen und der Kammern war auch unerheblich, daß die Wahlen für die zweite Kammer von der Staatsregierung zu spät[2] anberaumt und die Kammern zu spät[2] einberufen wurden. Eine Regierung macht sich verantwortlich, wenn sie die verfassungsmäßig angeordneten Fristen für Neuwahlen und für das Zusammentreten des Landtages überschreitet; aber gleichwohl bleiben die verspäteten Wahlen gültig und die Kammern verlieren ihre rechtliche Grundlage um deswegen nicht, weil sie nicht zur angeordneten Zeit zusammentreten. Ueberdies haben beide Kammern den Erlaß der Verordnung v. 30. Mai 1849, „wodurch der Zusammentritt der Wähler und der Kammern über die durch den Artikel 49 der Verfassungsurkunde festgesetzten Termine hinaus verschoben worden, als durch

---

[1] Vgl. Verhandlungen der I. Kammer S. 614 ff., der II. Kammer 1690, 1691. Insbesondere beschloß die II. Kammer ohne Diskussion auf den Antrag ihrer Kommission, der Verordnung v. 30. Mai 1849 die (von der Staatsregierung nachgesuchte) verfassungsmäßige Zustimmung vorbehaltlich der Revision zu ertheilen.

[2] nämlich über die in Art. 49 der Verf. v. 5. Dez. 1848 bestimmten Termine hinaus.

die Umstände gerechtfertigt" erklärt.[1] Aus der verspäteten Einberufung der Wähler und der Kammern läßt sich nur dann ein Argument gegen die Gesetzlichkeit der (Revisions-) Kammer entnehmen, wenn man in Umkehrung des geltenden Staatsrechts von der Fiktion ausgeht, daß der eigentliche Souverän in Preußen der Volkswille gewesen sei, und daß die Krone durch die Nichtinnehaltung der von ihr selbst gesetzten Fristen und Formen sich aller ihrer bisherigen Rechte zu Gunsten des wahren Souveräns verlustig gemacht habe.

Nach diesen Ausführungen sind die zum Zwecke der Revision der Verfassung v. 5. Dez. 1848 durch Königliche Verordnung v. 30. Mai 1849 auf den 7. Aug. 1849 zusammenberufenen Kammern die dieser Verfassung entsprechende, die legitime Volksvertretung gewesen.

Da die Verfassung v. 5. Dez. 1848 Gesetz war, so blieben ihre Vorschriften in Kraft, soweit nicht im Wege der ordentlichen Gesetzgebung, d. h. unter Uebereinstimmung der Krone und beider Kammern, Aenderungen erfolgten. Ueber solche Aenderungen wurde allerdings im großen Umfange eine Uebereinstimmung erzielt; dieselben gingen im Wesentlichen dahin, die Königliche Gewalt weiter auszudehnen und die Beschränkung der Königlichen Prärogative enger zu ziehen, als dies durch die Verfassung v. 5. Dez. 1848 geschehen war. Nachdem die Kammern die von ihnen revidirten Abschnitte der Verfassung der Staatsregierung vorgelegt hatten, richtete die

[1] S. Verhandlungen der I. Kammer 1849 S. 614 ff., der II. Kammer 1849 S. 1690, 1691.

Allerhöchste Botschaft v. 7. Jan. 1850 [1] an die Kammern 15 Propositionen, welche in den meisten und wesentlichsten Punkten von denselben angenommen wurden. Hierauf erklärte der König in der Botschaft v. 31. Jan. 1850: [2]

— — — — — — — — — — — — — — — —

„Die in der Verfassungsurkunde v. 5. Dez. 1848 vorbehaltene Revision derselben sehen Wir jetzt als beendigt an, haben die Verfassung mit sämmtlichen, von beiden Kammern übereinstimmend beschlossenen Zusätzen und Abänderungen vollzogen und deren Publikation durch die Gesetzsammlung angeordnet."

Die vom Könige am 31. Jan. 1850 vollzogene und publizirte Verfassung ist das rite und unanfechtbar zu Stande gekommene Staatsgrundgesetz des Königreichs Preußen. Das eidliche Gelöbniß des Königs erfolgte im Rittersaale des Königlichen Residenzschlosses zu Berlin vor beiden Kammern am 6. Febr. 1850. Aus der Ansprache Seiner Majestät des Königs [3] sind folgende Bemerkungen für das Verständniß der Verfassung und den Sinn, in welchem sie von der Krone vollzogen wurde, von besonderer Bedeutung:

---

[1] in den Verhandlungen der I. Kammer S. 2215 f., der II. Kammer S. 1875 f.

[2] in den Verhandlungen der I. Kammer S. 2417, der II. Kammer S. 2279.

[3] im Staatsanzeiger v. 6. Febr. 1850.

— — — —

„Das Werk, dem Ich heut Meine Bestätigung aufdrücken will, ist entstanden in einem Jahre, welches die Treue werdender Geschlechter wohl mit Thränen, aber vergebens wünschen wird, aus unserer Geschichte herauszuringen. — In der Form, in der es Ihnen vorgelegt worden, ist es allerdings das Werk aufopfernder Treue von Männern, die diesen Thron gerettet haben, gegen die Meine Dankbarkeit nur mit Meinem Leben erlöschen wird; aber es wurde so in den Tagen, in welchen, im buchstäblichen Sinne des Worts, das Dasein des Vaterlandes bedroht war. Es war das Werk des Augenblicks und es trug den breiten Stempel seines Ursprungs. Die Frage ist gerechtfertigt, wie Ich, bei solcher Betrachtung, diesem Werke die Sanktion geben könne? Dennoch will Ich es, weil Ich es kann, und daß Ich es kann, verdank' Ich Ihnen allein. — Sie haben die bessernde Hand daran gelegt, Sie haben Bedenkliches daraus entfernt, Gutes hineingetragen und Mir durch Ihre treffliche Arbeit und die Aufnahme Meiner letzten Vorschläge ein Pfand gegeben, daß Sie die vor der Sanktion begonnene Arbeit der Vervollkommnung auch nachher nicht lassen wollen und daß es unserm vereinten redlichen Streben auf verfassungsmäßigem Wege gelingen wird, es den Lebensbedingungen Preußens immer entsprechender zu machen. Ich darf dies

Werk bestätigen, weil Ich es in Hoffnung kann. — —

Sie — müssen Mir helfen und die Landtage nach Ihnen — wider die, so die Königlich verliehene Freiheit zum Deckmantel der Bosheit machen und dieselbe gegen ihren Urheber kehren, gegen die von Gott eingesetzte Obrigkeit; wider die, welche diese Urkunde gleichsam als Ersatz der göttlichen Vorsehung, unserer Geschichte und der alten heiligen Treue betrachten möchten; alle guten Kräfte im Lande müssen sich vereinigen in Unterthanentreue, in Ehrfurcht gegen das Königthum und diesen Thron, der auf den Siegen unserer Heere ruht, in Beobachtung der Gesetze, in wahrhafter Erfüllung des Huldigungs-Eides, sowie des neuen Schwurs „der Treue und des Gehorsams gegen den König und des gewissenhaften Haltens der Verfassung"; mit einem Worte: seine Lebensbedingung ist die, daß Mir das Regieren mit diesem Gesetze möglich gemacht werde; — denn in Preußen muß der König regieren, und Ich regiere nicht, weil es also mein Wohlgefallen ist, Gott weiß es! sondern weil es Gottes Ordnung ist; darum aber will ich auch regieren: — Ein freies Volk unter einem freien Könige." — — — —

Was den Charakter der Preußischen Verfassungsurkunde v. 31. Jan. 1850 anlangt, so kommen zwei verschiedene Gesichtspunkte in Betracht: das Verhältniß des

Einzelnen zum Staat und das Verhältniß der Landesvertretung zur Krone. Das Verhältniß des Einzelnen zum Staat ist unmittelbar geregelt durch die Vorschriften, welche von den Rechten der Preußen handeln,[1] und mittelbar in den Vorschriften, welche von den Kammern handeln, letzteres, insoweit der Einzelne oder die Gesammtheit der Einzelnen ihren Willen in der Volksvertretung zum rechtlichen Ausdruck bringen kann.

Was die in der Preußischen Verfassungsurkunde gewährleisteten Individualrechte anlangt, so gilt in Bezug auf sie das Wort Lassalle's:[2] „Es läßt sich vom Individuum kein Pflock in den Rechtsboden schlagen und sich mittels desselben für selbstherrlich für alle Zeiten und gegen alle künftigen zwingenden oder prohibitiven Gesetze erklären.“ Souverän ist und bleibt der Staat, und daher kann er die Individualrechte, „die Rechte der Preußen“, wieder aufheben. Die rechtliche Bedeutung haben die Verfassungsvorschriften, welche zum Schutze der Individualrechte gegeben sind, daß sie gegen Willkür der Exekutive schützen, und daß ferner je nach Vorschrift der Verfassung die Individualrechte nur durch Gesetz oder sogar nur in den Formen eines verfassungändernden Gesetzes beschränkt oder beseitigt werden können.[3]

---

[1] In dem Schutze des Einzelnen gegenüber der Staatsgewalt sah die Nationalversammlung die erste und vornehmlichste Aufgabe der Verfassung, Verhandlungen S. 1813.

[2] System der erworbenen Rechte S. 197.

[3] Ueber die juristische Natur dieser Rechte s. Vorbemerkung zu Tit. II (Art. 3 ff. der Verfassung).

Ueber das Verhältniß der **Volksvertretung** zur Krone bestehen drei Auffassungen; die erste: die Krone hat nur die Befugnisse, welche ihr ausdrücklich in der Verfassung übertragen, bzw. belassen sind; die zweite: weder die Befugnisse der Krone noch diejenigen der Volksvertretung sind erschöpfend in der Verfassung zusammengestellt; die dritte: die Krone hat alle Befugnisse, welche ihr durch die Verfassung nicht entzogen, die Volksvertretung nur diejenigen, welche ihr in der Verfassung übertragen worden sind.

Die erste Auffassung ist für die **belgische** Verfassung die richtige; denn diese beruht wie die **französische** auf dem Grundsatze der Souveränität des Volks, von welcher alle Gewalten, insbesondere auch diejenige der Krone abgeleitet und beherrscht sind.[1] Die zweite

---

[1] art. 25 der constitution belge: „Tous les pouvoirs émanent de la nation.“ — art. 78: „Le roi n'a d'autres pouvoirs que ceux que lui attribuent formellement la constitution ou les lois portées en vertu de la constitution.“

Praktisch zum gleichen Ergebnisse kommen für das deutsche Landesstaatsrecht diejenigen Staatsrechtslehrer, welche behaupten, daß es für den einseitigen Erlaß sogen. Rechtsverordnungen stets einer Ermächtigung von Seiten der Volksvertretung bedarf; H. **Schulze**, Lehrbuch des deutschen Staatsrechts, Leipzig 1886 I S. 530; G. **Meyer**, Lehrbuch des deutschen Staatsrechts 2. Aufl. S. 461 a. a. O. Der Irrthum, in dem diese befangen sind, entstand aus der geistreichen Schrift **Laband's** über das preußische Budgetrecht, in welcher dieser die **thatsächlich unrichtige** Behauptung aufstellt, daß in Preußen „Rechtssatz“ soviel wie „Gesetz“ bedeutet habe, aus welcher Behauptung in Verbindung mit der Vorschrift in Art. 62 der preuß. Verf. — wonach die gesetzgebende Gewalt

Auffassung wird in der herrschenden Theorie als die den neueren deutschen Verfassungen, insbesondere der preußischen, entsprechende angesehen.[1] Die dritte Auffassung ist von mir in meinem Verordnungsrecht als die mit dem geltenden preußischen Staatsrechte und der Entstehung der preußischen Verfassungsurkunde übereinstimmende nachgewiesen worden.[2] Indem ich auf die dort gemachten Ausführungen Bezug nehme, weise ich noch ferner hin auf die Zusammensetzung[3] und die Arbeiten der Revisionskammern, auf den Geist, in welchem das Verfassungswerk von der Krone acceptirt und vollzogen wurde,[4] und besonders noch auf Art. 109, welcher „alle Bestimmungen der bestehenden Gesetzbücher, einzelnen Gesetze und Verordnungen", also auch alle im Allge-

---

nicht mehr allein von der Krone ausgeübt wird — gefolgert wird, daß die vollziehende Gewalt allein und aus eigenem Rechte keine Rechtssätze mehr aufstellen dürfe; s. unten zu Art. 62.

[1] H. Schulze, Lehrbuch des preuß. Staatsrechts § 163.

[2] S. auch Arndt in Hirth's Annalen 1886 S. 321 ff. Inzwischen ist dieselbe Auffassung von Bornhak, und von Stengel wiederholt und durch M. Seydel auch für das bayrische Staatsrecht aufgestellt und begründet worden.

[3] Die Wahlen zur zweiten Kammer wurden unter Wahlenthaltung der demokratischen Partei vollzogen. Beide Kammern hatten kein eifrigeres Bestreben, als „den Abgrund der Revolution zu schließen".

[4] Vgl. die Worte der Königl. Ansprache v. 6. Febr. 1850, namentlich: „Sie haben die bessernde Hand daran gelegt, Bedenkliches daraus entfernt, Gutes hineingetragen und Mir — ein Pfand gegeben, daß Sie die vor der Sanktion begonnene Arbeit der Vervollkommnung auch nachher nicht lassen wollen —"

meinen Landrecht dem Staatsoberhaupte zugeschriebenen Befugnisse aufrecht erhält, „soweit dieselben der Verfassung nicht zuwiderlaufen". Die Richtigkeit meiner Auffassung erhellt insbesondere auch aus den Berathungen der zweiten Kammer über die Rechte des Königs. Die Kommission hatte zu Art. 41 den Zusatz beantragt: „der König ist das Oberhaupt des Staates". Hiergegen sprach sich im Plenum der Abgeordnete Falk am 19. Sept. 1849[1] aus, weil dadurch die „Idee Platz greifen könnte, daß die Uebertragung der Oberhauptswürde an Seine Majestät den König erst jetzt durch die Verfassung unsererseits festgesetzt würde; eine solche Uebertragung habe in der belgischen Verfassung stattgefunden, könne es aber nicht in der preußischen; denn bei uns werde das Königthum nicht erst durch einen Vertrag eingesetzt; sondern wir haben es."

Ihm erwiderte als Redner der Majorität von Kleist-Retzow:[2] — —

„Dieser Ausdruck ist von Wichtigkeit als Zeugniß gegen die im vorigen Jahre laut gewordene Lehre von der Volkssouveränität, als Anerkennung der Stellung Seiner Majestät des Königs auch in der konstitutionellen Monarchie, und als Ausdruck der Kontinuität in dem früheren und dem gegenwärtigen Verhältnisse Allerhöchstdesselben zum Staate."

Ihn unterstützte der Berichterstatter Keller, welcher

[1] Sten. Ber. S. 332 ff.

[2] das. S. 333.

anerkannte, daß der Satz, wie er damals beantragt wurde, „nicht einmal eine Definition, geschweige denn eine neue Attribution“ der Königlichen Macht enthalten sollte.[1] Irgend eine auch nur im Geringsten von den angeführten abweichende Auffassung über das Wesen und den Inhalt der Königlichen Macht ist damals nicht einmal angedeutet worden, und es ist daher unzulässig und durch nichts begründet, etwa aus dem Geiste der aufgelösten Nationalversammlung, Theorien in die Preußische Verfassung hineinzutragen, welche letztere, was und wie sie ist, wurde durch das gemeinschaftliche Zusammenwirken der Krone und der Revisionskammern.

Zutreffend hat ein französischer Schriftsteller[2] den Gegensatz des deutschen Landes- zum belgischen Staatsrecht in folgender Weise dargestellt:

„En Belgique, le pouvoir tirant son orgine de la volonté nationale, les représentants de cette volonté ont tous les pouvoirs et le Roi n'a que des attributions déterminées. En Allemagne, le principe de la souveraineté populaire n'est pas admis; les souverains sont considérés comme ayant des droits propres, et c'est pour cela que le Chef de l'État a la

[1] Schließlich unterblieb doch die Aufnahme des Satzes, weil es desselben nicht bedürfte und er der Idee Raum geben könnte, als ob die Uebertragung der Oberhauptwürde an den König erst jetzt vertragsmäßig festgesetzt würde (Verhandlungen der I. Kammer 1849 S. 1214).

[2] Batbie, traité théorique et pratique du droit public et administratif, 2. éd. Paris 1885 III p. 127 sv.

pleine puissance, sauf les restrictions qui résultent des pouvoirs formellement attribués aux diètes."

Aeußerlich lehnt sich die Preußische Verfassungsurkunde vielfach an die Belgische an. Durch Auslassung gewisser Artikel (z. B. der Art. 25 und 78 der Belgischen Verfassung), Einschaltung anderer (z. B. des heutigen Art. 109, welchem durch die Hinübernahme aus den „Uebergangsbestimmungen" des Kommissions-Entwurfs der Nationalversammlung in die „allgemeinen Bestimmungen" eine ganz andere wie die ursprünglich beabsichtigte und schwerwiegende Bedeutung beigelegt wurde), vor Allem dadurch, daß die wichtigsten Verfassungsschriften z. B. Art. 61 von der Ministerverantwortlichkeit leges imperfectae blieben, wurden Inhalt und Charakter der Preußischen Verfassung grundverschieden von der Belgischen gestaltet.

Die belgische Verfassung ist demokratisch-konstitutionell, die preußische Verfassung ist monarchisch-konstitutionell. In Belgien wie in England besteht a parliamentary government, in Preußen „muß" nach den Worten, welche König Friedrich Wilhelm IV. seinem Eidschwur vorausschickte, „der König regieren". Auch in England hat wie in Preußen die Krone eine Reihe von Prärogativen, sie beruhen aber dort nach den Worten eines britischen Staatsrechtslehrers im Parlament und zwar im Unterhause.[1] Das Haus der Com-

[1] Henry S. Maine, die volksthümliche Regierung, Berlin 1887 (deutsch von P. Friedemann), bemerkt S. 6: „Es giebt kein Land, wo (wie in England) so vollständig nach der neuen Theorie

mons und die chambre des députés sind das primäre Element der Herrschaft in England wie in Belgien. Diese Herrschaft ist die Rechtsregel, die Beschränkung derselben die Ausnahme. In Preußen — und dies ist nicht bloße Theorie, die vorgefaßte Meinungen oder aus allgemeinen Obersätzen abstrahirte Folgerungen in die Verfassung hineinträgt, sondern lebendiges und geltendes Staatsrecht — ist die Macht der Krone unumschränkt, soweit ihr, was allerdings im weiten Umfange geschehen ist, nicht in der Verfassung Schranken gezogen sind.

Bei den Berathungen über die Preußische Verfassung ist wiederholt zum Ausdruck gelangt, daß sie die „Trennung der Gewalten" durchführen solle. Die Trennung der Justiz von der Verwaltung ist durch die Art. 86 und 89 zum Ausdruck gebracht, jedoch durch die Art. 96 und 97 modifizirt. Die der Gesetzgebung überwiesenen Gegenstände sind namentlich aufgeführt. Die Krone ist von der Gesetzgebung nicht ausgeschlossen, ihr sind vielmehr das „absolute Veto" und die „Sanktion" belassen. Die „Trennung der Gewalten" ist somit nur unvollständig erfolgt.

(der Volkssouveränität) gehandelt wird, aber fast alle Ausdrücke und Formen der Gesetze und Verfassung sind den alten Vorstellungen über die Beziehungen zwischen Herrscher und Volk angepaßt worden." Die Könige Englands sind nicht entfernt so mächtig, wie die Präsidenten der Vereinigten Staaten. „Die Berufungen auf England sind unser Unglück", v. Bismarck-Schönhausen am 24. Sept. 1849 in der II. Kammer.

Verhältniß Preußens zum Deutschen Reiche.

Zorn in Hirth's Annalen 1884 S. 454 f. Derselbe, Reichsstaatsrecht I § 4 a. a. O., Laband a. a. O., Reichsstaatsrecht (2. Aufl.) I S. 81 f., Rosin in Hirth's Annalen 1883 S. 265, Hänel, vertragsmäßige Elemente S. 40 a. a. O. G. Jellinek, Die Lehre von den Staatenverbindungen, Wien 1882 S. 283 f. a. a. O. G. Meyer, Lehrb. d. Deutschen Staatsrechts 2. Aufl. S. 29 f. a. a. O., H. Schulze, Lehrb. d. Deutschen Staatsrechts I § 25 a. a. O., M. Seydel a. a. O. in der Zeitschr. für die gesammten Staatswissenschaften XXVIII S. 185. Arndt, Verordnungsrecht a. a. O. S. 11. Derselbe in Hirth's Annalen 1885 S. 709 f.

Mit Ausnahme der Provinzen Preußen und Posen gehörte das Königreich Preußen zum Deutschen Bunde, welcher in der deutschen Bundesakte v. 8. Juni 1815 und der Wiener Schlußakte v. 15. Mai 1820 seine rechtliche Grundlage fand. Der Bund hatte zum Zweck die Erhaltung der äußeren und inneren Sicherheit Deutschlands und der Unabhängigkeit und Unverletzbarkeit der einzelnen deutschen Staaten. Der Bund war „ein völkerrechtlicher Verein", ein Staatenbund. Die einzelnen Staaten waren, soweit die Zuständigkeit des Bundes reichte, der Bundesgewalt unterworfen, ihre Unterthanen standen zum Bunde in keinem Unterwerfungsverhältniß. Bundesgesetze wurden in den einzelnen Staaten erst durch die Verkündigung von Landeswegen (in der Landesgesetzsammlung) für die Unterthanen verbindlich.

Am 1. Juli 1867 ist Preußen in den Norddeutschen Bund eingetreten. Die Verfassung desselben, welche zwischen den verbündeten Regierungen und dem verfassungberathenden Reichstage vereinbart war, ist in Preußen in den Formen, welche die Preußische Verfassungsurkunde (Art. 107) für Verfassungsänderungen vorgeschrieben hat, genehmigt und demnächst in der Preußischen Gesetzsammlung abgedruckt worden. Dies Landesgesetz bedeutete, daß in Preußen als für die preußischen Unterthanen verbindliche Normen erklärt wurden, was Alles auf Grund und nach Maßgabe der Bundesverfassung vom Bunde beschlossen werden wird. Hierzu bedurfte es eines Landesgesetzes, weil ohne ein solches der Staat Preußen Niemandem das Recht übertragen konnte, für preußische Unterthanen Strafnormen aufzustellen (Preuß. Verf. Urk. Art. 8), Steuern aufzuerlegen (Art. 100), die Bedingungen des Indigenats zu bestimmen (Art. 3) u. s. w. Es bedurfte eines verfassungändernden Gesetzes, weil u. A. die dem preußischen Landtage verfassungsmäßig zustehenden Befugnisse durch die Bundesverfassung Einbuße erlitten, indem an Stelle der Gesetzgebung durch Krone und beide Häuser des Landtages in vielen Fällen die durch Bundesrath und Reichstag gesetzt wurde (Reichsverfassung Art. 7, 35).

Die Verfassung für den Norddeutschen Bund ist somit in Preußen auf Grund der preuß. Verfassungsurkunde v. 31. Jan. 1850 als rite beschlossenes und verkündetes preußisches Landesgesetz erlassen und ihr Inhalt hierdurch zur verbindlichen Landesnorm erklärt worden.[1]

[1] Hänel l. c. S. 53 ff., 75 ff. stellt die von Vielen getheilte Behauptung auf, daß die Bundesverfassung einen für das Landes-

In entsprechender Weise wurde sie auch in den übrigen Staaten als Landesgesetz beschlossen.[1] Dieser Beschluß war auf Seiten der Regierungen die Erfüllung einer vertragsmäßig übernommenen Verpflichtung. Das Zustandekommen der Verfassung ist ein staatsrechtlicher, kein bloß thatsächlicher Akt;[2] sie selbst ist für jeden

---

gesetz jedes einzelnen Staates unmöglichen Inhalt habe, sie setze einen Verein von Staaten voraus, dessen Organisation sie bestimme, ein Landesgesetz könne aber nur solche Gegenstände rechtlich regeln, welche in das Herrschaftsgebiet dieses Staates fallen, nicht solche, welche die Koexistenz mehrerer Staaten voraussetzen. Hiergegen ist zu bemerken, daß die Norddeutsche Bundesverfassung überall (nicht ausschließlich, aber doch zugleich) preußische Verhältnisse berührt, und daß das sie in Preußen einführende preußische Landesgesetz daher überall preußische Angelegenheiten regelt. Auch die Stimmen Mecklenburgs und der Mecklenburger im Bundesrathe und im Reichstage gehen Preußen an; denn sie befinden mit über Gesetze und Anordnungen, welche auch für Preußen verbindlich sind. Mecklenburgs Truppen schützen Preußen mit und umgekehrt; die Zoll-, Post-, Telegraphie-Einnahmen des einen Staates gelten mit für den andern, die Bürger des einen Staates können auch im andern Gewerbe treiben, wohnen u. s. w.

[1] Auch als Staatsvertrag bedurfte die Bundesverfassung der gesetzlichen Annahme in Preußen (VerfUrk. Art. 48). Nach Laband I S. 26, Zorn I S. 22 f. u. A. bedeutete die Annahme der Bundesverfassung durch die Landesgesetze die Erklärung, daß die Staaten Glieder eines auf der Basis dieser Verfassung zu errichtenden Bundesstaates sein wollten. Dies ist richtig, erklärt aber nicht, warum diese Erklärung in Gesetzesform erfolgte, warum nicht der Norddeutsche Bund so gut wie z. B. ein Weltpost- oder Telegraphen-Verein durch Verordnung geschaffen wurde.

[2] Letzteres nehmen u. A. an Laband in Marquardsen's Handbuch des öffentl. Rechts S. 11; Meyer, Einleitung in das deutsche Staatsrecht S. 301; Jellinek S. 478.

Staat gültig erlassenes Landesgesetz und daher keine oktroyirte Verfassung.[1]

Die Verfassung für den Norddeutschen Bund ist Folge von Staatsverträgen, sie selbst aber ist kein Staatsvertrag, sondern übereinstimmendes Landesgesetz; sie schuf kein bloß völkerrechtliches, sondern ein staatsrechtliches Rechtssubjekt. Die Verfassung war als übereinstimmendes Landesgesetz entstanden, sie ist aber über ein solches hinausgewachsen; sie konnte dies, weil ihr von sämmtlichen Landesgesetzgebern von vornherein die Befugniß verliehen war, fortan aus sich selbst heraus, von Bundeswegen, ohne Befragen und ohne Zustimmung der Landesgesetzgebung neues, für alle Bundesangehörigen unmittelbar verbindliches Recht zu schaffen. Sonach enthalten die Landesgesetze, welche die Verfassungsurkunde für den Norddeutschen Bund annahmen, eine im großen Umfange erfolgte Delegation von Landeshoheitsrechten, insbesondere von Gesetzgebungsbefugnissen auf den Bund,[2] einen umfassenden Verzicht auf Landeshoheitsrechte. In dem Maße haben die Einzelstaaten auf eigene Hoheitsrechte Verzicht geleistet, da sie dem Bunde

[1] Letzteres nimmt Zorn I S. 26 an. Daß überhaupt alle Verfassungen (wie Zorn meint) als oktroyirt zu betrachten seien, kann ich gleichfalls nicht zugeben. Die preuß. VerfUrk. v. 31. Jan. 1850 ist jedenfalls nicht oktroyirt.

[2] Die Statthaftigkeit solcher Delegation glaube ich besonders gegen v. Rönne, Preuß. Staatsr. 3. Aufl. I § 46, nachgewiesen zu haben, Arndt, Verordnungsrecht § 4 S. 16 ff.

sogar die Befugniß einräumten, nicht bloß für die in der Verfassung bezeichneten Gegenstände Normen aufzustellen, sondern sich selbst neue Gebiete für seine Zuständigkeit zu erschließen. Das staatsrechtliche Wollen, zu welchem sich die Herrscher in den deutschen Staaten (bei Sanktionirung der Bundesverfassung) entschlossen, besaß — wie ich gegen Seydel[1] behaupten zu müssen glaube — allerdings Zeugungskraft; es schuf durch Uebertragung nicht bloß von einzelnen Rechten, sondern eines großen Theils der lebendigen Staatsgewalt, insbesondere der Befugniß zur eigenen, selbstständigen Gesetzgebung, einen neuen und lebendigen Staatsorganismus, welcher mit eigenem Willen und eigener Handlungsfähigkeit ausgestattet war.

Auf Grund der Norddeutschen Bundesverfassung und gemäß der dem Bunde in dieser übertragenen Befugnisse ist die Verfassung für das Deutsche Reich vom 16. April 1871 entstanden.

Das Deutsche Reich ist ein Bundesstaat, kein Staatenbund. Die herrschende Theorie[2] behauptet, die einzelnen Staaten im Deutschen Reiche seien nicht mehr souverän, da sie der Bundesgewalt als einer über ihr stehenden Gewalt unterworfen seien. Diese Behauptung wird auf

---

[1] in Schmoller's Jahrb. für Gesetzgebung 1879 S. 273 f.

[2] Laband in Marquardsen's Handb. II S. 17 f.; Derselbe, Reichsstaatsr. I §§ 8, 9; Zorn, Reichsstaatsr. I S. 50, 54; Derselbe in Hirth's Annal. 1884 S. 478; Jellinek S. 291; Rosin l. c. S. 270; G. Meyer S. 32, 170; Hänel, Vertragsmäßige Elemente S. 239; v. Treitschke in den Preuß. Jahrb. Bd. XXX S. 527; O. Mejer, Einleitung in das deutsche Staatsrecht S. 25, 294; Gaupp u. A. m.

den Umstand gegründet,[1] daß das Reich sich in der Lage befinde, seine Zuständigkeit auf Kosten derjenigen der Bundesstaaten durch eigene Akte zu erweitern, daß es die sogenannte Kompetenz-Kompetenz besitzt.[2] Dieser Umstand trifft zunächst für Preußen keineswegs zu. Denn Zuständigkeitserweiterungen sind Verfassungsänderungen. Verfassungsänderungen sind unmöglich, wenn im Bundesrath 14 Stimmen gegen sie abgegeben werden,[3] und Preußen verfügt allein über 17 Stimmen im Bundesrath. Ohne Preußens Willen kann hiernach kein Titelchen von preußischen Hoheitsrechten an das Reich verloren gehen. Preußen ist also nach wie vor ein souveräner Staat.[4] Jener Umstand trifft aber selbst für die übrigen deutschen Staaten nicht zu. Denn wenn auch einer von ihnen allein — soweit ihm nicht Singularrechte vorbehalten sind — die Ausdehnung der Reichszuständigkeit nicht hindern kann, so muß doch jede Ausdehnung der Reichszuständigkeit vom Bundesrath beschlossen und sanktionirt werden — vom Bundesrathe, das ist von eben diesen Staaten selbst, welche dort ihren Willen zum Ausdrucke bringen.[5] Die deutschen Staaten sollten souverän

[1] Zorn, Reichsstaatsr. I S. 55 u. A.; Laband, in Marquardsens Handbuch S. 17, Reichsstaatsr. I S. 83.

[2] Reichsverfassung Art. 78 Abs. 1.

[3] Reichsverfassung Art. 78 Abs. 2.

[4] Die vorstehenden Ausführungen finden sich wiederholt von Bornhak, Preuß. Staatsr. S. 71.

[5] Treffend bemerkt M. Seydel in Schmoller's Jahrb. 1879 S. 284: „Der im Bundesrath zum Ausdrucke kommende Wille ist

bleiben; auf der Grundlage der Aufrechterhaltung ihrer Souveränität sind die Bündnißverträge abgeschlossen worden, welche in der Verfassung ihre staatsrechtliche Geltung erlangt haben. Nur das ist richtig: die souveränen deutschen Staaten können einen großen Theil ihrer Souveränitätsrechte, nämlich diejenigen, welche sich auf die der Zuständigkeit des Reiches unterstellten Gegenstände beziehen, nicht mehr allein, sondern nur noch gemeinschaftlich mit den anderen Regierungen ausüben; sie haben in soweit auf die alleinige Innehabung der Souveränität über ihr Gebiet verzichtet und dafür den entsprechenden Theil von Souveränitätsrechten über die anderen Gebiete miterlangt. Soweit sie ihre Souveränität nicht mehr allein, nicht mehr als Landeshoheit ausüben können, üben sie dieselbe gemeinschaftlich mit den ihnen verbündeten Regierungen im Bundesrathe aus, innerhalb welcher Körperschaft nach den Worten des Reichskanzlers Fürsten Bismarck[1] „die Souveränität eines jeden Bundesstaats ihren unbestrittenen Ausdruck findet."

Nach diesen Ausführungen ist die mehrfach aufgestellte Behauptung,[2] daß die deutschen Staaten überhaupt keine Staaten mehr, sondern nur noch Selbstverwaltungskörper seien, als nicht zutreffend zu erachten.

---

der höchste Wille für das Reich, er ist unmittelbarer, durch den Mund von Gesandten ausgesprochener Herrscherwille."

[1] Sten. Ber. des verfassungsberathenden Reichstages 1867 S. 388.

[2] Laband, Reichsstaatsr. §§ 7 f., hält die deutschen Staaten zwar für Staaten, aber nicht für souveräne Staaten.

Denn es wird hierbei übersehen, daß über Sein, Anderssein und Nichtsein der kommunalen Selbstverwaltungskörper nicht diese selbst, auch nicht die Gesammtheit derselben, unmittelbar oder sei es auch nur mittelbar zu befinden haben, daß dagegen über Sein, Anderssein und Nichtsein der deutschen Bundesstaaten nur diese selbst und zwar entweder jeder für sich allein oder — soweit die Reichszuständigkeit begründet ist — alle gemeinschaftlich bestimmen.

Die Souveränität des Deutschen Reichs ist nichts Anderes als die Souveränität der gesammten deutschen Staaten.[1]

Für die Frage der Abgrenzung der Zuständigkeit des preußischen Staates von derjenigen des Deutschen Reichs ist zu beachten, daß das letztere nur nach Maßgabe des Inhalts „seiner Verfassung das Recht der Ge-

---

[1] Laband, Reichsstaatsr. I S. 93: „Die deutschen Staaten sind als Gesammtheit souverän." Bemerkenswerth sind für die Auffassung der Parlamentarier folgende Bemerkungen Lasker's in der am 5. Dez. 1870 im Reichstage gehaltenen Rede (Sten. Ber. 2 außerordentliche Sess. S. 84 und bezw. 86):

„Allerdings werden diese (die Bundesstaaten) mediatisirt und dies ist das Wesen des Bundesstaates, daß die Glieder desselben nicht mehr die volle Souveränität besitzen, sondern diese Souveränität in der großen Gesammtheit wiederfinden".

„Es kam (i. J. 1867) ein konstituirender Reichstag zu Stande, der diesen Namen führte, aber in Wahrheit nur ein berathendes Votum hatte, denn es mußte die hier vereinbarte Verfassung allen einzelnen Staaten vorgelegt werden und sie kam so zu Stande wie die gewöhnlichen Landesgesetze zu Stande zu kommen pflegen."

setzgebung" ausübt,[1] daß es somit nur diejenigen Befugnisse besitzt, welche ihm in der Verfassung übertragen oder auf Grund der Verfassung von ihm erworben sind.[2] Oder anders ausgedrückt, die Rechtsvermuthung spricht für die Zuständigkeit des Landes, diese ist nur dann als ausgeschlossen zu erachten, wenn die Zuständigkeit des Reichs — was allerdings in sehr weitem Umfange der Fall ist — durch eine besondere Norm begründet wird.[3]

Die Zuständigkeit des Reichs ist zuweilen eine ausschließliche,[4] zuweilen eine fakultative. In ersterem Falle ist den Einzelstaaten das Recht der Gesetz-

---

[1] S. Reichsverfassung Art. 2.

[2] S. Arndt, Verordnungsrecht S. 11 ff. a. a. O. und in Hirth's Annalen 1885 S. 709 f., welche mit den Thatsachen, der Ansicht des Bundesraths und dem bestehenden Rechte einzig und allein übereinstimmende Ausführungen inzwischen durch die Allerhöchste Botschaft v. 30. Nov. 1885 (Sten. Ber. des Reichstags 1885/86 S. 130) eine thatsächliche Bestätigung erlangt haben. Ebenso Bornhak, Preuß. Staatsrecht S. 71.

[3] Die Ansicht Zorn's (I S. 58), die den Einzelstaaten verbliebene Rechtssphäre sei staatsrechtlich als eine vom Reiche abgeleitete zu erachten, widerspricht nicht nur der geschichtlichen Entwickelung, sondern auch dem thatsächlichen Rechte. Wenn das Reich die Rechtssphäre der Einzelstaaten verkürzen will, bedarf es hierzu gemäß Art. 78 der Reichsverfassung eines gesetzlichen Aktes, d. i. einer gesetzlichen Uebertragung von Landeshoheitsrechten durch die im Bundesrathe vertretenen und denselben durch ihre Abgesandten bildenden Bundesstaaten. Nicht das Reich tritt in solchem Akte Befugnisse an die Bundesstaaten, sondern die Bundesstaaten treten in solchem Akte Befugnisse an das Reich ab.

[4] S. besonders Reichsverfassung Art. 35, 48, 53, 54, 56, im Uebrigen Laband S. 622 f.

gebung ganz,[1] im letzteren nur so weit entzogen, wie das Reich von dem ihm zustehenden Gesetzgebungsrechte Gebrauch gemacht hat. In beiden Fällen aber bleibt das in den Einzelstaaten geltende Landesrecht so lange in Kraft, bis eine bindende Norm vom Reiche ergangen ist.[2] Wo ein innerhalb der Zuständigkeit der Reichsgesetzgebung erlassenes Reichsgesetz besteht, hebt dasselbe das Landesrecht auf. Diese Aufhebung erstreckt sich entweder auf alle, den betreffenden Gegenstand behandelnden gesetzlichen Vorschriften, was dann geschieht, wenn das Reichsgesetz diesen Gegenstand vollständig erschöpfen wollte; oder die Aufhebung erstreckt sich nur so weit, wie das Reichsgesetz ausdrückliche Anordnungen trifft. In letzterem Falle behält das Landesrecht rücksichtlich der nicht durch das Reichsgesetz betroffenen Theile seine Wirksamkeit.

Die Aufhebung des Landesrechts durch Reichsgesetze erfolgt ohne Weiteres und ohne daß es der besonderen Erwähnung bedarf.[3] Ebenso wie die Reichsgesetze gehen auch die zur Ausführung und auf Grund von Reichsgesetzen erlassenen Reichs- und Landesverordnungen dem Landesrechte mit Einschluß der Landesverfassungen vor.[4] Daß die innerhalb der Zuständigkeit des Reiches

---

[1] S. auch Zorn, Reichsstaatsr. II S. 248; Delbrück, Art. 40 der Reichsverfassung S. 24, Laband III b. S. 267; Arndt, Verordnungsr. S. 95, 97.

[2] Dies ist ausdrücklich anerkannt im Schlußprotokoll mit Bayern v. 23. Nov. 1870 VI S. 24; s. auch Laband, Reichsstaatsr. I S. 623.

[3] Reichsverfassung Art. 2.

[4] Arndt, Verordnungsr. S. 184 a. a. O.; Riedel die Reichs-

ergangenen Reichsgesetze und Reichsverordnungen den Landesgesetzen vorgehen, beruht darauf, daß die Landesgesetzgeber in und mit Annahme der Bundesverfassung gewollt und für sich und ihre Unterthanen rechtsverbindlich befohlen haben, daß fortan die vom Reiche (d. i. von der Gesammtheit der Einzelstaaten) innerhalb gewisser Schranken ergehenden Gesetze den Einzelgesetzen eines Landes vorgehen.[1]

Verfassungs-Urkunde S. 41; Laband, Reichsstaatsr. § 69; Seydel in Hirth's Annalen 1874 S. 143 f.; G. Meyer, Lehrbuch des deutschen Staatsr. § 167.

[1] Nicht aber beruht dies, wie die herrschende Theorie, z. B. Laband in Marquardsen's Handbuch S. 91. meint, darauf, daß das Reich die souveräne Gesetzgebungsgewalt, die Einzelstaaten nur die Autonomie haben.

II. Verfassungs-Urkunde

für den

Preußischen Staat.

Vom 31. Januar 1850.

(GS. S. 17.)

Wir Friedrich Wilhelm, von Gottes Gnaden,[1] König von Preußen[2] 2c. 2c.[3] thun kund und fügen zu wissen, daß Wir, nachdem die von Uns unterm 5. Dezember 1848.[4] vorbehaltlich der Revision im ordentlichen Wege der Gesetzgebung[5] verkündigte und von beiden Kammern Unseres Königreichs anerkannte[6] Verfassung des preußischen Staats[7] der darin angeordneten Revision[8] unterworfen ist, die Verfassung in Uebereinstimmung mit beiden Kammern endgültig festgestellt[9] haben.

Wir verkünden demnach dieselbe als Staatsgrundgesetz,[10] wie folgt:

[1] von Gottes Gnaden (dei gratia) drückt hier aus, daß die Königliche Macht nicht auf Uebertragung des Volks beruht, sondern selbstständig und ursprünglich ist. Im Gegensatze hierzu steht die Belgische Verfassung art. 25: „Tous les pouvoirs émanent

de la nation". S. auch Schulze, Preuß. Staatsr. I S. 164 Anm. 1, v. Rönne, Preuß. Staatsr. I § 37, E. A. Chr. (v. Stockmar) in Aegidi's Zeitschr. für deutsches Staatsrecht I S. 172, Arndt, Verordnungsr. S. 63 ff., Seydel, Bayr. Staatsr. I S. 353. Das Plenum der Nationalversammlung hatte die Worte „von Gottes Gnaden" gestrichen (Verhdl. S. 1513).

² Der König in Belgien heißt „König der Belgier". Der Antrag „König der Preußen" zu setzen, wurde schon in der Nationalversammlung abgelehnt. Dagegen ist in der Bezeichnung König von Preußen nicht der Satz zu finden, daß der Staat Preußen im Eigenthum des Monarchen steht.

³ Der Zusatz „2c. 2c." war im Kommissionsentwurf der Nationalversammlung (Rauer S. 108) und vom Plenum derselben (Verhdl. S. 1513, 1602, 1810) gestrichen, weil das ganze Land Eine Verfassung erhalten soll (Rauer S. 120). Er hat nur in soweit Bedeutung, als er den Titel des Königs angeben soll (vgl. auch Seydel, Bayr. Staatsr. I S. 358). Vor der Erwerbung der polnischen Theile in Preußen hieß der König: „König in Preußen".

⁴ GS. 1848 S. 375.

⁵ Vor dieser Verfass. v. 5. Dez. 1848 war Preußen eine absolute Monarchie. Ordentlicher Weg der Gesetzgebung war die Erklärung des Königs, es solle Etwas Gesetz sein. Diese Erklärung lag in der Publikation durch die Gesetzsammlung oder bis zum Ges. v. 3. April 1846 (GS. 151) durch die Amtsblätter. Die Verfass. v. 5. Dez. 1848, welche die oktroyirte genannt wird, ist so wenig und so sehr oktroyirt, wie alle anderen bis dahin erlassenen Gesetze.

⁶ S. oben S. 15.

⁷ Die Verfass. v. 31. Jan. 1850 kennt nur einen Preußischen Staat (s. Art. 1).

⁸ Verfass. v. 5. Dez. 1848 Art. 112. Die Revision erfolgte im Wege der ordentlichen Gesetzgebung, nämlich mit Uebereinstimmung der Krone und beider (Revisions-)Kammern.

⁹ Die Feststellung der Verfassung geschah allein durch den König. Würde mit den Kammern eine Uebereinstimmung nicht erzielt worden sein, so hätte der König auf Grund Art. 105 Abs. 2 der Verfass. v. 5. Dez. 1848 eine andere Verfassung vorläufig feststellen dürfen.

[10] Die Verfass. ist Staats-Grundgesetz, das bedeutet, daß alle Aeußerungen des Staatswillens nicht gegen den Inhalt der Verfassung sein dürfen (s. auch Art. 107). Soweit die Verfassung keine Normen aufstellt, gilt noch das alte Recht (Art. 26, 109, 110 e, 112). Die Verfassung erschöpft daher nicht das ganze Staatsrecht. Sie ist insbesondere nicht die rechtliche Grundlage der Königl. Gewalt. Nicht die Verfassung schuf in Preußen die Königl. Gewalt, sondern die Königl. Gewalt schuf die Verfassung; s. Arndt, Verordnungsrecht S. 63 ff.

Titel I.

Vom Staatsgebiete.

Art. 1. Alle Landestheile der Monarchie in ihrem gegenwärtigen Umfange bilden das preußische Staatsgebiet.

Alle Landestheile der Monarchie bilden in staatsrechtlicher Hinsicht eine Einheit. Die Monarchie ist eine „eine und untheilbare". Die ältere Bezeichnung „Preußische Staaten", wie sie z. B. noch im Allgemeinen Berggesetz v. 24. Juni 1865 (GS. 705) gebraucht wird, ist hiernach nicht korrekt, s. Schulze, Preuß. Staatsr. I § 3; v. Rönne, Preuß. Staatsr. I §§ 32 ff., Aenderungen des Staatsgebiets sind nur im Wege der Gesetzgebung statthaft (Art. 2).

Art. 2. Die Gränzen dieses Staatsgebiets[1] können nur durch ein Gesetz[2] verändert[3] werden.

[1] Die Provinzen, (Regierungs-)Bezirke und Kreise sind in Art. 2 nicht erwähnt. Ein Antrag, sie dort einzufügen, wurde im Central-Ausschusse der I. Kammer abgelehnt (Verhandl. der I. Kammer S. 642). Daß Aenderungen in den Grenzen der Provinzen, Regierungsbezirke und Kreise nur durch Gesetz erfolgen können, ist daher aus Art. 2 nicht zu folgern. Solches ist indeß durch neuere Gesetze als Gesetzes- (nicht Verfassungs-)Recht beson-

ders vorgeschrieben worden: für die Provinzen durch die Provinzialordnung v. 29. Juni 1875 § 4, und für die Kreise durch die Kreisordnung v. 13. Dez. 1872 § 3. Bevor diese Gesetze galten und soweit sie noch nicht gelten (z. B. in Posen), war und ist die Aenderung durch Verordnung statthaft, erfolgte und erfolgt thatsächlich in dieser Weise (Arndt, Verordnungsrecht S. 144, anderer Ansicht v. Rönne, Preuß. Staatsrecht §§ 178, 179, 181). Das Abgeordnetenhaus schwankte; am 23. April 1855 (Sten. Ber. 1854/5 S. 808) war es der hier vertretenen Ansicht, welcher auch die Staatsregierung (vergl. noch BMBl. 1864 S. 267) und das Herrenhaus stets huldigten; am 22. Sept. 1867 (Sten. Ber. S. 1822 ff.) am 2. Nov. 1869 (Sten. Ber. S. 242) der entgegengesetzten. S. auch unten Art. 105. Zur Aenderung der Regierungsbezirke bedarf es nach dem Vorstehenden keines Gesetzes, s. auch MR. v. 14./7. 78 (BMBl. 1879 S. 3).

[2] d. h. mit Zustimmung der Landesvertretung s. Art. 62. Es ist fraglich, ob der bloße Konsensus zwischen der Krone und der Landesvertretung genügt, oder ob die Grenzveränderung auch noch in der Form des Gesetzes in der Gesetzsammlung bekannt zu machen ist. (Vgl. hierzu E. Meier über den Abschluß von Staatsverträgen, Leipzig 1874, S. 252—261, welcher sich für die letztere Alternative ausspricht.) Diese Ansicht hat den Wortlaut des Art. 2 für sich. Ihr ist die neuere Praxis gefolgt (vgl. indeß auch Ber. d. Justiz-Komm. des HerrH. v. 23./2. 77, Anlagen zu Sten. Ber. d. HerrH. 1877 S. 120 f., 131 ff. und Verhdl. des HerrH. v. 26./2. 77, Sten. Ber. S. 157 f.); s. auch v. Rönne, Preuß. Staatsr. I § 33, S. 144 ff.

[3] Solche Veränderungen sind durch Einverleibung der nachstehenden Gebietstheile vorgekommen:

1. der Fürstenthümer Hohenzollern-Hechingen und Hohenzollern-Sigmaringen durch Ges. v. 12./3. 50 (GS. 289);
2. des Jadegebiets durch Patent v. 5./11. 54 (GS. 593);
3. des Königreichs Hannover, des Kurfürstenthums Hessen, des Herzogthums Nassau und der freien Stadt Frankfurt, Ges. v. 20./9. 66 (GS. 555);

4. der Herzogthümer Holstein und Schleswig, Ges. v. 24./12. 66 (GS. 875);
5. der ehemaligen bayrischen Gebietstheile:
   a) des Bezirksamts Gersfeld,
   b) des Landgerichtsbezirks Orb, ohne Aura,
   c) der zwischen Saalfeld und dem Preußischen Landkreis Ziegenrück gelegenen Enklave Kaulsdorf, Ges. v. 24/12. 66 (GS. 876);
6. der ehemaligen großherzoglich hessischen Gebietstheile:
   a) der Landgrafschaft Hessen-Homburg, einschließlich des Oberamtsbezirks Meisenheim, jedoch ausschließlich der Domanialgüter Hötensleben nnd Oebisfelde,
   b) des Kreises Biedenkopf,
   c) des Kreises Vöhl, einschließlich der Enklaven Eimelrod und Höringhausen,
   d) des nordwestlichen Theiles des Kreises Gießen, welcher die Orte Frankenbach, Krumbach, Königsberg, Fellingshausen, Bieber, Haina, Rodheim, Waldgirmes, Naunheim und Hermannstein mit ihren Gemarkungen umfaßt,
   e) des Ortsbezirks Rödelheim,
   f) des bisher unter großherzoglich hessischer Souveränität stehenden Theiles des Ortsbezirks Nieder-Ursel, Ges. v. 24/12. 66 (GS. 876);
7. des Herzogthums Lauenburg, Ges. v. 23./6. 76 (GS. 169).
8. der Insel Helgoland, Ges. v. 18./2. 91 (GS. 11).

Titel II.

Von den Rechten der Preußen.

Der Tit. II, welcher nach dem Vorbilde u. A. der von der französischen Revolution proklamirten „droits de l'homme et du citoyen" und der von der Frankfurter Nationalversammlung am 21. Dez. 1848 beschlossenen Grundrechte aufgestellt ist, handelt von den Rechten, welche jedem Preußen schon wegen dieser Eigenschaft dem Staate gegenüber zustehen. Titel II enthält die zum unmittelbaren Schutze der persönlichen Freiheit aufgestellten Rechtssätze, keine subjektiven Rechte. (Aehnlich ist die Ansicht v. Gerber's, Grundzüge eines Systems des deutschen Staatsrechts § 11, P. Laband, Reichsstaatsr. I S. 142, Seydel Bayr. Staatsr. I S. 571); andererseits erblicken Löning, Verwaltungsrecht S. 13, G. Meyer Staatsrecht § 217 u. A. in den Grundrechten subjektive Rechte.)

Die in II aufgeführten Rechtssätze bezogen sich nur auf die Preußen. Sie gelten auch heute unzweifelhaft nicht für Angehörige eines nicht zum Deutschen Reiche gehörigen Staates. Daß sie für alle Reichsangehörige gelten, behauptet v. Cuny (Sten. Ber. des Abg.H. 1888 S. 1313); vgl. andererseits Seydel, Bayr. Staatsr. I S. 523 und P. Laband, Staatsr. I S. 152 a. a. O. In Betracht kommt Reichsverfassung Art. 3: „Für ganz Deutschland besteht ein gemeinsames Indigenat mit der Wirkung, daß der Angehörige — eines jeden Bundesstaates in jedem anderen Bundesstaate als Inländer zu behandeln und demgemäß zum festen Wohnsitz, zum Gewerbebetriebe, zu öffentlichen Aemtern, zur Erwerbung von Grundstücken, zur Erlangung des Staatsbürgerrechtes und zum Genusse aller sonstigen bürgerlichen Rechte unter denselben Voraussetzungen wie der Einheimische zuzulassen — ist". Die Reichsverfassung sagt also nicht, daß jeder Reichsangehörige die Preußische Staatsangehörigkeit besitzt, und daraus folgt, daß die Rechte, welche an die Preußische Staatsangehörigkeit geknüpft sind, dem nichtpreußischen Reichsangehörigen nicht zustehen. Dieser kann sich auf Tit. II der Verfassung nicht beziehen. Allerdings stehen viele der hier aufgeführten Rechte auch dem Nichtpreußen zu, aber nur, weil und soweit sie durch Reichsgesetze gegeben sind, oder weil nach Preuß. Rechte für Nichtpreußen oft dieselben Rechtssätze wie für Preußen gelten (z. B. Art. 8 bis 12).

Art. 3. **Die Verfassung und das Gesetz[1] bestimmen, unter welchen Bedingungen die Eigenschaft eines Preußen und die staatsbürgerlichen Rechte[2] erworben, ausgeübt und verloren werden.[3]**

[1]) Die Nationalversammlung, von welcher die jetzige Fassung des Art. 3 herrührt, verstand hierunter ein neues Gesetz. Ein solches kam in Preußen nicht zu Stande; bis zur Regelung von Bundeswegen galt Ges. v. 31. Dez. 1842 (GS. 15).

Die Nationalversammlung wollte durch Art. 3 die Eigenschaft eines Preußen und die staatsbürgerlichen Rechte eines solchen unter den Schutz der Verfassung und des Gesetzes stellen, sie mithin dem Wege der Verordnung und der polizeilichen Willkür entziehen.

[2] D. h. im Gegensatze von den reinen Privatrechten (welche einem Staatsbürger gegen den andern zustehen, und welche der Staat nur schützt und zwar auch, wenn es Rechte eines Fremden sind) diejenigen öffentlichen Rechte, welche der Staat seinen Unterthanen gewährt. Sie zerfallen a) in die politischen Rechte (das aktive und passive Wahlrecht zu Staats- und Kommunalwahlen, die allgemeine Fähigkeit zur Bekleidung öffentlicher Aemter und zur Befugniß, Geschworener oder Schöffe zu werden), b) die übrigen öffentlichen Rechte (Vereins-, Versammlungs-, Preßfreiheit u. s. w.).

[3]) Nach Art. 4 unterliegen der Beaufsichtigung Seitens des Reichs und der Gesetzgebung auch die Bestimmungen über das Staatsbürgerrecht. Hierzu ist im Schlußprotokoll zum Bündnißvertrage mit Bayern unter II bemerkt, daß unter der Gesetzgebungsbefugniß des Bundes über Staatsbürgerrecht nur das Recht verstanden werden sollte, die Bundes- und Staatsangehörigkeit zu regeln und den Grundsatz der politischen Gleichberechtigung aller Konfessionen durchzuführen, daß sich im Uebrigen diese Legislative nicht auf die Fragen erstrecke, unter welchen Voraussetzungen Jemand zur Ausübung politischer Rechte in einem einzelnen Staate befugt sei. Dieser Bemerkung ist von Lasker im Reichstage am 8. Dez. 1870 (Sten. Ber. S. 147) — und mit Recht — widersprochen worden. In Ausübung des in Art. 4 eingeräumten Rechtes ergingen das Gesetz über die Erwerbung und den Verlust der Bundes- und Staatsangehörigkeit v. 1. Juni 1870 (BGBl. 355), das Gesetz betr. die Gleichberechtigung der Konfessionen rc. v. 3. Juli 1869 (BGBl. 292) — unten zu Art. 12 —. Auf das Staatsbürgerrecht (Wahlrecht auch für Staatswahlen) hat Einfluß das Reichsmilitär-

ges. v. 2. Mai 1874 (RGBl. 59) § 49 — unten zu Art. 70 —. Ferner sind von Einfluß auf die staatsbürgerlichen Rechte alle Vorschriften der Reichsgesetze, welche in Betreff derartiger Rechte, insbesondere der in Tit. II der Preuß. VerfUrk. aufgeführten, ergangen und in den Anm. zu den bez. Art. unten aufgeführt sind.

Art. 4. Alle Preußen sind vor dem Gesetze gleich.[1] Standesvorrechte[2] finden nicht statt.[3] Die öffentlichen Aemter sind, unter Einhaltung der von den Gesetzen festgestellten Bedingungen, für alle dazu Befähigten gleich zugänglich.

[1] Gesetze (im weitesten Sinne, auch Verordnungen) sind gegen Jeden gleich anzuwenden; doch finden nicht nothwendig die gleichen Gesetze auf Jeden Anwendung. Der Verfass. steht somit nicht entgegen, daß für die Besteuerung der Beamten und Militärpersonen verschiedene Rechtsnormen gelten, daß die Disziplinarverhältnisse der richterlichen Beamten von denjenigen der nichtrichterlichen verschieden sind, daß einzelne Klassen von Gewerbetreibenden eine Genehmigung zum Gewerbebetriebe bedürfen, andere Klassen nicht u. s. w. Wegen der Gleichheit in Ansehung der Konfessionen s. unten Art. 12. Auf Nichtpreußen erstreckt sich der Art. 4 nicht, die dort ausgesprochene Gleichheit vor dem Gesetz gilt auf Grund reichsrechtlicher Normen, namentlich des Art. 3 der Reichsverfassung, in sehr wesentlichen Beziehungen auch für die nichtpreußischen Reichsangehörigen; s. oben S. 49. Da Art. 4 nur auf Preußen Anwendung findet, ist es z. B. statthaft, Angehörige eines bestimmten fremden Staates (z. B. Zigeuner) vom Gewerbebetrieb im Inlande auszuschließen, V. v. 31./10. 83 (RGBl. 305).

[2] Darunter sind alle politischen Vorrechte zu verstehen, welche den einzelnen Mitgliedern gewisser Stände im öffentlichen oder im Privatrecht zustehen. Streitig war, ob das im ALR. Thl. II Tit. 1 §§ 30—33 enthaltene Eheverbot als Ausfluß eines Standesvorrechts anzusehen und demgemäß durch Art. 4 aufgehoben sei. Der Streit ist erledigt durch Gesetz, betr. die Aufhebung der §§ 30 bis 33 ALR. II 1 und der damit zusammenhängenden Be-

stimmungen v. 22. Febr. 1869 (GS. 365). S. a. RG. v. 6./2. 75 (RGBl. 23) § 39.

[3] Die Nationalversammlung (Verhdl. S. 1888) hatte den Zusatz beschlossen: Der Adel ist abgeschafft". Die VerfUrk. begnügte sich mit der Abschaffung der Standesvorrechte. Auch diese sind für das Königliche und das Fürstliche Hohenzollern'sche Haus und den hohen Adel aufrecht erhalten bezw. wieder eingeführt worden:

A. Zum Königlichen Hause gehören die Königin, die Königl. Wittwen, die Prinzen und Prinzessinnen, welche von dem ersten Erwerber der Krone durch anerkannte, ebenbürtige, rechtmäßige Ehe in männlicher Linie abstammen (die Prinzessinnen treten aus dem Königlichen Hause, sobald sie sich mit einem Prinzen aus einem fremden Hause vermählen), die ebenbürtigen Gemahlinnen der Preußischen Prinzen und ihre Wittwen während des Wittwenstandes. Die Mitglieder des Königl. Hauses sind befreit von der Militärpflicht, der Einquartierungslast und Vorspannleistung im Frieden und von Personalsteuern. In streitigen Rechtssachen haben sie den Gerichtsstand von dem mit dem Kammergericht verbundenen Geheimen Justizrath (EG. § 5 zum GVG. und Preuß. Ausführungsges. v. 24. April 1878 (GS. 230) § 18). Wegen der Portofreiheit s. D. S. ferner H. Schulze § 121, Seydel Bayr. Staatsr. I S. 425 f.

B. Die Mitglieder des Fürstlichen Hohenzollern'schen Hauses haben dieselben Rechte, s. AErl. v. 14. Aug. 1852 (GS. S. 771) und die Citate in A und D.

C. Zum hohen Adel gehören die vormals unmittelbaren Deutschen Reichsstände. Die Deutsche Bundesakte (Art. XIV), die Wiener Kongreßakte (Art. 23 und 43) und andere Bundesgesetze sicherten den vormals unmittelbaren Deutschen Reichsständen bestimmte Rechte zu: a) Zugehörigkeit zum hohen Adel und Ebenbürtigkeit mit den regierenden Häusern, b) daß sie und ihre Familien „die privilegirteste Klasse, insbesondere in Ansehung der Besteuerung bilden, c) daß ihnen alle aus ihrem Eigenthum und dessen ungestörtem Genuß herrührenden Rechte, welche nicht zu der Staatsgewalt und den höheren Regierungsrechten gehören, verbleiben". Zur Ausführung der Bundesgesetze ergingen in Preußen die Verordnung v. 21. Juni 1815 (GS. 103), welche Art. XIV der Bundesakte wiederholt und nähere Angaben über die Privilegien macht, und die Instruktion zu dieser Verordnung v. 30. Mai 1820 (GS. 81). Die Standesherren haben den Huldigungseid zu leisten und sind den allgemeinen Landesgesetzen unterworfen; sie haben Rechte auf Titel und Wappen („Wir“), Kirchengebet, öffentliche Trauer, Ehrenwache; sie mit ihren Familiengliedern sind befreit von „aller Militärpflicht“, Grund- und Personalsteuern, aber nicht von indirekten Steuern. Vom Erbschaftsstempel sind sie bei Successionen in der Standesherrschaft, welche innerhalb der Familie stattfinden, unbedingt, bei anderen Erbschaften und Vermächtnissen aber nur insoweit befreit, als diese innerhalb der Standesherrschaft ihnen zufallen. Sie sollten Privilegien für sich und ihre Familienangehörigen in Ansehung der streitigen und nichtstreitigen Gerichtsbarkeit genießen; ihnen bleibt in ihren standesherrlichen Bezirken „die Benutzung jeder Art der Jagd- und Fischereigerechtigkeit, der Bergwerke — soweit sie ihnen bereits zusteht“; sie hatten eigene, standesherrliche Gerichtsbarkeit, Exemtion von Landespolizeibehörden, die Kirchen- und Schulaufsicht.

Alle diese Vorrechte hat die Verfassungsurkunde durch Art. 4 beseitigt. Um dieselben wiederherstellen zu können, erging in Bezug auf Art. 4 die nachfolgende sog. „Deklaration“:

Ges., betr. die Deklaration der Verfass.-Urk. v. 31./1. 50, in Bezug auf die Rechte der mittelbar gewordenen Deutschen Reichsfürsten und Grafen v. 10./6. 54 (GS. S. 363).

„Die Bestimmungen der Verfassungs-Urkunde vom 31. Januar 1850. stehen einer Wiederherstellung derjenigen durch die Gesetzgebung seit dem 1. Januar 1848. verletzten Rechte und Vorzüge nicht entgegen, welche den mittelbar gewordenen Deutschen Reichsfürsten und Grafen, deren Besitzungen in den Jahren 1815. und 1850. der Preußischen Monarchie einverleibt oder wieder einverleibt worden, auf Grund ihrer früheren staatsrechtlichen Stellung im Reiche und der von ihnen besessenen Landeshoheit zustehen, und namentlich durch den Artikel XIV. der Deutschen Bundesakte vom 8. Juni 1815. und durch die Artikel 23. und 43. der Wiener Kongreßakte vom

9. Juni 1815., sowie durch die spätere Bundesgesetzgebung zugesichert worden sind, sofern die Betheiligten sie nicht ausdrücklich durch rechtsbeständige Verträge aufgegeben haben. Diese Wiederherstellung erfolgt durch Königliche Verordnung."

Auf Grund des vorstehenden Gesetzes ergingen zwei V. v. 12./11. 55. Die eine (GS. 1855 S. 686) stellt den durch die Gesetzgebung seit 1. Jan. 1848 aufgehobenen privilegirten Gerichtsstand (Instr. v. 30. Mai 1820 §§ 14 ff.) mit geringen Abweichungen wieder her. Die zweite (GS. 1855 S. 688) erklärte für wiederhergestellt diejenigen, durch die Gesetzgebung seit dem 1. Jan. 1848 verletzten Rechte und Vorzüge, welche den mittelbar gewordenen Deutschen Reichsfürsten und Grafen — auf Grund ihrer früheren staatsrechtlichen Stellung im Reiche und der von ihnen besessenen Landeshoheit zustehen, — und von den Betheiligten nicht durch rechtsbeständige Verträge ausdrücklich aufgegeben worden sind. Behufs Feststellung des Umfangs dieser Rechte und Regulirung der zur Herstellung des verletzten Rechtszustandes erforderlichen Maßregeln fanden Verhandlungen statt, welche mit der Mehrzahl der Betheiligten zu Rezessen führten, in denen die Rechte der Standesherren einzeln aufgeführt, ihnen auch für nicht wiederherzustellende Rechte Geldentschädigungen zugesprochen wurden. Wegen dieser Entschädigung bedurfte die Staatsregierung der Zustimmung des Landtages (Art. 99 der VerfUrk.). Das AbgH. bestritt die Gültigkeit der Rezesse, weil die Staatsregierung den Standesherren in denselben mehr Rechte eingeräumt habe, als die Bundesgesetzgebung und das Ges. v. 10. Juni 1854 verlangen und zulassen, und weil die Wiederherstellung entgegen dem Ges. v. 10. Juni 1854 nicht im Wege der Königl. Verordnung, sondern in dem des Vertrages erfolgt sei. Beide Gründe gegen die Gültigkeit sind nicht stichhaltig; der erste nicht, da es Zweck des Ges. v. 10. Juni 1854 war, den alten Zustand, wie er in Preußen auf Grund namentlich der Instr. v. 30. Mai 1820 war, wiederherzustellen, der zweite nicht, da, wenn der Gesetzgeber einen Gegenstand der Königl. Verordnung überweist, er damit nur die Mitwirkung des Landtages ausschließen will, und ein Vertrag also zugleich Verordnung sein kann, weil staatsrechtlich Alles, was der Form des Gesetzes entbehrt, Verordnung ist. Gleichwohl mußte sich die Staatsregierung, da sie wegen der Geldbewilligung die Mitwirkung des Landtages nicht entbehren konnte, dazu verstehen, das Ges. v. 15. März 1869, betr. die Ordnung der Rechtsverhältnisse der mittelbaren Deutschen Reichsfürsten und Grafen (GS. 490) anzunehmen, in welchem der Landtag die Gelder zur Leistung der Entschädigungen bewilligte, andererseits aber bestimmt wurde, daß in Zukunft die Wiederherstellung der verletzten Rechte und Vorzüge nur noch durch die Gesetzgebung erfolgen dürfe. Solche Gesetze ergingen (zwei) am 25. Okt. 1878 (GS. 305, 311).

Die Rezesse und die Ges. v. 25. Okt. 1878 stellen die Rechte im Allgemeinen in dem Umfange wieder her, welcher dem oben entwickelten Inhalte der Instr. v. 30. Mai 1820 entspricht.

Weder die Instr. v. 30. Mai 1820 noch das Ges. v. 10. Juni 1854 finden Anwendung auf die Standesherren in den 1866 erworbenen Provinzen; für diese kommen die alten Bundesgesetze und die auf Grund derselben ergangenen landesherrlichen Gesetze, Verordnungen und Rezesse zur Anwendung; für die Herzöge von Arenberg-Meppen erging das Ges. v. 27. Juni 1875 (GS. 327). Letztere sind zum Theil von der Grund- und Gebäude-, nicht von Personal- und indirekten Steuern befreit. Im Uebrigen besteht für die Standesherren in den 1866 erworbenen Provinzen nicht (oder nur sehr beschränkt) Steuerbefreiung. (Näheres hierüber bei v. Rönne §§ 150, 152.) Die Mitglieder der Familien des Hannover'schen Königshauses, des Kurhessischen und Herzoglich Nassauischen Fürstenhauses sind von der Klassen- und Einkommensteuer frei, auch sind die im Besitze derselben befindlichen Gebäude im bisherigen Umfange der Gebäudesteuer nicht unterworfen; vgl. die beiden Verordnungen v. 28./4. 1867 (GS. 536 und 541) § 8, und die Verordnung v. 11. Mai 1867 (GS. 597) § 9. Nach dem Einkommensteuerges. v 24./6. 91 sind von der Einkommensteuer befreit: 1) die Mitglieder des Königlichen Hauses und des Hohenzollernschen Fürstenhauses; 2) die Mitglieder des Hannover'schen, Kurhessischen und Nassauischen Fürstenhauses. Die den Häuptern und Mitgliedern der Familien der vormals freien Reichsstände, sowie der gleichgestellten Familien nach zugestandenem Rechte auf Befreiung von ordentlichen Personalsteuern und auf Bevorzugung hinsichtlich derselben sind durch Ges. v. 18./7. 92 (GS. 210) seit 1. April 1893 aufgehoben.

Nach dem Ges. v. 18./6. 76 (GS. 245), der hannover'schen KrO. v. 6./5. 84 § 53, der hessen-nassauischen v. 7./6. 85 § 54, der westfälischen v. 31./6. 86 § 99 und der rheinischen v. 30./5. 87 § 99 steht einzelnen Mediatisirten das Recht zu, sich durch Stellvertreter an Kreistagswahlen zu betheiligen und bei Bestellung von Amtsvorstehern, Bürgermeistern 2c. gehört zu werden.

D. Da Reichsrecht dem Landesrecht vorgeht, so sind die Privilegien des Preußischen Staatsrechts aufgehoben auf allen Gebieten, wo eine reichsrechtliche Regelung stattgefunden hat, ohne daß ein solches Privileg wiederholt wurde.

Gemäß Art. 2 und 35 der Reichsverfassung sind betreffs der Reichssteuern alle landesrechtlichen Privilegien mit Einschluß derjenigen des Königlichen Hauses aufgehoben; so daß gegenüber den Zöllen, Tabaksteuern u. s. w. keine Steuerbefreiungen mehr bestehen. Dagegen sind die Mitglieder der regierenden Häuser der Einzelstaaten des Reichs und die Mitglieder der mediatisirten vormals reichsständischen und derjenigen Häuser, welchen die Befreiung von der Wehrpflicht durch Verträge zugesichert ist, oder auf Grund besonderen Rechtstitels zusteht, von der Wehrpflicht befreit (§ 1 des Ges. v. 9. Nov. 1867, BGBl. 131).

Befreit sind ferner die Mitglieder des Königlichen Hauses von der Einquartierungslast im Frieden bezüglich der ihnen gehörigen Wohngebäude (Ges. v. 25. Juni 1868, BGBl. 523) § 4 und hinsichtlich der Vorspannleistungen bezüglich der für ihren Hofhalt bestimmten Pferde (Ges. v. 13. Febr. 1875, RGBl. 52) § 3. Befreiung von Portogebühren steht nach § 1 des Ges. v. 5. Juni 1869 (BGBl. 141) nur noch den regierenden Fürsten des Deutschen Reichs, deren Gemahlinnen und Wittwen zu. Das Gerichtsverfassungsgesetz erkennt den privilegirten Gerichtsstand für die mittelbar gewordenen Deutschen Reichsfürsten und Grafen in Streit- und Strafsachen nicht an, hält indeß das landesgesetzlich (auch in gesetzlichen Verordnungen) den (Häuptern der) standesherrlichen Familien (vor Inkrafttreten des GVG. bereits) gewährte Recht auf Austräge (EG. § 7 zu GVG.) aufrecht. Da GVG. nur die streitige Gerichtsbarkeit betrifft (EG. § 2), so sind die Bestimmungen über die nichtstreitige Gerichtsbarkeit der standesherrlichen Familien in Geltung geblieben, Preuß. AusfGes. z. GVG. v. 24./4. 78 (GS. 230) § 27.

Art. 5.[1] **Die persönliche Freiheit ist gewährleistet.**[2] **Die Bedingungen und Formen, unter welchen eine Beschränkung derselben, insbesondere eine Verhaftung zulässig ist, werden durch das Gesetz**[3] **bestimmt.**[4]

[1] Art. 5 kann im Falle des Belagerungszustandes außer Kraft gesetzt werden; s. Art. 111.

[2] Aus diesem Art. 5 läßt sich folgern, daß Sklaverei, Leibeigenschaft und Hörigkeit mit der Verfassung nicht vereinbar sind. In der Hauptsache (und für das praktische Recht) wollte Art. 5 nur, daß die gerichtliche Verhaftung und die Festnahme zum Zwecke der gerichtlichen Verhaftung nicht von dem arbiträren Ermessen der Polizeibehörden, sondern nach gesetzlichen Normen erfolgen sollte. Dagegen schließt Art. 5 nicht aus, daß die Verwaltungsbehörden zur Durchführung ihrer Aufgaben Zwangsmittel gegen die Person anwenden; s. Arndt in Hirth's Annalen 1886 S. 313; ferner Erk. d. OTr. v. 25. März und 20. Juni 1870, GA. XVIII 435 und 286; Erk. d. RG. v. 23. März 1880 und 24. Sept. 1880, Entsch. in Straff. I 33, II 262. Die Sistirung und die Verhaftung als polizeiliche Exekutivmittel sind deshalb bestehen geblieben; s. u. A. Reskr. d. Min. d. Innern v. 7. Juli 1850, betr. das polizeiliche Verfahren gegen die der Prostitution ergebenen Frauenzimmer, und v. 20. Jan. 1854, betr. die Zulässigkeit der polizeilichen Exekutivhaft (BMBl. 1850 S. 247, 1854 S. 10). Art. 5 steht daher auch nicht im Wege, daß anstößig werdenden Konkubinaten durch Zwang gegen die Person polizeilich entgegengetreten wird, OVG. v. 16. März 1881, E. VII 370; s. auch Erk. d. OVG. v. 11. Okt. 1884 und 19. Nov. 1884, E. Bd. XI 382, 389. In dem gleichen Umfange sind auch Polizeiverordnungen statthaft, selbst wenn sie die persön-

liche Handlungsfreiheit beschränken; s. auch OVG. v. 9. Jan. 1884, E. IX 365.

[2] Ges. zum Schutze der persönlichen Freiheit v. 12. Febr. 1850 (GS. 45). Dasselbe ist, soweit Zwecke der gerichtlichen Strafverfolgung, gerichtlichen Verhaftung, vorläufigen Festnahme zum Zwecke gerichtlicher Verhaftung und Haussuchungen zur Vorbereitung gerichtlicher Untersuchungen in Frage stehen, durch Abschnitt 8 und 9 der StPO. beseitigt worden. Danach sind nur die §§ 6 bis 10 in Kraft geblieben. Das Ges. v. 12. Febr. 1850 greift nicht über den Rahmen des Art. 5 hinaus, bezieht sich also nicht auf Sistirungen und Verhaftungen als rein polizeiliche Zwangsmaßregeln; s. Anm. 1. Die Beschränkung der persönlichen sowie jeder anderen Freiheit durch polizeiliche Maßregeln, sofern sich diese nicht auf besondere gesetzliche Anordnungen stützen, gründet sich auf ALR. Thl. II Tit. 17 § 10: „Die nöthigen Anstalten der öffentlichen Ruhe, Sicherheit und Ordnung, auch zur Abwendung der dem Publiko, oder einzelnen Mitgliedern desselben bevorstehenden Gefahren zu treffen, ist das Amt der Polizei", und ist nur in dem durch diese Vorschrift gegebenen Umfange statthaft; vgl. auch Anm. 1 zu Art. 9.

Art. 6.[1] **Die Wohnung ist unverletzlich. Das Eindringen**[2] **in dieselbe und Haussuchungen,**[2] **so wie die Beschlagnahme von Briefen**[3] **und Papieren**[3] **sind nur in den gesetzlich bestimmten Fällen und Formen gestattet.**[4]

[1] Art. 6 kann im Falle des Belagerungszustandes außer Kraft gesetzt werden, s. Art. 111.

[2] Dieselben sind stattbaft nach StrPO. §§ 102 bis 110, ferner nach CPO. § 678 (für Gerichtsvollzieher); außerdem sofern in Reichs- bezw. Bundes- oder Vereinszoll-Gesetzen dieselben gestattet sind; s. Arndt in der Zeitschrift f. d. gesamte Strafrechtswissenschaft 1885 S. 277. Die landesrechtlichen Vorschriften hierüber sind durch die vorcitirten Bestimmungen des Reichsrechts aufgehoben worden. Eine Ausnahme bilden nur gemäß § 6 des

EG. z. StrPO. diejenigen, welche das Verfahren wegen Zuwiderhandlungen gegen die Zoll- und Steuergesetze betreffen, also z. B. die preuß. Steuerordnung v. 8. Febr. 1812 (GS. 102) § 54, Verordnung v. 17. Mai 1867 (GS. 633) § 45 und Ges. wegen Untersuchung und Bestrafung der Zollvergehen v. 23. Jan. 1838 (GS. 78) §§ 28 ff. Diese Vorschriften sind, soweit nicht die §§ 453 bis 455, 459 bis 463 StrPO. abweichende Bestimmungen enthalten, in Kraft geblieben.

[3] Str.PO. §§ 99 bis 111, Reichs-Konkurs-Ordn. § 111; das Briefgeheimniß ist auch reichsrechtlich gewährleistet durch § 5 des Ges. über das Postwesen des Deutschen Reichs v. 28. Okt. 1871 (RGBl. 347).

[4] Auch Art. 6 bezieht sich, abgesehen von der Gewährleistung des Briefgeheimnisses, nur auf solche Maßregeln, welche unmittelbar oder mittelbar die gerichtliche Bestrafung vorbereiten wollen. Art. 6 steht dagegen nicht im Wege, daß in ein Haus, dessen Beschaffenheit Gefahr drohend ist, oder in eine Wohnung, in welcher unbefugt ein Gewerbe betrieben, oder eine konzessionspflichtige, aber nicht konzessionirte Anlage sich befindet, oder in welcher durch Unzucht, Konkubinat ꝛc. Aergerniß erregt wird, aus polizeilichen Gründen eingedrungen und die bez. Anlage inhibirt, die Aergerniß gebenden Personen polizeilich entfernt werden u. s. w.; s. Anm. 1 zu Art. 5.

Art. 7.[1] Niemand darf seinem gesetzlichen Richter entzogen werden. Ausnahmegerichte und außerordentliche Kommissionen sind unstatthaft.[2]

[1] Art. 7 ist jetzt ersetzt durch GVG. § 16:

„Ausnahmegerichte sind unstatthaft. Niemand darf seinem gesetzlichen* Richter entzogen werden. Die gesetzlichen Bestimmungen über Kriegsgerichte und Standrechte werden hiervon nicht berührt."

---

* Daraus folgt, daß der Gerichtsstand nur durch Gesetz, durch Verordnung also nur, wenn dieselbe auf Grund des Gesetzes erlassen ist, begründet und verändert werden kann.

[2] Gemäß Art. 111, Reichsverfass. Art. 68, Preuß. Ges. v. 4. Juni 1851 (GS. 451) kann der Art. 7 zeit- und distriktsweise außer Kraft gesetzt werden.

Art. 8. Strafen[1] können nur in Gemäßheit des Gesetzes[2] angedroht[3] oder verhängt werden.

[1] Hiermit sind nur die von den ordentlichen Gerichten zu verhängenden Strafen, nicht administrative Exekutivstrafen gemeint. Trotz Art. 8 können daher von den Polizei- und anderen Verwaltungsbehörden innerhalb ihrer sich auf konstitutionelle oder vorkonstitutionelle Gesetze stützenden allgemeinen Befugnisse Exekutivstrafen angedroht, verhängt und beigetrieben werden (s. Arndt in Hirth's Ann. 1886 S. 314; Reskr. d. Min. d. Inn. v. 14. Aug. 1849, 28. Juni 1849, 28. Juni 1850, 20. April 1854, VMBl. 1849 S. 161, 1850 S. 212, 1854 S. 10; Th. F. Oppenhoff, Ressortges. S. 181, Anm. 535, 536; s. auch OVG. v. 16. März 1881, E. VII 370.

[2] das will sagen, daß Strafen fortan nicht mehr vom Könige allein, sondern nur noch mit Uebereinstimmung des Landtages, d. i. im Wege der Gesetzgebung angedroht oder verhängt werden können. Dem Gesetze gleich steht die „in Gemäßheit des Gesetzes", d. i. auf Grund gesetzlicher Ermächtigung — wie eine solche z. B. das Ges. über die Polizeiverwaltung v. 11. März 1850, GS. 265 enthält — erlassene Verordnung. Art. 8 ist identisch mit art. 8 der Belgischen Verfass.: Nulle peine ne peut être etablie ni appliquée qu'en vertu de la loi. Art. 8 ist aber nicht identisch mit StrGB. § 2: „eine Handlung kann nur dann mit einer Strafe belegt werden, wenn diese Strafe gesetzlich bestimmt war, bevor die Handlung begangen wurde." Denn dieser § 2 bedeutet, daß Strafnormen keine rückwirkende Kraft haben, auch daß die Strafen nicht völlig in das richterliche Ermessen zu stellen sind. Art. 8 drückt dagegen eine Beschränkung der königlichen Gewalt aus, insofern er vorschreibt, daß der König bezw. die vollziehende Gewalt nicht mehr allein, sondern nur noch auf Grund und in Gemäßheit des Gesetzes Strafen androhen und verhängen

lassen darf. S. über diesen gewöhnlich mißverstandenen Art. 8 *Arndt*, Verordnungsr. S. 157 bis 169.

[3] Da Art. 8 nicht bloß durch Gesetze, sondern auch „in Gemäßheit des Gesetzes" angedrohte Strafen zuläßt, so enthalten die Gesetze, in welchen die Befugniß, Strafnormen zu erlassen, delegirt ist, z. B. das Gesetz über die Polizeiverwaltung v. 11. März 1850 (GS. 265) keine Verfassungsänderung.

Art. 9. Das Eigenthum ist unverletzlich.[1] Es kann nur aus Gründen des öffentlichen Wohles gegen vorgängige in dringenden Fällen wenigstens vorläufig festzustellende Entschädigung[2] nach Maaßgabe des Gesetzes[3] entzogen oder beschränkt werden.

[1] Art. 9 bezieht sich nur auf *Expropriationen* des Eigenthums zu allgemeinen Zwecken und betrifft nicht die aus dem Nachbarrecht herrührenden Beschränkungen des Grundeigenthums, und steht nicht entgegen, daß durch *polizeiliche Verfügungen oder Verordnungen* das Eigenthum beschränkt und verletzt wird; s. *Arndt* in Hirth's Ann. 1866 S. 315; OVG. v. 0. Jan. 1884, E. X 315, Kammergericht v. 3. Okt. und 10. Nov. 1881, E. III 301, IV 307, RG. 15. März 1884 in Gruchot's Beiträgen 1884 Beilageheft S. 975, RG. 19. April 1881, E. in Straff. IV 106, Erk. des OVG. v. 5. Mai 1886, Entsch. XIII 414 sowie Entsch. des OVG. XXIV 399. Art 9 hindert also auch die Schulverwaltung nicht, mit Kosten verknüpfte neue Unterrichtsgegenstände einzuführen, die Bildung neuer Schulklassen anzuordnen, die Einkommen- und Pensionsverhältnisse der Volksschullehrer zu regeln und die Kosten hierfür im Verwaltungswege beizutreiben.

Anm. 3 zu Art. 5 gilt auch hier. Aus dem dort Ausgeführten folgt, daß die Polizei nur dann in das Eigenthum eingreifen darf, wenn Gefahr vorliegt (wie dies z. B. das Allgem. Bergges. v. 24. Juni 1865, GS. 705 §§ 198, 199 besonders ausspricht) und wenn (beides nach dem vernünftigen Ermessen der Polizeibehörde) die Gefahr nicht in anderer Weise beseitigt werden kann. Der Eingriff ist (möglichst) gegen das Eigenthum dessen zu richten, der die Gefahr hervorgerufen hat, oder der ihr vorzubeugen verpflichtet ist; gegen das Eigenthum eines Anderen nur, wenn einerseits die Gefahr in anderer Weise nicht abwendbar ist und (wiederum nach dem Ermessen der Polizeibehörde) der zugefügte Schaden zurücktritt gegen den dem gemeinen Wohl dadurch gebotenen Vortheil; vgl. hierzu die im Allgemeinen übereinstimmenden Ausführungen in den Entsch. d. OVG. Bd. XII S. 397 ff., 401 ff.

[2] Eine solche Entschädigung ist nur für Expropriationen, nicht aber für die in Anm. 1 erwähnten sonstigen Eigenthumsbeschränkungen gegeben. Sie findet für letztere nur dann und nur so weit statt, wie sie in einem Spezialgesetze besonders vorgeschrieben ist; s. OTr. v. 20. Nov. 1871, E. Bd. 67 S. 216, G. Meyer, Lehrb. d. Deutsch. Staatsrechts 2. Aufl. S. 656, E. Löning, Verwaltungsrecht S. 254 f., Leuthold in Hirth's Annalen 1884 S. 265.

[3] Dieses Gesetz über die Enteignung von Grundeigenthum ist am 11. Juni 1874 (GS. 221) ergangen. Neben diesem Gesetz sind gemäß § 54 desselben unter Anderem die Vorschriften über die Entziehung und Beschränkung des Grundeigenthums im Interesse der Landeskultur, des Bergbaues (s. hierfür Allgem. Berggeſ. v. 24. Mai 1865. GS. 705, §§ 135 f.), der Landestriangulation in Geltung geblieben. Auch giebt es nicht wenige reichsrechtliche Vorschriften über Expropriation, z. B. im Ges. v. 7. April 1869, betr. Maßregeln gegen die Rinderpest (BGBl. 105), betr. Abwehr 2c. von Viehseuchen v. 23. Juni 1880 (RGBl. 153), über die Kriegsleistungen v. 13. Juni 1873 (RGBl. 129) und über die Naturalleistungen 2c. v. 13. Febr. 1875 (RGBl. 52), Ges. betr. die Beschränkungen des Grundeigenthums in der Umgebung von Festungen v. 21. Dez. 1871 (RGBl. 150).

Art. 10. Der bürgerliche Tod und die Strafe[1] der Vermögenseinziehung[2] finden nicht statt.[2]

[1] Die Strafen sind jetzt in der Hauptsache nach dem StrGB. zu bemessen; für landesgesetzliche Strafen s. § 5 des EG. z. StrGB.

[2] Die Vermögenseinziehung findet statt auf Grund reichsrechtlicher Normen in den Fällen StrGB. § 93 (Hoch- und

Landesverrath) und § 140 (Verletzung der Wehrpflicht). Das Verfahren s. StrPO. §§ 480 bezw. 425, 426; s. auch § 340.

Die Einziehung (Konfiskation) einzelner Vermögensgegenstände als Strafe ist durch Art. 10 nicht ausgeschlossen; s. z. B. Feld- und Forstpolizeiges. v. 1. April 1880 (GS. 230) § 23. Selbstverständlich ist, daß Art. 10 der reichsrechtlich normirten Konfiskation einzelner Gegenstände nicht entgegen steht (z. B. Vereinszollges. v. 1./7. 1869, BGBl. 317 §§ 134, 135).

Art. 11.[1] Die Freiheit der Auswanderung kann von Staatswegen[2] nur in Bezug auf die Wehrpflicht[3] beschränkt werden.

Abzugsgelder dürfen nicht erhoben werden.

[1] Art. 11 ist durch reichsrechtliche Vorschriften, besonders durch § 17 des Ges. v. 1. Juni 1870 (BGBl. 355) ersetzt worden.

[2] Privatrechtliche Beschränkungen, z. B. aus dem ehelichen Rechte, der väterlichen und vormundschaftlichen Gewalt sind hierdurch nicht berührt. Ebensowenig hat Jemand ein Recht, sich durch Auswanderung einer Untersuchungs- oder Strafhaft zu entziehen (vgl. auch Mot. zum § 17 des Ges. v. 1./6. 70, Anl. z. d. Sten.Ber. d. Reichstages 1870 S. 159).

[3] S. jetzt Str.GB. §§ 140 und 360 Nr. 3; ferner Reichsmilitärges. v. 2./5. 74 (RGBl. 45) §§ 57 bis 59, 61, 69 Nr. 8, Ges. v. 6./5. 80 (RGBl. 103) Art. I § 3; ferner Ges. v. 1./6. 70 (BGBl. 351) §§ 15, 17 und dazu deutsche Wehrordnung v. 22./11. 88 (RCBl. 1889 1 Thl. I § 27. S. auch Ges. v. 1./6. 70 nebst Anm. in Anl. I.

Art. 12. Die Freiheit des religiösen Bekenntnisses,[1] der Vereinigung zu Religionsgesellschaften (Art. 30. und 31.)[2] und der gemeinsamen häuslichen und öffentlichen Religionsübung wird gewährleistet.[3] Der Genuß der bürgerlichen und staatsbürgerlichen Rechte ist unabhängig von dem religiösen Bekenntnisse.[4] Den bürgerlichen und

staatsbürgerlichen Pflichten darf durch die Ausübung der Religionsfreiheit kein Abbruch geschehen.[5] [6]

[1] Schon das ALR. II Tit. 11 §§ 1 ff. gewährleistete die Gewissens- und Glaubensfreiheit. Alle Religionsgesellschaften sollten sich in allen Angelegenheiten, welche sie mit anderen bürgerlichen Gesellschaften gemein haben, nach den Gesetzen des Staates richten. Die Privat- und öffentliche Religionsübung einer jeden Kirchengesellschaft war dem Oberaufsichtsrechte des Staates unterworfen, der auch berechtigt war, von dem, was in der Versammlung der Kirchengesellschaft gelehrt und verhandelt wird, Kenntniß zu nehmen. Geduldeten Religions- und Kirchengesellschaften war die freie Ausübung des Privatgottesdienstes gestattet. Um die Rechte einer geduldeten Kirchengesellschaft zu erlangen, sind die Meldung und der Nachweis erforderlich, daß Ehrfurcht gegen die Gottheit, Gehorsam gegen die Gesetze, Treue gegen den Staat und sittlich gute Gesinnungen gegen die Mitbürger nicht mißachtet werden. Der Uebergang aus einer Religionsgesellschaft zu einer anderen war gestattet. Das Patent, betr. die Bildung neuer Religionsgesellschaften v. 30./3. 47 (GS. 121) wiederholt im Wesentlichen die Grundsätze des Landrechts. Die staatliche Genehmigung zur Religionsübung, welche ALR. Thl. II Tit. 11 § 10 vorschrieb, ist fortgefallen durch Art. 12, s. auch Erk. des OVG. v. 3. Dez. 1887, Entsch. XVI 387.

[2] Die Bezugnahme auf Art. 30 u. 31 ergiebt, daß auch für die religiösen Vereine prinzipaliter die allgemeinen Normen über das Vereins- und Versammlungsrecht anwendbar sind. Die hier vorgetragene Ansicht stimmt mit der Rechtsprechung überein, s. unten Verordnung v. 11./3. 50 § 2 letzter Abs. unten in Anlage II. Haben religiöse und kirchliche Vereine keine Korporationsrechte, so gelten sie als solche, welche eine Einwirkung auf öffentliche Angelegenheiten bezwecken und ihre Versammlungen als solche, in denen öffentliche Angelegenheiten erörtert werden, d. h. sie müssen Statuten und Mitgliederverzeichniß der Ortspolizeibehörde zur Kenntnißnahme einreichen und von ihren Versammlungen dieser vorher Anzeige machen.

[3] Das Ges., betr. den Austritt aus der Kirche v. 14. Mai 1873 (GS. 207) gestattet den Austritt aus einer Kirche mit bürgerlicher

Wirkung durch eine in Person vor dem Richter abzugebende Erklärung. Mit der Freiheit der Religionsübung ist auch die des Religionsunterrichts gewährleistet. Letztere unterliegt daher nicht den Art. 20 und 22, sondern dem Art. 12 der VerfUrk. Auch die Religionsgesellschaften, welche Korporationsrechte nicht besitzen, können über die im Vereinsges. v. 11./3. 50 gezogenen Schranken hinaus präventiv nicht gehindert werden, in ihren Versammlungen und als Theil der gemeinsamen Religionsübung durch ihre Vorsteher, Prediger, Sprecher auch die Belehrung, den Unterricht über religiöse Meinungen und Lehren an Erwachsene oder an Kinder jeden Alters ertheilen lassen, repressiv finden auf solche Unterweisungen die allgemeinen Gesetze Anwendung, OVG. 21./11. 91 XXII 396 ff.

[4] Dieser Satz ist nicht übereinstimmend ausgelegt worden (vgl. v. Rönne § 142 II S. 170). Jetzt gilt (Reichs-)Ges., betr. die Gleichberechtigung der Konfessionen in bürgerlicher und staatsbürgerlicher Beziehung v. 3./7. 69 (BGBl. 292): „Alle noch bestehenden, aus der Verschiedenheit des religiösen Bekenntnisses hergeleiteten Beschränkungen der bürgerlichen und staatsbürgerlichen Rechte werden hierdurch aufgehoben. Insbesondere soll die Befähigung zur Theilnahme an der Gemeinde- und Landesvertretung und zur Bekleidung öffentlicher Aemter vom religiösen Bekenntnisse unabhängig sein". Dieses Gesetz bezieht sich nicht auf Ausländer, Erk. des RG. v. 22. Dez. 1885, Entsch. in Straff. XIII 207.

[5] Die Mot. in der Denkschrift des Ministers v. Ladenberg v. 15./12. 48 S. 7 bemerken hierzu: „Sollte also z. B. künftig eine Religionsgesellschaft zum Verderben des heranwachsenden Geschlechtes unsittliche Lehren verbreiten, sollte sie unter dem Scheine der Religion die Verfassung des Staates angreifen, oder sollte sie die neben ihr stehenden Gemeinschaften in ihrem verfassungsmäßigen Rechte kränken, oder unter dem Vorwande der Religionsübung den öffentlichen Frieden stören, so würde sie sich vergeblich gegen die repressiven Maßregeln der Staatsgewalt auf die Freiheit berufen, weil eine Religion, welche sich ein solches Ziel setzt, keinen Anspruch auf den öffentlichen Schutz hat, und weil in der Gewissensfreiheit das Recht, gewissenlos zu handeln, nicht enthalten ist."

[6] Die Freiheit der Religionsübung und des Gottesdienstes schließt das Recht der Polizeibehörde nicht aus, gemäß § 10 Thl. II Tit. 17 ALR. Vorkehrungen zum Schutze des Publikums zu treffen, also z. B. wegen Ueberfüllung, welche das Leben gefährdet, Vermeidung von Feuersgefahr, mit Bezug auf ansteckende Epidemien das Erforderliche vorzuschreiben, vgl. die Anm. 2 und 3 zu Art. 5, Erk. des OVG. v. 3. Dez. 1887, Entsch. XVI 387.

Der Schutz der äußerlichen kirchlichen Ordnung der anerkannten Religionsgesellschaften bildet einen Theil der Landes-, nicht der Ortspolizei; Erk. d. OVG. v. 10. Dez. 1884 (VMBl. 1885 S. 22).

Art. 13.[1] **Die Religionsgesellschaften,**[2] **so wie die geistlichen Gesellschaften,**[3] **welche keine Korporationsrechte haben, können diese Rechte nur durch besondere Gesetze**[4] **erlangen.**

[1] Die im Staate öffentlich aufgenommenen Kirchengesellschaften haben gemäß § 17 Thl. II Tit. 11 ALR. die Rechte privilegirter Korporationen. Nur die ihnen gehörenden gottesdienstlichen Gebäude werden „Kirchen" genannt und haben als solche die Vorrechte der öffentlichen Gebäude des Staats (ALR. II 11 § 18; s. auch §§ 19, 96, 97, 160 f., bes. 174, 774 bis 776). Oeffentlich aufgenommen oder, wie das Patent v. 30. März 1847 (GS. 121) sagt, „geschichtlich und nach Staatsverträgen bevorrechtigt" sind nur die katholische Kirche (Religionsedikt v. 9. Juli 1788 in Rabe, Samml. preuß. Ges. I Abth. 7 S. 726) und die aus der lutherischen und reformirten vereinigte evangelische Landeskirche (KO. v. 27./9. 17, betr. die Vereinigung der lutherischen und reformirten Kirche, in v. Kamptz Anm. I 1 S. 64, s. auch KO. v. 30./4. 30, GS. 84). S. auch v. Stengel S. 544.

Korporationsrechte haben außerdem nachstehende, nicht bevorrechtigte Religionsgesellschaften:

a) die von der Gemeinschaft der evangelischen Landeskirche sich getrennt haltenden Lutheraner, Generalkonzession v. 23./7. 1845 (GS. 516 Nr. 3) und die Reformirte Niederländische Konfession, Generalkonzession v. 24. Nov. 1849 (VMBl. 1854 S. 7);

b) die Herrenhuter und Böhmischen Brüder, Generalkonzession v. 7. Mai 1746 und 18. Juli 1763;

c) die Synagogengemeinden nach Maßgabe des Ges. v. 23./6. 1847 (GS. 263) § 37, s. auch § 6 des Ges. v. 28./7. 76, betr. den Austritt aus den jüdischen Synagogengemeinden (GS. 353);

d) die Mennonitengemeinden nach Maßgabe des Ges. v. 12./7. 1874 (GS. 238) §§ 1, 2;

e) die Baptistengemeinden nach Maßgabe des Ges. v. 7./7. 1875 (GS. 374) §§ 1, 2.

Die dem Gottesdienste gewidmeten Gebäude der zu a bis e genannten Gemeinden haben weder den Namen noch die Rechte der Kirchen (ALR. II 11 § 18), Patent, die Bildung neuer Religionsgesellschaften betr., v. 30./3. 47 (GS. 121).

[2] Unter Religionsgesellschaft ist hier (und jedenfalls im Sinne des ALR.) nicht die Gesammtkorporation, sondern nur die einzelne Gemeindeverbindung zu verstehen (s. v. Kamptz Annal. II S. 73).

[3]) Geistliche Gesellschaften sind (ALR. II 11 §§ 939 ff.) nur die vom Staate aufgenommenen Stifte, Klöster und Orden: die katholischen Domstifte und Kapitel, die Kollegialstifte, Klostergesellschaften, die geistlichen Ritterorden, die protestantischen Stifte, Klöster und Ritterorden. Das Ges. v. 4. Juli 1872 (RGBl. 252) schließt den Orden Jesu und die ihm verwandten Orden und ordensähnlichen Kongregationen vom Gebiete des Deutschen Reichs aus, untersagt die Errichtung neuer und verfügt die Aufhebung bestehender Niederlassungen. S. hierzu B. v. 5. Juli 1872 und 20. Mai 1873 (RGBl. 1872 S. 254, 1873 S. 109). Das Ges. v. 31./5. 75 (GS. 217) erklärte „alle Orden und ordensähnlichen Kongregationen der katholischen Kirche" vom Gebiete der Preußischen Monarchie für ausgeschlossen, mit Ausnahme der ausschließlich der Krankenpflege gewidmeten, Art. 5 des Ges. v. 29. April 1887 (GS. 127) läßt diejenigen wieder zu, welche sich a) der Aushülfe in der Seelsorge, b) der Uebung der christlichen Nächstenliebe, c) dem Unterricht und der Erziehung der weiblichen Jugend in höheren Mädchenschulen und gleichartigen

Erziehungsanstalten widmen; und d) deren Mitglieder ein beschauliches Leben führen.

[4] Damit ist der Verordnungsweg ausgeschlossen. Solche Gesetze, deren Erlaß auch vor Emanation des in Art 31 vorgesehenen allgemeinen Gesetzes über Korporationen statthaft ist, sind die vorcitirten Ges. v. 12./6. 74 (GS 238) und v. 7./7. 75 (GS. 374).

Art. 14. Die christliche Religion wird bei denjenigen Einrichtungen des Staats, welche mit der Religionsübung im Zusammenhange stehen, unbeschadet der im Art. 12. gewährleisteten Religionsfreiheit, zum Grunde gelegt.

Art. 14 ist neu bei der Revision in die Verf.-Urk. eingefügt worden. Er bezieht sich nach Wortlaut und Entstehung nur auf die mit der Religions**übung** im Zusammenhange stehenden Einrichtungen, z. B. was **öffentliche** Feiertage sind, welchen Charakter die öffentlichen Schulen haben, was für theologische Lehrstühle an den Hochschulen zu errichten sind (s. Rede **Stahl's** in den Sten. Ber. der I. Kammer 1849/50 S. 978).

Ueber kirchliche Simultanverhältnisse vgl. **Sehling** im Arch. f. öff. Recht Bd. 7 S. 1 ff.

Die Art. 15,[1] 16[1] und 18[1] sind durch folgendes Ges. v. 18. Juni 1875 (GS. 259) aufgehoben[2 3]

„**Die Artikel 15, 16 und 18 der Verfassungs-Urkunde v. 31. Jan. 1850. sind aufgehoben.**"

v. **Rönne** § 162. S. auch Mot. z. Ges. v. 18./6. 75 in den Sten. Ber. d. AbgH. 1875, Anl. Bd. II S. 1513.

[1] Dieselben lauteten:

Art. 15: „Die evangelische und die römisch-katholische Kirche, so wie jede andere Religionsgesellschaft, ordnet und verwaltet ihre Angelegenheiten selbstständig und bleibt im Besitz und Genuß der für ihre Kultus-, Unterrichts- und Wohlthätigkeitszwecke bestimmten Anstalten, Stiftungen und Fonds."

Art. 16: „Der Verkehr der Religionsgesellschaften mit ihren Oberen ist ungehindert. Die Bekanntmachung kirchlicher Anordnungen ist nur denjenigen Beschränkungen unterworfen, welchen alle übrigen Veröffentlichungen unterliegen."

Art. 18: „Das Ernennungs-, Vorschlags-, Wahl- und Bestätigungsrecht bei Besetzung kirchlicher Stellen ist, so weit es dem Staate zusteht, und nicht auf dem Patronat oder besonderen Rechtstiteln beruht, aufgehoben.

Auf die Anstellung von Geistlichen beim Militair und an öffentlichen Anstalten findet diese Bestimmung keine Anwendung."

[3] Nach dem bis zur Verfassung in Preußen bestandenen Rechte (ALR. Thl. II Tit. 11) hatte der Staat ein ausgedehntes weltliches Oberaufsichtsrecht über alle Kirchengesellschaften, wonach u. A. jede Religionsübung der Oberaufsicht des Staates unterlag (s. Anm. 1 zu Art. 12). Dem gegenüber sanktionirten die Art. 15, 16 und 18 die Unabhängigkeit der Kirche vom Staate. Da diese Artikel dem Erlasse kirchenpolitischer Gesetze entgegenstanden, erfolgte deren Aufhebung. Vor der Aufhebung der Art. 15, 16 und 18 hatte das Ges. v. 5. April 1873 (GS. 143) die Art. 15 und 18 in nachstehender Weise verändert:

Art. 15: „Die evangelische und die römisch-katholische Kirche, sowie jede andere Religionsgesellschaft ordnet und verwaltet ihre Angelegenheiten selbstständig, bleibt aber den Staatsgesetzen und der gesetzlich geordneten Aufsicht des Staates unterworfen.

Mit der gleichen Maßgabe bleibt jede Religionsgesellschaft im Besitz und Genuß der für ihre Kultus-, Unterrichts- und Wohlthätigkeitszwecke bestimmten Anstalten, Stiftungen und Fonds."

Art. 18: „Das Ernennungs-, Vorschlags-, Wahl- und Bestätigungsrecht bei Besetzung kirchlicher Stellen ist, soweit es dem Staat zusteht und nicht auf dem Patronat oder besonderen Rechtstiteln beruht, aufgehoben.

Auf Anstellung von Geistlichen beim Militair und an öffentlichen Anstalten findet diese Bestimmung keine Anwendung.

Im Uebrigen regelt das Gesetz die Befugnisse des Staates hinsichtlich der Vorbildung, Anstellung und Entlassung der Geistlichen und Religionsdiener und stellt die Grenzen der kirchlichen Disziplinargewalt fest."

[3] Die Aufhebung der Art. 15, 16 und 18 hat keine rückwirkende Kraft. Soweit diese Artikel frühere, vor Erlaß der VerfUrk. bestandene Vorschriften, z. B. das placetum regium (ALR. Thl. II Tit. 11 §§ 117, 118) beseitigt haben, sind diese durch die Aufhebung der Artikel nicht wieder in Kraft getreten. Vgl. auch Bierling, Arch. f. öff. Recht Bd. 7 S. 2196.

Art. 17. Ueber das Kirchenpatronat und die Bedingungen, unter welchen dasselbe aufgehoben werden kann, wird ein besonderes Gesetz ergehen.[1]

[1] Das in Art. 17 verheißene besondere Gesetz ist noch nicht ergangen, vgl. auch v. Rönne § 162 (Bd. II S. 385 f.). Es gilt noch ALR. Thl. II Tit. 11 Abschn. 8 „von Kirchenpatronen".

Art. 18 ist aufgehoben, Ges. v. 18. Juni 1875 (GS. 259) s. oben S. 67.

Art. 19. Die Einführung der Civilehe erfolgt nach Maaßgabe eines besonderen Gesetzes, was auch die Führung der Civilstandsregister regelt.[1]

[1] Dieses Gesetz erging am 9. März 1874 über die Beurkundung des Personenstandes und die Form der Eheschließung (GS. 95). Dasselbe ist ersetzt durch das Reichsgesetz über die Beurkundung des Personenstandes und die Eheschließung v. 6. Febr. 1875 (RGBl. 23).

Vorbemerkung zu den Art. 20 bis 26.

Nach dem unter die Uebergangsbestimmungen gestellten Art. 112 soll es bis zum Erlaß des in Art. 26 vorgesehenen Unterrichtsgesetzes hinsichtlich des Schulwesens bei den jetzt geltenden gesetzlichen Bestimmungen bewenden. v. Rönne (§ 167 II S. 451/2), Schulze (Preuß. Staatsr. II S. 456) und früher das Abgeordnetenhaus (Sten. Ber. 1864 S. 592 ff.) nehmen an, daß durch Art. 112 die

Art. 20 bis 25 der Verfassung nur soweit suspendirt seien, wie sie zu ihrer Verwirklichung noch des Erlasses des im Art. 26 verheißenen Unterrichtsgesetzes bedürfen. Bierling (die konfessionelle Schule in Preußen, Gotha 1875 S. 12 ff., 109 ff.) erachtet dafür, daß die Art. 20 bis 25, soweit sie mit den bisherigen gesetzlichen Bestimmungen nicht in Widerspruch stehen, „als oberste Verwaltungsmaximen ansehen und als solche für alle weiteren Verwaltungsanordnungen auf dem Unterrichtsgebiete. so lange bindend sind, als sie nicht im Wege der Verfassungsänderung beseitigt oder durch neue Gesetze unausführbar gemacht sind." Gneist (die konfessionelle Schule ꝛc., Berlin 1869 S. 12) erklärt die Art. 20 bis 25 als „Zukunftsrecht". Er erachtet somit dieselben als gänzlich suspendirt, ebenso G. Meyer, Verwaltungsrecht I S. 222 und E. Löning, Verwaltungsrecht S. 738, 752. Die letzte Auffassung ist die richtige; denn Art. 112 ist durch Stiehl (anscheinend im Auftrage der Unterrichtsverwaltung) gerade zu dem Zwecke beantragt und von den Revisionskammern angenommen worden, damit die genannte Verwaltung an die Art. 20 bis 25 bis zum Erlasse des in Aussicht gestellten Unterrichtsgesetzes nicht gebunden sei (s. Arndt in der Zeitschr. f. öff. Recht 1886 S. 512 f.). Hiermit stimmt die Judikatur überein: Erk. d. OTr. v. 12./10. 74 und 14./6. 77 in Entsch. Bd. 73 S. 406 ff., Bd. 80 S. 377; s. auch OVG. XV 655 und XVII 10. Die Art. 20 bis 25 haben hiernach nur die aktuelle Bedeutung, daß sie bei dem zukünftigen Unterrichtsgesetz dem Gesetzgeber als Richtschnur dienen. Andererseits verbietet Art. 112 nicht gerade die Art. 20 bis 25, so daß die Unterrichtsverwaltung, wenn auch nicht verpflichtet, so doch berechtigt ist, die Art. 20 bis 25, soweit Gesetze nicht entgegenstehen, schon jetzt anzuwenden.

Art. 20. Die Wissenschaft und ihre Lehre ist frei.[1]

[1] Diese Freiheit schließt nicht aus, daß (repressiv) das StrGB. und alle Strafgesetze auch auf die Wissenschaft und ihre Lehre Anwendung finden, und ebensowenig (präventiv), daß, um Unterricht gewerbsmäßig zu ertheilen, staatliche Genehmigung erforderlich ist (s. Art. 22). Mit dem in Art. 20 ausgesprochenen Satze, der aktuelles Recht überhaupt nicht darstellt, soll die Verwaltung die Direktive

erhalten, die Wissenschaft nicht einseitig zu beeinflussen, bestimmte Lehrmeinungen nicht vorzuziehen, die Vorlesungen der Professoren nicht zu überwachen 2c., entgegengesetzt dem Beschlusse des Deutschen Bundes v. 20./9. 1819, welcher gemäß der Bekanntmachung v. 18./10. 19 (GS. 218) in Preußen als Gesetz publizirt wurde.

Art. 21. Für die Bildung der Jugend soll durch öffentliche Schulen genügend gesorgt werden.[1]

Eltern und deren Stellvertreter dürfen ihre Kinder oder Pflegebefohlenen nicht ohne den Unterricht lassen,[2] welcher für die öffentlichen Volksschulen[3] vorgeschrieben ist.

[1] Nach der Vorbemerkung zu dem Art. 20 stellt Abs. 1 des Art. 11 vorerst keinen (erzwingbaren) Rechtssatz auf.

[2] Es gilt das ältere Recht: im Allgemeinen ALR. II Tit. 2 § 75, Tit. 12 §§ 7, 43 bis 48, ausgedehnt auf die nicht landrechtlichen Provinzen durch KO. v. 24./5. 25 (GS. 149); s. auch KO. v. 20./6. 35 (GS. 131). Die in den Provinzen Ost- und Westpreußen, in Schlesien und der Grafschaft Glatz bestandenen besonderen provinzialrechtlichen Vorschriften wegen der Höhe der Strafe sind durch Ges. v. 6./5. 86 (GS. 144) aufgehoben. Es gilt auch in diesen Provinzen hierüber ALR. II 12 § 48. Für Hannover gilt Ges. v. 26./5. 45 (GS. für Hannover S. 465) §§ 3 bis 5, für Kurhessen s. Kurhessische GS. 1818 S. 7, 1853 S. 9, für Nassau s. VerordnSamml. Bd. III S. 294, für Schleswig-Holstein die Chronol. Samml. der Verordn. 1814 S. 112 (v. Rönne, § 171 II S. 470). Die angedrohten Strafen sind sog. Kriminalstrafen, d. h. nur das Gericht kann wegen begangener Nichtbefolgung die Eltern bestrafen, und es ist, soweit es sich um begangene Nichtbefolgung handelt, die Exekutivstrafe ausgeschlossen; s. Erk. des Ger. z. Entsch. der Kompetenz-Konflikte v. 14./3. 63 (JMBl. 126) und des OVG. v. 12./2. 81, Entsch. Bd. VII S. 215. Der Schulpflicht ist auf einer preußischen Volksschule zu genügen. Erk. d. Kammerger. v. 12./4. 82, Centralbl. der Unterrichtsverwaltung 1883 S. 152.

Es fehlt ein einheitliches Gesetz und damit die gleichmäßige Festsetzung des Beginns und Endes der Schulpflicht.

[3] Damit sind die sog. „gemeinen", „Elementar- und Volksschulen" verstanden, Erk. des OVG. v. 11. März 1885, Entsch. XII 97, v. 15./2. 89, Entsch. XVII 160.

Art. 22. Unterricht zu ertheilen und Unterrichtsanstalten zu gründen und zu leiten, steht Jedem frei, wenn er seine sittliche, wissenschaftliche und technische Befähigung den betreffenden Staatsbehörden nachgewiesen hat.[1]

[1] Die GewO. (§ 6) findet im Allgemeinen auf das Unterrichtswesen keine Anwendung, ausgenommen auf die Ertheilung von Tanz-, Turn- und Schwimmunterricht (GewO. § 35). Daraus, sowie in Verbindung mit der Vorbemerkung zu Art. 20 folgt, daß das preußische Landesrecht in Kraft geblieben ist. Es gelten insbesondere ALR. II 12 §§ 3 bis 8, KO. v. 10./6. 34, betr. die Aufsicht des Staats über Privatanstalten und Privatpersonen, die sich mit dem Unterrichte und der Erziehung der Jugend beschäftigen, (GS. 135) und dazu Staatsministerialbeschl. v. 31./12. 39, VMBl. 1840 S. 94. Hiernach bedürfen Privatunterrichts- und Erziehungsanstalten, desgl. (gewerbsmäßige) Privatlehrer, Hauslehrer, Erzieher und Erzieherinnen der staatlichen (widerruflichen) von der Regierung zu ertheilenden Genehmigung. Vgl. auch Anm. 3 zu Art. 12. S. auch v. Stengel, Preuß. Staatsr. S. 527 f.

Diese Vorschriften beziehen sich indeß nur auf den Unterricht der Jugend; Privatunterricht Erwachsenen zu ertheilen ist frei, Reskr. v. 27./2. 62 (VMBl. 114). S. auch zu Art. 22 v. Rönne § 169.

Art. 23.[1] Alle öffentlichen und Privat-Unterrichts- und Erziehungsanstalten stehen unter der Aufsicht vom Staate ernannter Behörden.[2]

Die öffentlichen Lehrer haben die Rechte und Pflichten der Staatsdiener.[3]

[1] Art. 23 ist durch Art. 112 suspendirt (Vorbem. zu Art. 20). Es gilt daher das ältere Recht, insbes. ALR. Th. II Tit. 12. Dieses

ältere Recht ist, soweit es die öffentliche Aufsicht betrifft, durch das „in Ausführung des Art. 23 der Verf." ergangene Ges., betr. die Beaufsichtigung des Unterrichts- und Erziehungswesens, v. 11./3. 72 (GS. 183) nur klarer gestellt:

„§ 1. Unter Aufhebung aller in einzelnen Landestheilen entgegenstehenden Bestimmungen steht die Aufsicht über alle öffentlichen und Privat-Unterrichts- und Erziehungs-Anstalten dem Staate zu.

Demgemäß handeln alle mit dieser Aufsicht betrauten Behörden und Beamten im Auftrage des Staates.

§ 2. Die Ernennung der Lokal- und Kreis-Schulinspektoren und die Abgrenzung ihrer Aufsichtsbezirke gebührt dem Staate allein.

Der vom Staate den Inspektoren der Volksschule ertheilte Auftrag ist, sofern sie dies Amt als Neben- oder Ehrenamt verwalten, jederzeit widerruflich.

Alle entgegenstehenden Bestimmungen sind aufgehoben.

§ 3. Unberührt durch dieses Gesetz bleibt die den Gemeinden und deren Organen zustehende Theilnahme an der Schulaufsicht, sowie der Artikel 24 der Verfassungs-Urkunde vom 31. Januar 1850.

§ 4. Der Minister der geistlichen, Unterrichts- und Medizinalangelegenheiten wird mit der Ausführung dieses Gesetzes beauftragt."

[3] Die Centralbehörde der Unterrichtsverwaltung war früher der Minister des Innern, jetzt der Unterrichtsminister (AE. v. 3./11. 17, GS. 289, und für die neuen Provinzen Verordnung v. 13./5. 67, GS. 667). Die Befugnisse des Ministers in Schulangelegenheiten regeln sich nach der Verordnung v. 27./11. 10 (GS. 3) und begreifen das Recht in sich, soweit Gesetze nicht entgegenstehen, Prüfungsvorschriften für Lehrer und Schüler zu erlassen, die Unterrichtsgegenstände zu bestimmen u. s. w.; s. auch OVG. v. 29./9. u. 2./12. 76, E. I 173 f., 205 f. Als Provinzialinstanz fungiren für die höheren Schulen einschließlich der Lehrerseminare die Provinzial-Schul-Kollegien, s. Dienst-Instr. für die Provinzial-Konsistorien v. 23./10. 17 (GS. 237) §§ 6 bis 8, 10 bis 15, KO. v. 31./12. 25

(GS. 1826 S. 5) B I 9, AE. v. 26./8. 59 (GS. 535), und für die neuen Provinzen Verordnung v. 22./9. 67 (GS. 1570), Lauenburg Ges. v. 23./6. 76 (GS. 169) § 5; für die Elementar-, Bürger- und Privatschulen die Regierung, Abth. für Kirchen- und Schulwesen, RegInstr. v. 23./10. 17 (GS. 237) § 2 Nr 6, § 18, KO. v. 31./12. 25 (GS. 1826 S. 5) D II 2. Die obere Leitung in wissenschaftlicher Hinsicht steht auch in Ansehung dieser Schulen den Provinzial-Schulkollegien zu.

[3] entspricht dem älteren Recht; Diensteid gemäß Verordnung v. 6./5. 67 (GS. 715).

Art. 24.[1] Bei der Einrichtung[2] der öffentlichen Volksschulen sind die konfessionellen Verhältnisse möglichst zu berücksichtigen.[3]

Den religiösen Unterricht in der Volksschule leiten die betreffenden Religionsgesellschaften.[4]

Die Leitung der äußeren Angelegenheiten der Volksschule steht der Gemeinde zu.[5] Der Staat stellt unter gesetzlich geordneter Betheiligung der Gemeinden,[5] aus der Zahl der Befähigten[6] die Lehrer der öffentlichen Volksschulen an.

[1] Es gilt (Vorbemerkung zu Art. 20) das ältere Recht. Nach diesem hat z. B. noch die Exekutive die Einrichtung der Schule zu bestimmen (vgl. auch OVG. v. 29./9. 76 Entsch. I 170).

[2] Es gilt die allgemeine Verfügung des Unterrichtsministers über Einrichtung, Aufgabe und Ziel der preußischen Volksschule v. 15./10. 72 (VMBl. 273). Nach dem Ges., betreffend die Feststellung von Anforderungen an Volksschulen v. 26. Mai 1887 (GS. 175) ist bei Anforderungen, welche durch neue oder erhöhte Leistungen der zur Unterhaltung der Schule Verpflichteten zu gewähren sind, in Ermangelung des Einverständnisses der Verpflichteten bei Landschulen der Beschluß des Kreisausschusses, bei Stadtschulen der Beschluß des Bezirksausschusses maßgebend mit Beschwerde an den endgültig entscheidenden Provinzialrath.

[3] Man unterscheidet die kirchliche, die konfessionelle, die Simultan- oder paritätische und die konfessionslose Schule. In der ersteren ist das ganze Unterrichtswesen, bei welchem der Religionsunterricht vorherscht, von konfessionell-kirchlichem Geiste durchdrungen. Die Schule ist Annex der Kirche und steht unter deren Leitung. Bei der konfessionellen Schule wird Religionsunterricht nur in einer bestimmten Konfession nicht als der, wohl aber als einer der Hauptgegenstände ertheilt. Die Lehrer gehören regelmäßig dieser Konfession an; es steht aber die Schule unter Leitung des Staates als Staatsschule. Die Simultanschule ist für Kinder verschiedener Konfessionen berechnet; der Religionsunterricht wird für die verschiedenen Konfessionen besonders ertheilt, die Lehrer werden ohne Rücksicht auf eine bestimmte Konfession angestellt. In der konfessionslosen Schule wird Religionsunterricht nicht ertheilt und auf die Konfession der Lehrer keine Rücksicht genommen. Die Schule des ALR. II 12 §§ 11 ff. (s. auch schles. Schulreglement v. 18./5. 1801, Korn's Ediktensamml. VII 206 u. s. w.) ist die Konfessionsschule: nicht die kirchliche, noch die Simultanschule. Letztere ist nur im Bedürfnißfalle zu gestatten (CR. des Unterrichts-Min. v. 16./6. 76, CBl. der Unterr. Verw. 495). In der Theorie behauptet Gneist (Die konfessionelle Schule. Ihre Unzulässigkeit nach preuß. Landrecht, Berlin 1869): „Die gesetzmäßige preußische Volksschule ist die, in welcher die Religion konfessionell gelehrt werden muß, die Wissenschaft nicht konfessionell gelehrt werden darf, die Staatsaufsicht in diesem Sinne gehandhabt werden soll." Ihm sind Schulze II S. 568, v. Rönne u. A. gefolgt. Bierling 1 c. behauptet, daß die Konfessionsschule dem Preuß. Recht entspricht, ebenso v. Stengel S. 533.

[4] Abs. 24 Abs. 2 giebt den Religionsgesellschaften noch kein aktuelles Recht, Vorbemerk. zu Art. 20 s. auch OTr. 14./6. 77 E. 80, S. 377 OR. XVIII 415. Nach dem Erl. d. KultMin. v. 18./2. 76 (BMBl. 68) ist der schulplanmäßige Religionsunterricht in der Volksschule den an derselben angestellten Lehrern und Lehrerinnen, unabhängig von der missio canonica, zu übertragen als staatliches Amt; vgl. auch CBl. d. UntVerw. 1880 S. 228.

[5] Da das ältere Recht gilt (Vorbemerk. zu Art. 20), kommen zur

Anwendung ALR. II 12 §§ 22 bis 25, anerkannt v. OTr. 26./2. 64, Strieth. A. Bd. 58 S. 11, in Ost- und Westpreußen Schulordn. v. 11./12. 45 (GS. 1846 S. 1) §§ 6 ff., 37, Schlesien KO. v. 30./9. 12 (GS. 185).

[6] S. Prüfungsordnung für Volksschullehrer, Lehrer an Mittelschulen und Rektoren v. 15./10. 72 (BMBl. 292), Vorschriften über Aufnahmeprüfung an den Kgl. Schullehrer-Seminarien v. 15./10. 72 (BMBl. 283), Lehrordnung und Lehrplan für die Kgl. Schullehrer-Seminare v. 15./10. 72 (BMBl. 286).

Art. 25.[1] Die Mittel zur Errichtung, Unterhaltung und Erweiterung der öffentlichen Volksschule werden von den Gemeinden, und im Falle des nachgewiesenen Unvermögens, ergänzungsweise vom Staate[2] aufgebracht. Die auf besonderen Rechtstiteln beruhenden Verpflichtungen Dritter bleiben bestehen.

Der Staat gewährleistet demnach den Volksschullehrern ein festes, den Lokalverhältnissen angemessenes Einkommen.

In der öffentlichen Volksschule wird der Unterricht unentgeltlich ertheilt.[3]

[1] Da nach der Vorbemerkung zu Art. 20 der Art. 25 bis auf Weiteres suspendirt ist, gilt auch hier das ältere Recht (ALR. Th. II Tit. 12 §§ 20 bis 38). Hiernach trägt die Kosten der Schule, soweit das Schulvermögen und das von den Regierungen, Abth. für Kirchen- und Schulwesen, zu regulirende (Instr. v. 23./10. 17 § 18) Schulgeld nicht hinreichen, die Schulgemeinde, d. h. die Hausväter des Ortes bezw. der Konfession. Hausväter sind alle wirthschaftlich selbstständigen physischen Personen (OVG. 30./9. 82, E. IX 123). Soweit die Schulgemeinde (Sozietät) hierzu außer Stande ist, muß der Gutsherr eintreten, ALR. II § 33, OVG. 21./5. 83, E. X 126; dagegen ist der Gutsherr in seiner Gemeinde auch als Besitzer von bäuerlichen Grundstücken von den Schullasten befreit. OVG. 11./10. 82, E. IX 132. Vor dem ALR. kommen, soweit sie Bestimmungen enthalten, auch die Provinzialgesetze zur Anwendung: z. B. Rhein.

GemOrdn. v. 23./7. 45 (GS. 523) § 8. Endlich können unter Genehmigung der Aufsichtsbehörden Abweichungen beschlossen werden, so daß die politische (und nicht die Schul-)Gemeinde die Schullast trägt, OVG. 28./11. 77 III 125.

[2] Nach dem Gesetz, betr. die Erleichterung der Volksschullasten, v. 14. Juni 1888 (GS. 240) zahlt der Staat (auch ohne Nachweis des Unvermögens der Gemeinde) in allen Fällen jährliche Beiträge zu dem Diensteinkommen der an öffentlichen Volksschulen angestellten Lehrer und Lehrerinnen. Diese Beiträge belaufen sich nach dem Ges. v. 31./3. 89 (GS. 64) für die Stelle eines alleinstehenden Lehrers sowie eines ersten ordentlichen Lehrers auf 500, eines andern ordentlichen Lehrers auf 300, einer ordentlichen Lehrerin auf 150, eines Hülfslehrers und einer Hülfslehrerin auf 100 Mk. Die Verfassung wollte übrigens dem Staate nicht verbieten, ohne nachgewiesenes Unvermögen der Gemeinde, Schullasten zu tragen, sondern ihm nur im Interesse der „Rechte der Preußen" gebieten, im Falle des nachgewiesenen Unvermögens der Gemeinden die Schullasten aufzubringen. Nach dem Ges. v. 6./7. 85 (GS. 298) wird die Pension der Volksschullehrer bis zur Höhe von 600 Mk. aus der Staatskasse getragen; s. auch Ges. v. 23./7. 93 (GS. 194).

[3] Abs. 3 ist nunmehr theilweise geltendes Recht geworden durch Ges. v. 14./6. 88 (GS. 240) § 4. Die Erhebung eines Schulgeldes bei Volksschulen findet fortan nicht statt. Ausnahmen sind nur gestattet:

1. für solche Kinder, welche innerhalb des Bezirks der von ihnen besuchten Schule nicht einheimisch sind,
2. soweit als das gegenwärtig bestehende Schulgeld durch den Staatsbeitrag nicht gedeckt wird, „und anderenfalls eine erhebliche Vermehrung der Kommunal- oder Schulabgaben eintreten müßte" — und zwar bei Stadtschulen mit Genehmigung des Bezirksausschusses, bei Landschulen mit Genehmigung des Kreisausschusses (s. auch Art. II Ges. v. 31./3. 89, GS. 64).

Art. 26. Ein besonderes Gesetz regelt das ganze Unterrichtswesen.[1]

[1] Dieses Ges. ist noch nicht ergangen. Art. 26 schließt den Erlaß von Spezialgesetzen nicht aus; Arndt, Zeitschr. f. öff. Recht 1886 S. 512 f. Art. II § 3 des für Posen und Westpreußen erlassenen Ges., betr. die Anstellung der Lehrer 2c., v. 15. Juli 1886 (GS. 185), wonach Art. 112 der VerfUrk., insoweit er den Bestimmungen dieses Gesetzes entgegensteht, aufgehoben wurde, war daher überflüssig.

Art. 27.[1] **Jeder Preuße hat das Recht, durch Wort, Schrift, Druck und bildliche Darstellung seine Meinung frei zu äußern.**[2]

Die Censur darf nicht eingeführt werden;[3] **jede andere Beschränkung der Preßfreiheit nur im Wege der Gesetzgebung.**[4]

[1] Gemäß Art. 4 Nr. 16 der Reichsverfassung unterliegen die Bestimmungen über die Presse der Gesetzgebung des Reichs Auf Grund dieser Vorschrift erging das Ges. über die Presse v. 7./5. 74 (RGBl. 65). Gemäß § 30 Abs. 2 und 3 dieses Ges. sind aufrecht erhalten: §§ 6, 9, 10 und 41 des Gesetzes über die Presse v. 12/5. 51 (GS. 273), Entsch. d. Kammergerichts II 242, welches letztere Ges. im ganzen preußischen Staate gilt (Verordnung v. 25./6. 67, GS. 921).

[2] Art. 27 kann im Falle des Belagerungszustandes zeit- und distriktweise außer Kraft gesetzt werden; s. Art. 111, Art. 27 und das Ges. über die Presse v. 12./5. 51 betr. neue Erzeugnisse der Buchdruckerpresse und andere, durch mechanische oder chemische Mittel bewirkte, zur Verbreitung bestimmte Vervielfältigungen von Schriften, bildlichen Darstellungen und Musikalien, nicht die öffentliche Aufführung eines Schauspiels, OVG. v. 1./12. 92, Entsch. XXIV. 311, Entfaltung rother, dänischer Farben ist als Meinungsäußerung unstatthaft nach Erk. des KG. v. 5./3. 85 (Johow, Jahrb. V. 367), dagegen statthaft nach OVG. v. 18./6 91, Entsch. XXI 400, und daher nach OVG. nur aus § 10 Th. II Tit. 17 ALR. (s. oben Art. 5) zu verbieten, wenn dadurch unmittelbare Gefahr für die Ordnung entsteht.

[3] S. OVG. v. 1./12. 92 Entsch. XXIV 311 in Anm. 2.

[4] Damit sollte der Verordnungsweg, nicht die Nothverordnung

auf Grund des Art. 63 ausgeschlossen sein. Daß durch Nothverordnung Beschränkungen der Preßfreiheit eingeführt werden können, hat bei Berathung des Art. 27 der Abgeordnete Simson ausdrücklich anerkannt. Die erste Nothverordnung, welche auf Grund Art. 63 erging, v. 5. Juni 1850 (GS. 329), enthielt einschneidende Beschränkungen der Preßfreiheit, z. B. den Kautionszwang. Gleichwohl ist damals die Gültigkeit derselben, soweit ihr Inhalt in Frage kam, nicht bemängelt worden. Am 19. Nov. 1863 hat das Abg.-Haus dagegen die Erklärung beschlossen, daß das Gebiet der Preßfreiheit dem Nothverordnungsrecht entgegen sei. Ueber diese seit der reichsrechtlichen Regelung gegenstandslos gewordene Frage s. Anm. 2 zu Art. 63 und Arndt im Archiv für öffentliches Recht 1889.

Art. 28.[1] Vergehen, welche durch Wort, Schrift, Druck oder bildliche Darstellung begangen werden, sind nach den allgemeinen Strafgesetzen[2] zu bestrafen.[3]

[1] S. Anm. 1 zu Art. 27.

[2] Hierdurch ist nicht ausgeschlossen, daß für die Preßfreiheit, außer durch die allgemeinen Strafgesetze, auch noch durch besondere die Staatsbürger als solche nicht betreffende rechtliche Beziehungen, in die Jemand eintritt, Schranken gezogen sein können, z. B. für Beamte, Erk. des OVG. v. 20. Dez. 1886, Entsch. XIV 404.

[3] An Stelle Art. 28 gilt jetzt:

Ges. über die Presse v. 7/5. 74 (RGBl. 65):

§ 20. „Die Verantwortlichkeit für Handlungen, deren Strafbarkeit durch den Inhalt einer Druckschrift begründet wird, bestimmt sich nach den bestehenden allgemeinen Strafgesetzen.

Ist die Druckschrift eine periodische, so ist der verantwortliche Redakteur als Thäter zu bestrafen, wenn nicht durch besondere Umstände die Annahme seiner Thäterschaft ausgeschlossen wird."

Art 29.[1] Alle Preußen sind berechtigt, sich ohne vorgängige obrigkeitliche Erlaubniß friedlich und ohne Waffen in geschlossenen Räumen[2] zu versammeln.[3]

Diese Bestimmung bezieht sich nicht auf Versamm-

lungen unter freiem Himmel,[4] welche auch in Bezug auf vorgängige obrigkeitliche Erlaubniß der Verfügung des Gesetzes[5] unterworfen sind.[6]

[1] Gemäß Absatz 2 in Art. 30 soll „ein Gesetz" (die Verordnung v. 11. März 1850, unten Anlage II) „insbesondere zur Aufrechterhaltung der öffentlichen Sicherheit" die Versammlungs- (wie die Vereins-)freiheit regeln. Art. 29 kann gemäß Art. 111 zeit- und distriktweise außer Kraft gesetzt werden. Für das Heer s. Art. 38, 39. Art 29 gilt nur für Preußen; indeß giebt es z. B. kein Gesetz, welches Versammlungen von Nichtpreußen oder die Theilnahme von Nichtpreußen an Versammlungen verbietet.

[2] d. s. Räume, welche in Länge, Breite und Höhe geschlossen sind.

[3] Diese Versammlungen sind frei von Präventivmaßregeln; die Polizei hat sie aus politischen Gründen nicht zu verbieten oder zu erlauben. Polizeiliche Maßregeln auf Grund § 10 Thl II Tit. 17 ALR. zum Schutze des Publikums sind statthaft. OVG. v. 26./9. 76, 26./6. 80, 11./10. 84, 3./12. 87, E. I 347, VI 382, XVI 387, Anm. 6 zu Art. 12, Anm. 2 und 3 zu Art. 5). Daher kann die Veranstaltung öffentlicher Lustbarkeiten an vorgängige polizeiliche Genehmigung geknüpft, auch für solche Lustbarkeiten eine Polizeistunde vorgeschrieben werden, OVG. v. 24./9. 88, Entsch. XVIII 422. Die Polizei darf und muß daher, z. B. bei ansteckenden Epidemien oder lebensgefährlicher Ueberfüllung einschreiten. Was in den Versammlungen gesagt oder gethan wird, unterliegt den allgemeinen Strafgesetzen, OVG. v. 9./7. 92, E. XXIII 399, auch dem Gebot der Polizeistunde, OR. XV 43, GA. XX 56, OVG. XXIII 39.

[4] denen öffentliche Aufzüge gleichgestellt sind; s. § 10 der Verordnung v. 11. März 1850, unten Anl. II.

[5] Dies bedeutet, daß das Gesetz, nämlich die Verordnung v. 11. März 1850, im Rahmen der Verfassung Versammlungen unter freiem Himmel auch von der vorgängigen obrigkeitlichen Erlaubniß oder von anderen Beschränkungen abhängig machen oder auch ganz verbieten kann.

[6] S. die zu Abs. 2 d. Art. 30 cit. Verordnung v. 11./3. 50 (GS. 277), unten Anl. II.

Art. 30.[1] **Alle Preußen**[2] **haben das Recht, sich zu solchen Zwecken, welche den Strafgesetzen nicht zuwiderlaufen,**[3] **in Gesellschaften zu vereinigen.**

Das Gesetz[4] **regelt, insbesondere zur Aufrechthaltung der öffentlichen Sicherheit, die Ausübung des in diesem und in dem vorstehenden Artikel (29.) gewährleisteten Rechts.**

Politische Vereine[5] **können Beschränkungen**[6] **und vorübergehenden**[7] **Verboten im Wege der Gesetzgebung**[8] **unterworfen werden.**[9]

1 Art. 30 kann gemäß Art. 111 zeit- oder distriktweise außer Kraft gesetzt werden. Für das Heer s. Art. 38, 39. Nach Art. 4 Nr. 16 der Reichsverfassung unterliegt das Vereinswesen der Beaufsichtigung Seitens des Reichs und der Gesetzgebung desselben. Ein Reichsges. über das Vereinsrecht fehlt. Es giebt nur einzelne reichsrechtliche Vorschriften für das Heer (s. zu Art. 38, 39 der Preuß. Verfassung).

2 Nichtpreußen können sich auf Art. 30 nicht berufen; s. oben S. 48. Andererseits giebt es kein Gesetz, welches Vereine von Nichtpreußen oder die Theilnahme von Nichtpreußen an Vereinen mit Strafe bedroht.

3 Solche Strafgesetze s. StrGB. §§ 128, 129.

4 daher Verordnungsweg ausgeschlossen, nicht aber die Nothverordnung auf Grund Art. 63; s. Anm. 2 zu Art. 63. Das Gesetz ist die Verordnung über die Verhütung eines die gesetzliche Freiheit und Ordnung gefährdenden Mißbrauches des Versammlungs- und Vereinigungsrechtes v. 11./3. 50 (GS. 277); gültig jetzt für den ganzen Umfang der Monarchie, Verordnung v. 5./6. 67 (GS. 921) Art. II und (für Lauenburg) Ges. v. 23./6. 76 (GS. 172) § 10.

5 d. s. solche, welche den Staat und seine Einrichtungen betreffende Gegenstände behandeln; s. VMBl. 1864 S. 209, GA. I 380, XXIV 66, OR. VII 353, XVII 79. Erk. d. RG. v. 10. Nov. 1887, Entsch. in Strafs. XVI 383.

[6] auch dauernden, wohingegen die Verbote nur vorübergehend sein sollen. Die Beschränkungen sind in § 8 der Verordnung v. 11. März 1850, unten Anl. II, enthalten.

[7] Vgl. Anm. 5; s. auch Sten. Ber. der 1. (Revisions-)Kammer 1849/50 Bd. III S. 1279.

[8] Der Verordnungsweg ist also ausgeschlossen, nicht die Nothverordnung auf Grund des Art. 63. Die Gesetzgebung liegt in der Anm. 4 cit. Verordnung v. 11./3. 50 (unten Anl. II).

[9] Vereine, welche Versicherungsgesellschaften darstellen, d. h. solche, welche einen Rechtsanspruch dem Versicherten geben, sind dem Ges. v. 17./5. 53 (GS. 293) aus polizeilichen Zwecken unterstellt. Ein von der Polizeigewalt verschiedenes Aufsichtsrecht über erlaubte Privatgesellschaften besteht nicht, OVG. v. 19./11. 88, E. XVII 403 ff.

Art. 31. Die Bedingungen, unter welchen Korporationsrechte[1] ertheilt oder verweigert werden, bestimmt das Gesetz.[2] [3]

[1] Das bedeutet, daß Vereine unter Kollektivnamen Petitionen stellen dürfen (Art. 32), daß sie als solche Vermögen (auch Schulden) haben können; s. ALR. Thl. II Tit. 6 §§ 70 f., 81 f., 91 f., Laband in Goldtschmidt's Zeitschr. für das gesammte Handelsrecht Bd. XXX S. 497 ff.

[2] Mit Art. 31 sollte festgestellt werden, daß Gesellschaften nicht ohne Weiteres, sondern nur durch einen staatlichen Akt Korporationsrechte erlangen, und daß solche Akte von der Exekutivgewalt nicht nach Willkür, sondern nach Maßgabe eines Gesetzes vorgenommen werden sollten (Sten. Ber. der I. Kammer 1849/50 Bd. II S. 775, v. Rönne § 145, II S. 203).

[3] Da dieses Gesetz noch nicht erlassen ist, gelten gemäß Art. 109 die bisherigen Vorschriften; s. auch OHG. v. 13./4. 75, E. XVII 80 (für Religionsgesellschaften gilt Art. 13 der VerfUrk.).

In einigen Fällen sind durch die Reichs- oder Landesgesetzgebung Korporationsrechte generell ertheilt worden: so den Aktiengesellschaften, den Versicherungsanstalten zur Durchführung der

Invaliditäts- und Altersversicherung, Ges. v. 22./6. 89 (RGBl. 97), den Unfallversicherungsberufsgenossenschaften, den Krankenknappschaftskassen (Ges. v. 15./6. 83, RGBl. 73 § 25, v. 6./7. 85, RGBl. 64 § 9, Preuß. Berggeſ. v. 24./6. 65, GS. 705 § 165), ferner Stadt- und Dorfgemeinden ſ. ALR. Thl. II Tit. 8 § 108, Thl. II Tit. 7 § 19, den religiöſen und kirchlichen Geſellſchaften (ſ. Anm. 1 zu Art. 13 der Verfaſſung), Univerſitäten, Gymnaſien, die höheren Schulen (ALR. II Tit. 12 §§ 54, 67) und den gehörig organiſirten Schulſocietäten, Plenarbeſchl. d. OTr. v. 20./6. 53 in den Entſch. Bd. 25 S. 301. In dieſen Fällen bedarf es einer beſonderen Ertheilung der Korporationsrechte nicht. Im Uebrigen gilt für Preußen Thl. II Tit. 6 ALR. Unrichtig iſt (was v. Rönne § 146, II S. 205 behauptet), daß die Ertheilung der Korporationsrechte eine Handlung der Geſetzgebung iſt. Es genügt ein Verwaltungsakt. Es iſt auch nur nothwendig, daß erlaubte Geſellſchaften ſtaatlich genehmigt ſind; nicht nothwendig iſt, daß ihnen ausdrücklich die Korporationsrechte ertheilt werden (ALR. II 6 §§ 13, 14, 22—24, Erk. d. OHG. v. 13./4. 75, Entſch. XVII 80). Ebenſowenig iſt nothwendig, daß die Korporationsrechte bezw. die für die Geſellſchaft erforderliche ſtaatliche Genehmigung vom Könige ertheilt wird (ſ. ALR. II 13 § 16, Vorbemerkung zu Art. 60 der Verfaſſ. und das cit. Erk. d. OHG. v. 13./4. 75). Ueber das Verfahren bei Ertheilung und Verſagung der Korporationsrechte, welche in das freie Ermeſſen der Staatsbehörde geſtellt ſind, ſ. BMBl. 1876 S. 193, 274).

Art. 32. **Das Petitionsrecht ſteht allen Preußen zu.[1] Petitionen unter einem Geſammtnamen ſind nur Behörden[1] und Korporationen[2] geſtattet.**

[1] Kein Geſetz verbietet einem Preußen oder Nichtpreußen, an den Landtag zu ſchreiben. Das Petitionsrecht bedeutet, daß der es Ausübende ſich auf § 193 StrGB. (Wahrnehmung berechtigter Intereſſen) berufen, und daß der Landtag über den Inhalt der Petition berathen und Reſolution faſſen darf. Bei Korporationen ſ. auch Anm. 2. Das Petitionsrecht beſchränkt ſich nicht auf be-

stimmte Rechte, welche den Petenten gegen den Staat oder einen Dritten zustehen; anderer Ansicht sind G. Meyer, Staatsr. § 213, und Schulze, Preuß. Staatsr. § 112, welche das Petitionsrecht als ein nur formales Recht, kein selbstständiges Recht mit besonderem materiellen Inhalt, sondern bloß als ein Mittel zur Aufrechterhaltung der übrigen Rechte ansehen.

Das Petitionsrecht steht nur Preußen zu (s. oben S. 48). Petitionen sind Gesuche um Abhülfe von Beschwerden oder Anträge auf Vornahme bestimmter Maßregeln. Es sind in Art. 32 hauptsächlich Petitionen an eine der beiden Kammern gemeint (s. indeß Art. 81 Abs. 2). Daß Petitionen erst nach Erschöpfung des ordentlichen Instanzenzuges von den Kammern entgegengenommen werden dürfen, schreibt die Verfassung nicht vor.

[2] also nur solche Vereine, welche Korporationsrechte besitzen (Art. 31), haben das Petitionsrecht; indeß auch nur, soweit ihre Handlungsfähigkeit reicht; Stadtgemeinden mithin nur, soweit die kommunalen Interessen in Frage stehen. Dies hat inzwischen auch das OVG. in dem Erk. v. 10. März 1886, Entsch. XIII 89 angenommen. In dem Berichte der Revisionskommission (Vhdl. der II. Kammer 1849/50 S. 633) ist bemerkt, daß zu Art. 32 der Zusatz „nur innerhalb ihres Wirkungskreises" beantragt, aber als „unausführbare Beschränkung" des Petitionsrechts abgelehnt sei. Wenn, so bemerkt der Bericht, in einzelnen Fällen Behörden oder Korporationen in Petitionen die Grenzen ihres Wirkungskreises überschreiten, so liege der Behörde ob, sie in diese Grenzen zurückzuweisen. Wichtig ist die Frage für Gemeindevertretungen. Die Staatsregierung vertritt die Ansicht (CirkReskr. v. 6. Juni 1863, VMBl. 118), daß denselben nicht das Recht zustehe, Petitionen in Betreff allgemeiner Staatsverfassungsangelegenheiten anzubringen. Das AbgH. hat sich i. J. 1860 (Sten. Ber. S. 898) im gleichen, am 10. März 1865 (Sten. Ber. S. 408) im entgegengesetzten Sinne ausgesprochen. Nach dem Erk. d. OVG. v. 10. März 1886, Entsch. XIII 89 steht das Petitionsrecht Gemeindevertretungen nur zu (d. h. die Aufsichtsbehörde kann die Berathung und Absendung der Petition in anderen Fällen verbieten und verhindern), soweit kommunale Interessen in Frage stehen. Hiernach hält das OVG. eine Petition

gegen Getreidezölle für statthaft, wenn sie gerade mit Bezug auf die besonderen Verhältnisse einer Stadt (als Hafenplatz) erfolgt, dagegen eine Petition um Aenderung des Wahlsystems für Reichs- oder Staatswahlen, Vermehrung der Zahl der in einer Stadt gewählten Reichs- oder Landtagsabgeordneten als unzulässig.

Art. 33. Das Briefgeheimniß ist unverletzlich.[1] Die bei strafgerichtlichen Untersuchungen und in Kriegsfällen nothwendigen Beschränkungen sind durch die Gesetzgebung festzustellen.[2]

Art. 33 ist durch reichsrechtliche Bestimmungen ersetzt.

[1] Die Verletzung des Briefgeheimnisses ist unter Strafe gestellt durch StrGB. § 299; (für Beamte) durch StrGB. §§ 354, 355, 358; s. auch Postges. v. 28/10. 71 (RGBl. 347) § 5.

[2] Wegen der Zulässigkeit von Beschlagnahmen s. StrPO. §§ 99, 100, 110, für den Fall des Konkurses s. KonkOrdn. § 111; vgl. endlich CPO. § 712. StrPO. § 99: „Zulässig ist die Beschlagnahme der an den Beschuldigten gerichteten Briefe und Sendungen auf der Post sowie der an ihn gerichteten Telegramme auf den Telegraphenanstalten; desgleichen ist zulässig an den bezeichneten Orten die Beschlagnahme solcher Briefe, Sendungen und Telegramme, in Betreff derer Thatsachen vorliegen, aus welchen zu schließen ist, daß sie von dem Beschuldigten herrühren oder für ihn bestimmt sind und daß ihr Inhalt für die Untersuchung Bedeutung habe." Zuständig zur Beschlagnahme ist gemäß StrPO. § 100 der Richter, bei Gefahr im Verzuge der Staatsanwalt.

Art. 34. Alle Preußen sind wehrpflichtig.[1] Den Umfang und die Art dieser Pflicht bestimmt das Gesetz.[2]

v. Rönne, Preuß. Staatsr. § 149 S. 218, Zorn, Reichsstaatsr. I S. 296 f., Laband, Reichsstaatsrecht Aufl. 2 II S. 492 f., G. Meyer, Lehrb. d. Staatsr. §§ 195 ff., Derselbe, Verwaltungsrecht Bd. II §§ 193 ff., Seydel in Hirth's Annalen 1884 S. 1035 f., 1875 S. 53, 1081 f., 1393 f..

[1] Jetzt kommt in Betracht Reichsverfassung Art. 57: „Jeder Deutsche ist wehrpflichtig und kann sich in Ausübung dieser Pflicht nicht vertreten lassen.“

[2] Jetzt die Reichsgesetzgebung. Es gelten (Bundes-)Ges. v. 9. Nov. 1867, betr. die Verpflichtung zum Kriegsdienste (BGBl. 131), ergänzt und theilweise abgeändert durch das (R.)Militärges. v. 2./5. 74 (RGBl. 45); letzteres ergänzt durch Ges. v. 6./5. 80 (RGBl. 103) und 11. Febr. 1888 (RGBl. 11). Hiernach sind (mit Ausnahme der Mitglieder der regierenden und der bevorrechtigten standesherrlichen Familien) alle tauglichen Männer wehrpflichtig. Die Wehrpflicht dauert vom 17. bis zum vollendeten 45. Lebensjahre und zerfällt in die Dienst- und die Landsturmpflicht. Erstere währt 12 Jahre vom Dienstantritt (20. Lebensjahre) an — bei den Fahnen 3 Jahre für die Kavallerie und reitende Feldartillerie, sonst 2 Jahre, Ges. v. 3./8. 93 (RGBl. 233) Art. II, 4 in der Reserve, 5 oder 3 in der Landwehr ersten Aufgebots, sodann bis zum 31. März desjenigen Lebensjahres, in welchem das 39. Lebensjahr zurückgelegt wird, in der Landwehr zweiten Aufgebots (Ges. v. 11. Febr. 1888, RGBl. 11). — Neben dem Heere kann im Falle feindlichen Ueberfalls durch *kaiserliche* Verordnung der Landsturm aufgeboten werden aus allen nicht dem Heere und der Marine angehörigen Wehrpflichtigen vom 17. bis 45. Lebensjahr, Kriegsdienstges. v. 9 Nov. 1867 (BGBl. 131) §§ 3, 16, Ges. v. 12. Febr. 1875 (RGBl. 63). Zur Ausführung der vorcitirten Gesetze ergingen die *Kaiserliche* Wehrordnung v. 28./9. 75 (RCBl. 535), ergänzt durch die Allerh. Erl. v. 31./8. 80 (RCBl. 578) und v. 27./8. 85 (RCBl. 409), auch abgedruckt bezw. im VMBl. 1876 Beilage zu Seite 8, 1880 S. 283 und 1885 S. 198; jetzt ersetzt durch die im Verlage von Mittler u. Sohn erschienene Deutsche Wehrordnung v. 22. Nov. 1888, ferner die Königl. Preuß. Heerordnung v. 28. Sept. 1875 in den Militärgesetzen des Deutschen Reichs, Berlin 1877 II S. 246 ff., ergänzt durch Allerh. Erl. v. 26./8. 80 (VMBl. 181 S. 120). Die Gültigkeit und gehörige Publikation der Wehrordnung und der Heerordnung sind bestritten, z. B. von *Zorn* I S. 310 Anm. 25, *Hänel*, organisatorische Entwickelung S. 79, indeß vertheidigt in *Arndt's* Verordnungsrecht S. 132 Anm. 4 S. 138, 139, 209 a. a. O.

Art. 35. Das Heer begreift alle Abtheilungen des stehenden Heeres und der Landwehr.[1]

Im Falle des Krieges kann der König[2] nach Maaßgabe des Gesetzes[3] den Landsturm aufbieten.

[1] Desgleichen der Kriegsmarine (Flotte und Seewehr). Die jährliche Friedensstärke des stehenden Heeres, ungerechnet die einjährig Freiwilligen, Offiziere und Unteroffiziere, ist durch Ges. v. 3./8. 93 (RGBl. 233 Art. I) für die Zeit vom 1. Okt. 1893 bis 31. März 1899 auf durchschnittlich 479 229 festgesetzt. Das Landheer ist königlich preußisch, die Kriegsmarine ist Kaiserliche Reichs-Kriegsmarine.

[2] jetzt der Kaiser; s. Abs. 2 in Anm. 2 zu Art. 34.

[3] Ges. v. 9. Nov. 1867 (BGBl. 131) §§ 3, 16, Ges. v. 12./2. 75 (RGBl. 63).

Art. 36. Die bewaffnete Macht[1] kann zur Unterdrückung innerer Unruhen und zur Ausführung der Gesetze nur in den vom Gesetze bestimmten Fällen und Formen und auf Requisition der Civilbehörde verwendet werden.[2] In letzterer Beziehung hat das Gesetz die Ausnahmen zu bestimmen.[3]

v. Rönne § 100 (I S. 448 ff.)

[1] Hierbei ist an die militärisch organisirte Gendarmerie nicht gedacht; s. hierzu Verordnung über die Organisation der Gendarmerie v. 30. Dez. 1820 (GS 1821 S. 1 ff.). S. für die neuen Provinzen Verordnung v. 23./5. 67 (GS. 777). Die Gendarmen haben (ohne daß für sie Art. 36 Anwendung findet) ohne Weiteres den Aufträgen der Landräthe und den Requisitionen der Ortspolizeibehörden zu entsprechen.

[2] Diese Fälle sind: a) Verordnung wegen verbesserter Einrichtung der Provinzialbehörden 2c. v. 26. Dez. 1808 (s. GS. 1817 S. 288) § 48 Nr. 3, nebst Geschäftsanweisung für die Regierungen v. 31. Dez. 1825 (v. Kamptz, Annalen IX 821) Abschn. II Litt. A,

wenn zur Handhabung dringender polizeilicher Maßregeln Militär nöthig, oder wenn sonst die Verwaltungsexekution fruchtlos bleiben würde;

b) § 150 I 24 der Allgem. Ger.-O. nebst Anhang § 179.

Die Fälle a und b betreffen Requisition der Verwaltungs- und Gerichtsbehörden, nachdem die sonstigen Exekutionsmittel fruchtlos geblieben sind;

c) bei öffentlichen Aufläufen und Tumulten; s. auch Verordnung v. 17./8. 35 (GS. 170);

d) bei Theilnahme an der Feuerpolizei, s. KO. v. 29./8. 1818 (GS. 155).

In allen diesen Fällen darf das Militär erst auf Requisition der Civilpersonen eingreifen.

Ueber das Recht des Militärs zum Waffengebrauche erging Ges. v. 20./3. 37 (GS. 60), ausgedehnt durch Art. II G der Verordn. v. 25./6. 67 (GS. 923) auf die neuen Provinzen.

[3] Art. 36 kann gemäß Art. 111 für den Fall eines Krieges oder Aufruhrs ganz oder theilweise außer Kraft gesetzt werden (s. Art. 111 nebst Anm.).

Art. 37.[1] **Der Militairgerichtsstand des Heeres beschränkt sich auf Strafsachen**[2] **und wird durch das Gesetz**[3] **geregelt. Die Bestimmungen über die Militairdisziplin im Heere bleiben Gegenstand besonderer Verordnungen.**[4]

[1] An Stelle des ersten Satzes in Art. 37 gilt jetzt RMilG. v. 2. Mai 1874 (RGBl. 45) § 39:

„Die besondere Gerichtsbarkeit über Militärpersonen beschränkt sich auf Strafsachen und wird durch Reichsgesetz geregelt."

§ 7 EG. zum GVG. bestimmt:

„Die Militärgerichtsbarkeit (sowie das landesgesetzlich den Standesherren gewährte Recht auf Austräge) werden durch das Gerichtsverfassungsgesetz nicht berührt."

[2] also auch auf Injuriensachen sowie auf die in StPO. §§ 69, 77 bezeichneten Handlungen; s. Militär-Strafprozeßordnung v.

3. April 1845 (GS. 329); ausgenommen sind nur Kontraventionen gegen Finanz- und Polizeigesetze und gegen Jagd- und Fischereiordnungen in dem Falle, wenn die Kontravention im Gesetz nur mit Geldstrafe oder Konfiskation bedroht ist, s. l. c. § 3 und KO. v. 19. Aug. 1847 (GS. 334).

[3] Auf Militärpersonen finden Anwendung das Reichs-Militär-Strafgesetzbuch v. 20./6. 72 (RGBl. 174) und die (preußische) Militär-Strafgerichtsordnung v. 3. April 1845 (GS. 329 und BGBl. 1867 S. 229); s. ferner KO. v. 20. Juli 1843 (Ehrengerichte. GS. 299) und dazu KO. v. 27. Sept. 1845 (GS. 681). Auf die Gendarmerie findet zwar das MilitärStrGB. v. 20./6. 72 (RGBl. 174) gemäß § 2 seines Einführungsgesetzes nicht Anwendung; indeß untersteht sie der Militärgerichtsbarkeit, s. Verordnung v. 30. Dez. 1820 (GS. 1821 S. 1) § 11, für die neuen Provinzen Verordnung v. 23./5. 77 (GS. 777). Für strafbare Handlungen, welche vor Eintritt in den aktiven Dienst begangen sind, gilt die MilitärStrPO., §§ 9 bis 11.

Die Militärgerichtsbarkeit erstreckt sich auf alle Militärpersonen des Friedens- und des Beurlaubtenstandes, solange sie dem aktiven Heere angehören. Soweit Personen des Beurlaubtenstandes auch während der Beurlaubung dem MilitärStrGB. unterworfen sind, unterliegen sie in dieser Zeit auch der Militärgerichtsbarkeit der für die im MilitärStrGB. §§ 42, 68, 69, 101, 113, 126 vorgesehenen Fälle.

[4] Disziplinarstrafordnung für das preußische Heer v. 31./10. 72 im preuß. Armeeverordnungsbl. S. 330. Gleiche gelten in den übrigen Kontingenten.

Diese Verordnungen, soweit sie für die Kriegsmarine bestimmt sind, erließ auf Grund Art. 53 der Reichsverfassung und erläßt jetzt auf Grund des Ges. v. 2./5. 74 (RGBl. 45) § 8 der **Kaiser**; für das stehende Heer erläßt sie seit dem RMilitärges. v. 2./5. 74 (RGBl. 45) § 8 gleichfalls der **Kaiser**. Vordem erließ sie für das stehende Heer (auch die jetzt gültige Verordnung v. 31./10. 72) der **König** von Preußen, zunächst für Preußen. S. Näheres bei **Arndt**, Verordnungsrecht S. 122 ff., 130, 137.

Art. 38.[1] **Die bewaffnete Macht darf weder in noch außer dem Dienste berathschlagen oder sich anders, als**

auf Befehl versammeln. Versammlungen und Vereine der Landwehr zur Berathung militairischer Einrichtungen, Befehle und Anordnungen sind auch dann, wenn dieselbe nicht zusammenberufen ist, untersagt.

[1] S. hierzu Art. 29 und 30. Strafbest. für die in Art. 38 enthaltene Vorschrift in § 22 d. Verordnung v. 11./3. 50 (GS. 277, unten in Anl. II) und im MilitärStrGB. v. 20./6. 72 (RGBl. 174) §§ 101, 113.

Art. 39. Auf das Heer finden die in den Artikeln 5. 6. 29. 30. und 32. enthaltenen Bestimmungen nur insoweit Anwendung, als die militairischen Gesetze[1] und Disziplinarvorschriften nicht entgegenstehen.

[1] S. z. B. MilitärStrGB. v. 20./6. 72 (RGBl. 174) §§ 101, 113.

Art. 40.[1] Die Errichtung von Lehen ist untersagt. Der in Bezug auf die vorhandenen Lehen[2] noch bestehende Lehnsverband soll durch gesetzliche Anordnung aufgelöst werden.

[1] Die Art. 40 bis 42 sind an die Stelle derjenigen Artikel der Grundrechte getreten, welche die „Freiheit des Grundeigenthums gewährleisten sollten". Der KommEntw. der NatVers. lautete (Art. 34):

„Die Errichtung von Lehen und die Stiftung von Familien-Fideikommissen ist untersagt. Die bestehenden Lehen und Fideikommisse werden ohne Entschädigung der Erbschafts-Berechtigten freies Eigenthum in der Hand desjenigen, welchem am Tage der Verkündung der gegenwärtigen Verfassung das Lehen oder Fideikommiß angefallen ist."

Die VerfUrk. v. 5. Dez. 1848 bestimmte in Art. 38:

„Die Errichtung von Lehen und die Stiftung von Familien-Fideikommissen ist untersagt. Die bestehenden

Lehen und Familien-Fideikommisse sollen durch gesetzliche Anordnung in freies Eigenthum umgestaltet werden.

Die VerfUrk. v. 31. Jan. 1850 schrieb vor:

Art. 40: „Die Errichtung von Lehen und die Stiftung von Familien-Fideikommissen ist untersagt. Die bestehenden Lehen und Familien-Fideikommisse sollen durch gesetzliche Anordnung in freies Eigenthum umgestaltet werden. Auf Familien-Stiftungen finden diese Bestimmungen keine Anwendung."

Im Unterschiede zum Entwurf der Kommission der NatVers. mit der Verf.Urk. v. 5. Dez. 1848 und 31. Jan. 1850 läßt der heutige Artikel, welcher durch Art. 2 des Ges. vom 5. Juni 1852 (GS. 319) eingeführt ist, das ältere Recht der Fideikommisse unberührt, so daß für die Errichtung derselben das ALR. Thl. II Tit. 4 Abschn. 3 §§ 47 ff. gilt.

In Ansehung der Lehen unterscheidet sich der heutige Art. 44 vom Entwurf der Kommission der NatVers. dadurch, daß die Lehen nicht ohne Weiteres und ohne Entschädigung, sondern auf Grund besonderer Gesetze und gegen Entschädigung aufgehoben werden sollen.

[2] d. s. auch die durch die früheren Assekurationen und im Jahre 1850 (durch Ges. v. 2./3. 50) hinsichtlich des Lehnsherrn bereits allodifizirten Güter, OTr. 26./11. 66, Strieth. A. Bd. 66 S. 201.

[3] Solche Gesetze sind ergangen, z. B. Ges. v. 16./3. 77, GS. 101 (Ostpreußen), 23./7. 75, GS. 537 (Kur-, Alt- und Neumark), 4./3. 67, GS. 362 u. 27./6. 74, GS. 406 (Altvor- und Hinterpommern), 28./3. 77, GS. 111, 10./3. 80, GS. 215, 20./4. 83, GS. 61 (Sachsen und die vormals sächsischen Theile der Prov. Brandenburg), 19./6. 76, GS. 238 (Schlesien), 3/5. 76, GS 112 (Westfalen), 8./3. 76, Lauenburgisches Wochenbl. S. 69 (Lauenburg).

Art. 41.[1] **Die Bestimmungen des Artikels 2. finden auf Thronlehen und auf die außerhalb des Staats liegenden Lehen keine Anwendung.**

[1] Art. 41 ist Art. 3 des Ges. v. 5. Juni 1852 (GS. 319). Ursprünglich lautete er:

Art. 41: „Vorstehende Bestimmungen (Artikel 40.) finden auf die Thronlehen, das Königliche Haus- und Prinzliche Fideikommiß, sowie auf die außerhalb des Staats belegenen Lehen und die ehemals reichsunmittelbaren Besitzungen und Fideikommisse, insofern letztere durch das deutsche Bundesrecht gewährleistet sind, zur Zeit keine Anwendung. Die Rechtsverhältnisse derselben sollen durch besondere Gesetze geordnet werden."

Art. 42.[1 2] Ohne Entschädigung bleiben aufgehoben, nach Maaßgabe der ergangenen besonderen Gesetze:

1) das mit dem Besitze gewisser Grundstücke verbundene Recht der Ausübung oder Uebertragung der richterlichen Gewalt (Titel VI. der Verfassungs-Urkunde) und die aus diesem Rechte fließenden Exemtionen und Abgaben;
2) die aus dem gerichts- und schutzherrlichen Verbande, der früheren Erbunterthänigkeit, der früheren Steuer- und Gewerbe-Verfassung herstammenden Verpflichtungen.

Mit den aufgehobenen Rechten fallen auch die Gegenleistungen und Lasten weg,[3] welche den bisher Berechtigten dafür oblagen.

[1] Art. 42 beruht auf Ges. v. 14./4. 56 (GS. 353); Art. 42 der VerfUrk. v. 31. Jan. 1850 lautete:

„Das Recht der freien Verfügung über das Grundeigenthum unterliegt keinen anderen Beschränkungen, als denen der allgemeinen Gesetzgebung. Die Theilbarkeit des Grundeigenthums und die Ablösbarkeit der Grundlasten wird gewährleistet. Für die todte Hand sind Beschränkungen des Rechts, Liegenschaften zu erwerben und über sie zu verfügen, zulässig.

Aufgehoben ohne Entschädigung sind:

1) Die Gerichtsherrlichkeit, die gutsherrliche Polizei und obrigkeitliche Gewalt, sowie die gewissen Grundstücken zustehenden Hoheitsrechte und Privilegien;
2) die aus diesen Befugnissen, aus der Schutzherrlichkeit, der früheren Erbunterthänigkeit, der früheren Steuer- und Gewerbeverfassung herstammenden Verpflichtungen.

Mit den aufgehobenen Rechten fallen auch die Gegenleistungen und Lasten weg, welche den bisherigen Berechtigten dafür oblagen.

Bei erblicher Ueberlassung eines Grundstückes ist nur die Uebertragung des vollen Eigenthums zulässig; jedoch kann auch hier ein fester ablösbarer Zins vorbehalten werden.

Die weitere Ausführung dieser Bestimmungen bleibt besonderen Gesetzen vorbehalten."

[3] Die Aufhebung des Art. 42 der VerfUrk. v. 31. Jan. 1850 durch das Ges. v. 14./4. 56 hat keine rückwirkende Kraft. Die auf Grund des aufgehobenen Artikels und zur Ausführung desselben ergangenen Gesetze, namentlich das Ablösungsges. v. 2./3. 1850 (GS. 77) sind daher in Geltung geblieben.

Die aus §§ 33 Thl. II Tit. 12 ALR. folgende Verpflichtung der Gutsherrschaft, ihre Unterthanen (die Schulsozietät) bei Aufbringung des Unterhalts für den Elementarschullehrer im Bedürfnißfalle zu unterstützen, ist hierdurch nicht aufgehoben; s. Anm. 1 zu Art. 25, und Erk. d. OVG. v. 21./5. 83 E. X 126.

Titel III.

Vom Könige.

Der Tit. III von der Königlichen Gewalt schafft nicht neues Recht, sondern giebt nur eine unvollständige Uebersicht über das, was dem Könige von seiner Macht verblieben ist. Nach der Entstehungsgeschichte der preuß. Verfassung (s. Einleitung I), den Erklärungen des damaligen Königs und den der beiden Revisionskammern (vgl. u. A. Sten. Ber. der II. Kammer 1849 S. 332 ff.), und da nach Art. 109 die der Verfass. nicht entgegenstehenden älteren Gesetze (also auch ALR. II 13 §§ 1 ff.) in Kraft geblieben sind, ist

Tit. III nicht limitativ auszulegen und sind nicht alle königliche Rechte in Titel III aufgezählt. Vielmehr stehen dem Könige noch alle Befugnisse zu, welche ihm nicht ausdrücklich durch die Verfassung entzogen sind; s. Arndt, Verordnungsrecht S. 64 ff., Derselbe in Hirth's Annalen 1886 S. 310 ff., Born in Hirth's Annalen 1885 S 301 f., ferner Graf Eulenburg Sten. Ber. d. HH. 1869 S. 188, Graf zur Lippe, das. 1879 S. 523. Der König ist kein Organ des Staates, er steht als Herrscher über ihm (Seydel, Bayr. Staatsr. 1 S. 353); von Bismarck-Schönhausen am 24. Sept. 1849 (Verhandlung der II. Kammer S. 394):

„Ich wollte mir nur noch erlauben, auf einen Hauptunterschied unserer preußischen Verfassung mit den uns zum Muster vorgeführten belgischen und französischen aufmerksam zu machen. Bei uns ist verfassungsmäßig seit Jahrhunderten ein selbstständiges Königthum, — welches zwar im Laufe der — letzten Jahre einen beträchtlichen Theil seiner Rechte auf die Volksvertretung übertragen hat; aber freiwillig und nicht etwa deshalb, weil — ihm die Widerstandsfähigkeit fehlte. Preußen war vollkommen fähig, dem Stoß aus Frankreich Widerstand zu leisten, wenn die Regierung des Königs diese Widerstandsfähigkeit hätte benutzen wollen —.

„Aber eben dieses Königthum unterscheidet sich dadurch von den konstitutionellen Dynastien in England, Frankreich und Belgien, daß dort die Krone — gleich einem geschenkten Gaul — aus den blutigen Händen der Revolution überreicht ist unter denjenigen Bedingungen, wie nur die Revolution für gut fand, jenen Dynastien aufzulegen."

S. auch von Stengel, das Staatsrecht des Königreichs Preußen S. 36 a. a. O.

Art. 43. Die Person des Königs ist unverletzlich.

Damit soll gesagt sein: „Die Person des Königs ist sakrosankt" oder wie es in England heißt, „the king can do no wrong"; er kann für Regierungs- oder Privathandlungen nicht zur Rechenschaft gezogen werden. Angriffe gegen die Person des Königs werden bestraft nach StrGB. §§ 80, 94, 95, 98.

Der König ist von Landes- und Kommunalabgaben, Stempeln

und Gebühren, nicht von Verbrauchssteuern frei z. B. Ges. v. 24./2. 50 (GS. 62) § 2 c, Ges. betr. die Einführung einer allgemeinen Gebäudesteuer v. 21./5. 61 (GS. 317) § 3 Nr. 1. Einkommensteuerges. v. 24./6. 91 § 3, Ergänzungssteuerges. v. 14./7. 93 § 3. Von Reichssteuern ist der König nicht befreit; s. auch Art. XV des Zoll-Vereinigungsvertr. v. 8. Juli 1867. Er genießt Portofreiheit s. Ges. v. 5./6. 69 (BGBl. 141), ist frei von der Militärpflicht, der Einquartierungslast und von Naturalleistungen für das Heer, Anm. 3 D zu Art. 4. S. auch von Stengel S. 37.

Art. 44. **Die Minister des Königs sind verantwortlich.**[1] **Alle Regierungsakte des Königs bedürfen zu ihrer Gültigkeit der Gegenzeichnung eines Ministers,**[2] **welcher dadurch die Verantwortlichkeit übernimmt.**[3]

[1] Die Minister sind dem Könige unterstellt (Art. 45) und, was als selbstverständlich ausgelassen wurde, verantwortlich (v. Rönne, § 157 II S. 351 Anm. 3), dem Landtage sind sie gemäß Art. 44 verantwortlich. Der hierin liegende Widerspruch wird nach preuß. Staatsr. nicht dadurch gelöst, daß der preußische König ein „roi fainéant" ist, von dem es heißt: „le roi règne, mais il ne gouverne pas," sondern so, daß der Wille des Königs erst dann rechtliche Bedeutung erlangt, wenn der Wille der hierfür verantwortlichen Minister sich ihm anschließt (vgl. Seydel, bayr. Staatr. I S. 294 bis 316 a. a. O.).

[2] Die Gegenzeichnung eines Ministers genügt, s. indeß Art. 63. Bei Neubildung des Ministeriums kann sowohl das abtretende wie das neue Ministerium die Gegenzeichnung vornehmen; s. auch G. Meyer, Staatsr. S. 187.

Die Gegenzeichnung ist nicht erforderlich, soweit es sich um Armeebefehle (Art. 46), oder um Akte des Königs in seiner Eigenschaft als summus episcopus handelt. In ersterer Hinsicht erging der AE. v. 18./1. 61, VMBl. 73, wonach Armeebefehle, sowie Ordres, welche der König in Militärdienstsachen oder Personalangelegenheiten erläßt, ohne Gegenzeichnung erfolgen; wenn indeß in diesen Ordres Bestimmungen enthalten sind, welche auf den Militäretat von Einfluß sind, oder andere Zweige der

Militärverwaltung berühren, so soll die Gegenzeichnung des Kriegsministers zu den Akten oder in der Ausfertigung hinzutreten. Für die Frage, wann in Militärsachen die Gegenzeichnung des preuß. Kriegsministers oder des Reichskanzlers nothwendig ist, s. Arndt, Verordnungsrecht S. 209 und § 13 S. 122 bis 139. In letzterer Hinsicht ist zu beachten, daß alle vom Könige in Ausübung seiner Episkopalrechte erlassenen Anordnungen, welche nicht den Charakter von Staatsakten besitzen — vgl. hierzu Art. 3, 4, 7, 10, 11, 12, 15, 16, 17, 22 bis 27 des Ges. v. 3./6. 76, betr. die Evangelische Kirchenverfassung in den acht älteren Provinzen 2c. (GS. 125) — der Gegenzeichnung des Ministers der geistlichen Angelegenheiten nicht bedürfen, vielmehr vom Präsidenten des evangelischen Oberkirchenraths gegenzuzeichnen sind. S. auch v. Rönne I S. 418.

[3] Diese Verantwortung ist bis zum Erlasse des in Art. 61 vorbehaltenen Gesetzes eine politische, keine strafrechtliche.

Art. 45. Dem Könige allein[1] steht die vollziehende Gewalt zu.[1] Er ernennt und entläßt die Minister.[2] Er befiehlt die Verkündigung der Gesetze[3] und erläßt die zu deren Ausführung nöthigen Verordnungen.[4]

[1] Nur der König, Niemand hat sonst ein imperium. Nur der König (nicht der Landtag) verfügt über die Machtmittel des Staates; nur des Königs Wille ist nach Außen hin (und den Unterthanen gegenüber) verbindlicher Staatswillen; aber auch nicht Alles, was der König will, ist verbindlicher Staatswille (s. Art. 44, 62, auch Art. 86, 106). Die Beschränkungen, welche die Verfassung dem Könige auferlegt, sind wesentlich interner Natur, Verletzungen dieser Beschränkungen können, falls der Wille des Königs gehörig verkündet ist, nur vom Landtage (s. Art. 106) und nur den Ministern gegenüber (Art. 43, 44) gerügt werden. Alle Behörden des Staates leiten ihre Macht aus der Macht und dem Willen des Königs ab; sie sind nur dem Könige (abgesehen von der den Ministern in Art. 44 auferlegten politischen und abgesehen von der allgemeinen strafrechtlichen Verantwortlichkeit) für ihre Handlungen und Unterlassungen verantwortlich. Es ist hiernach unstatthaft, daß sich die

Kammern in Akte der Staatsbehörden unmittelbar einmischen, daß sie solche um Vornahme gewisser Handlungen ersuchen. Des Königs Wille ist zu Veräußerungen (auch freigiebigen) von Staatseigenthum (unbeschadet des Budgetrechts) hinreichend und zur Veräußerung von Grundeigenthum in der Regel erforderlich; s. Art. 103 Anm. 5, Arndt im Archiv für öffentliches Recht III S. 549 f., endlich Vorbemerkungen zu Art. 99 und zu Anl. VII.

[2] Der König ist daher frei in der Wahl der Minister. Er kann zu diesen nach eigenem Ermessen machen, wen er will (kein Examen!). Er ist nicht verpflichtet, den unmittelbar oder mittelbar ausgedrückten Wünschen der Landtagsmehrheit nachzugeben.

[3] Der König hat neben der Verkündigung die Sanktion der Gesetze. Nur sein Wille schafft das Gesetz, unbeschadet seiner verfassungsmäßigen Pflicht, nur das als Gesetz verkündigen zu lassen, was zuvor die Sanktion des Landtages erhalten hat (s. Art. 62 nebst Anm., insbes. Anm. 5).

[4] Das Recht des Königs, Ausführungsverordnungen zu erlassen, ist nicht auf sog. Verwaltungsnormen beschränkt, umfaßt vielmehr die Befugniß zum Erlasse von (auch die Unterthanen, die Gerichte [vgl. indeß Anm. 1 zu Art. 86] bindenden) Rechtsnormen; s. die eingehende Begründung in Arndt's Verordnungsrecht S. 74 ff., nach welcher G. Meyer und H. Schulze ihre früher abweichende Meinung (s. G. Meyer 1. Aufl. S. 408 und H. Schulze, Reichsstaatsr. S. 530) berichtigt haben (G. Meyer, 2. Aufl. S. 466 Anm. 8, s. auch Verhandlung der I. Kammer 1849/50 S. 1315 und H. Schulze, Preuß. Staatsr. II S. 28 f.). v. Rönne widerspricht sich; I S. 379 behauptet er, daß die Ausführungsverordnungen keine neuen Rechtsnormen aufstellen dürfen, und (ebendort) daß die Gerichte durch derartige Verordnungen nicht für gebunden zu erachten sind (s. in Ansehung der Verbindlichkeit Königlicher Verordnungen für die Gerichte Art. 86 und 106, Arndt, Verordnungsrecht S. 211 ff.). Auf derselben Seite behauptet v. Rönne indeß, daß der König das Recht habe, in den Fällen, wo das Gesetz nur die leitenden Grundsätze aufstellt, die erforderlichen Detailvorschriften diesen Grundsätzen entsprechend zu geben; insbes. auch Tarife und Taxen zu reguliren, für deren Höhe der

Maßstab vom Gesetze festgestellt ist. Daß die Ausführungsverordnungen auch Rechtsnormen aufstellen dürfen, nimmt auch Rosin an (Polizeiverordnungsrecht S. 24). Das Königliche Verordnungsrecht kann kraft ausdrücklicher und stillschweigender Delegation durch die Minister ausgeübt werden; s. Vorbemerkung zu Art. 60, ebenso Bornhak S. 454, v. Stengel S. 173.

Art. 46. Der König führt den Oberbefehl über das Heer.[1]

[1] Zu den dem Könige in der Verfass. belassenen Rechten über das Heer sind die hinzugetreten, welche er als König von Preußen oder als deutscher Kaiser auf Grund der Reichsgesetze und der Militärgesetze übertragen erhalten hat; s. hierüber Zorn, Reichsstaatsr. I S. 296 ff., Laband II S. 97, Arndt, Verordnungsrecht § 13 S. 122 ff.

Aus diesem Oberbefehl des Königs folgt — soweit ein konstitutionelles Gesetz nicht entgegensteht — das Recht des Königs zur Organisation; s. auch Anm. 1 zu Art. 45.

Durch die Reichsgesetzgebung und nach Maßgabe derselben (s. die Anm. zu den Art. 34 und 35) ist das Recht der Krone zur Heeresorganisation eingeschränkt und die Vorschriften, welche dort über Kadresformationen, die bei den Fahnen, den Reserven, der Landwehr, dem Landsturme zu leistenden Militärpflichten u. s. w. getroffen sind, können nur im Wege der Reichsgesetzgebung abgeändert werden. Vorher und soweit diese Gesetzgebung nicht entgegensteht, fand die königliche Prärogative ihre Beschränkung nur in dem Satze, daß Ausgaben irgend welcher Art (auch für Heeres(re)organisationen) nur auf Grund des Etatsgesetzes geleistet werden dürfen. Diesen richtigen Standpunkt hat die Staatsregierung (auch der Abg. Waldeck in der Budgetkommission) in der Konfliktszeit vertreten. S. auch Arndt, Verordnungsrecht S. 150 und im Arch. f. öff. Recht III S. 558 f., während u. A. nach Gneist's Ansicht die Heeresorganisation gültig nur durch Gesetz hätte erfolgen dürfen.

Art. 47. Der König besetzt[1] alle Stellen im Heere,[2]

sowie in den übrigen Zweigen des Staatsdienstes,[3] sofern nicht das Gesetz[4] ein Anderes verordnet.[5]

[1] oder läßt, soweit ein Gesetz nicht entgegensieht (s. z. B. AG. z. GVG. v. 24./4. 78 [GS. 230] §§ 7, 60), die Stellen besetzen, s. Arndt, Verordnungsrecht § 16 S. 169 ff., v. Rönne §§ 99 I S. 431, ALR. Thl. II Tit. 13 § 16 Anm. 1 zu Art. 46; s. auch wegen der Gegenzeichnung Anm. 2 zu Art. 44.

[2] S. auch Anm. 46.

[3] Der König ist in Ausübung dieses Stellenbesetzungsrechtes an die Gesetze gebunden; er kann nur solche Personen anstellen, welche die gesetzliche Qualifikation haben, Richter, Staatsanwälte, Regierungsräthe, Landräthe u. A. (s. z. B. AG. z. GVG. v. 24./4. 78 [GS. 230] §§ 1 bis 11). Soweit gesetzliche Vorschriften fehlen, z. B. für Lehrer aller Art, Eisenbahn- und Bergbeamte, kann der König die Bedingungen der Anstellung (Prüfungen) selbst regeln oder durch seine Organe regeln lassen; s. auch Anm. 5.

[4] Ein Gesetz, durch welches dem Könige das Aemterbesetzungsrecht entzogen wird, besteht nicht.

[5] Bei Ausübung des Aemterbesetzungsrechts ist der König wie an alle übrigen Gesetze, so auch an das Etatsgesetz (Art. 99) gebunden. Nach der Ansicht Bornhak's (S. 460) hat der Landtag kein Recht, die Ausgaben für Behörden zu verweigern, welche der König auf Grund seines Organisationsrechts errichtet hat. Dies ist falsch (s. unten zu Art. 99) und eine Auffassung, deren Gegentheil von den drei Faktoren der Gesetzgebung als zweifellos angesehen wird. Indeß beruht die Anstellung des Beamten und sein Anspruch auf Gehalt und Rang nicht auf dem Etat, sondern auf der Anstellung durch die Krone bezw. die Exekutive (Arndt, Verordnungsr. S. 156 f. und s. Zeitschr. f. öff. Recht III S. 534 f.; anderer Ansicht Zorn, Reichsstaatsr. II S. 337 f.). Sollte daher der Etat nicht zu Stande kommen oder doch für einen gesetzlich angestellten Beamten die Etatposition nicht genehmigt werden, so kann der Beamte auf Zahlung seines Gehalts klagen, wie denn auch das Ges., betr. die Erweiterung des Rechtsweges v. 24./5. 61 (GS. 241), die Verfolgbarkeit vermögensrechtlicher Ansprüche der

Staatsbeamten aus ihrem Dienstverhältnisse keineswegs von dem Zustandekommen oder dem Inhalte des Etatsgesetzes abhängig macht; umgekehrt hat der Beamte, um deswegen, weil für seine Stelle eine Gehaltserhöhung im Etat bewilligt ist, noch keinen klagbaren Anspruch darauf. Arndt, l. c. und Vorbemerkung zu Art. 99. Treffend bemerkte Fürst Bismarck im Reichstage am 1. Dez. 1885: „wenn Sie mir mein Gehalt streichen, so werde ich einfach vor Gericht klagen und das Reich wird verurtheilt werden, solange ich Reichskanzler bin — mir mein Gehalt zu bewilligen" (Sten. Ber. d. Reichst. 1885 S. 135).

Art. 48.[1] **Der König hat das Recht, Krieg zu erklären**[2] **und Frieden zu schließen,**[2] **auch andere Verträge mit fremden Regierungen zu errichten. Letztere bedürfen zu ihrer Gültigkeit**[3] **der Zustimmung der Kammern,**[4] **sofern es Handelsverträge**[5] **sind, oder wenn dadurch dem Staate Lasten oder einzelnen Staatsbürgern Verpflichtungen auferlegt werden.**[6]

[1] Hier ist zunächst zu beachten Reichsverfass. Art. 11: — „Der Kaiser hat das Reich völkerrechtlich zu vertreten, im Namen des Reichs Krieg zu erklären und Frieden zu schließen, Bündnisse und andere Verträge mit fremden Staaten einzugehen, Gesandte zu beglaubigen und zu empfangen". Soweit wie die Zuständigkeit des Reiches geht, hat Preußen das Vertragsrecht verloren (z. B. für den Abschluß von Post-, Telegraphen-, Handels- und Bündnißverträgen), vgl. auch Erk. d. RG. v. 3./6. 81 Entsch. in Straff. IV 274; soweit die Einzelstaaten zuständig geblieben sind (z. B. für die Strafverfolgung und Strafvollstreckung), bleibt Art. 48 in Kraft (Preußen kann also z. B. Auslieferungsverträge schließen). Der gleichen Ansicht sind E. Meier, über den Abschluß von Staatsverträgen, Leipzig 1874, S. 271, Laband I § 63, in Marquardsen's Handbuch S. 116, v. Rönne I S. 696, G. Meyer § 188, Pröbst in Hirth's Annal. 1882 S. 241 ff.; während nach Zorn's Ansicht (II § 37) die Einzelstaaten prinzipiell das Vertragsrecht verloren

haben. Gegen die letztere Ansicht spricht, daß die Einzelstaaten überall zuständig geblieben sind, wo sie nicht ihre Zuständigkeit auf Grund ausdrücklicher Rechtsnorm an das Reich verloren haben.

[2] Das Recht, Krieg zu erklären und Frieden zu schließen, sind auf das Reich übergegangen (s. Anm. 1).

[3] bezieht sich nur auf die staatsrechtliche, nicht auf die völkerrechtliche Gültigkeit. Erstere betrifft die Gültigkeit gegenüber dem Landtage, letztere gegenüber den anderen Staaten. Völkerrechtlich ist jeder vom Könige abgeschlossene Vertrag gültig, auch wenn er nicht die verfassungsmäßig nothwendige Zustimmung des Landtages erhalten hat. Dieser Ansicht sind Gneist in den Anl. Bd. III zu den Sten. Ber. d. AbgH. 1868/69 S. 1317 ff., Laband I § 61, in Marquardsen's Handbuch S. 113, G. Meyer S. 560, v. Rönne S. 694. Die gegentheilige Ansicht vertreten E. Meier S. 115 ff., 163 ff., Zorn II § 37, H. Schulze, Preuß. Staatsr. § 271, Pröbst in Hirth's Annal. 1882 S. 421 ff., v. Stengel S. 571. Gegen die letztere Ansicht ist entscheidend, daß die Verfass. nur die Verhältnisse im Lande regelt, und daß diese Ansicht von dem (auch hier vorbildlich gewesenen) belgischen Staatsrechte abweicht. Beispiele, wonach Rechtsgeschäfte, welche der sie Vornehmende nicht (ohne Zustimmung) abschließen dürfte, gleichwohl nach Außen gültig sind, s. bei Arndt im Arch. f. öff. Recht 1888 S. 564 f.

[4] Daß diese Zustimmung unbedingt und nothwendig nur in der Form des Gesetzes zu geschehen und der Vertrag als Gesetz zu verkünden sei, ist nicht vorgeschrieben.

[5] Handelsverträge gehören jetzt zur ausschließlichen Zuständigkeit des Reichs (Reichsverfass. Art. 33 bis 35, s. auch Anm. 1).

[6] Hiermit sind nur finanzielle Lasten gemeint (Gneist l. c., E. Meier l. c. S. 231, H. Schulze, Preuß. Staatsr. § 271 S. 825 ff., G. Meyer § 189 Anm. 6 v. Stengel S. 571; anderer Ansicht v. Rönne I S. 689). Für die hier vertretene Auffassung sprechen die Praxis und der Umstand, daß nur das Budgetrecht hat gewahrt werden sollen.

[7] Darunter sind nur solche Verpflichtungen zu verstehen, welche den Unterthanen nicht durch einfache Verordnung auferlegt werden können (s. die Cit. zu 9). Soweit die Krone in ihren Au-

ordnungen der Zustimmung der Landesvertretung nicht bedarf (also z. B. im Post-, Telegraphenwesen), kann bezw. konnte sie gültige Staatsverträge ohne Zustimmung der Kammern abschließen (zahlreiche Beispiele bei Gneist.).

Art. 49.[1] Der König[2] hat das Recht der Begnadigung und Strafmilderung.[3]

Zu Gunsten eines wegen seiner Amtshandlungen verurtheilten Ministers kann dieses Recht nur auf Antrag derjenigen Kammer ausgeübt werden, von welcher die Anklage ausgegangen ist.

Der König kann bereits eingeleitete Untersuchungen[4] nur auf Grund eines besonderen Gesetzes[5] niederschlagen.[6]

[1] Da Art. 49 keine prozeßrechtliche Vorschrift darstellt, ist er durch § 6 EG. zur StrPO. nicht beseitigt, s. auch Art. 18 des Zollvereinigungsvertrages v. 8. Juli 1867 (BGBl. 102).

[2] StrPO. § 484 überträgt dem Kaiser das Begnadigungsrecht in denjenigen Sachen, in denen das Reichsgericht in erster Instanz erkannt hat. Dies ist (GVG. § 136) der Fall für die Untersuchung und Entscheidung in den Fällen des Hochverraths und Landesverraths, insofern diese Verbrechen gegen den Kaiser oder das Reich gerichtet sind, sowie auch dann, wenn das RG. auf Grund des § 2 oder des § 269 StrPO. über eine andere Strafthat als Gericht erster Instanz thatsächlich erkannt hat. Dem Kaiser steht sodann das Begnadigungsrecht in den Strafsachen zu, in welchen der Konsul oder das Konsulargericht in erster Instanz erkannt hat (Ges. über die Konsulargerichtsbarkeit v. 10./7. 79 (RGBl. 197) § 42, Ges. v. 17./4. 86 (RGBl. 75) § 2. Nach diesen Bestimmungen (insbes. dem Wortlaut „anerkannt hat") ist anzunehmen, daß der Kaiser nicht das Recht hat, schwebende Untersuchungen niederzuschlagen. Mit anderen Worten ein Abolitionsrecht steht dem Kaiser nicht zu. Das Begnadigungsrecht des Kaisers — soweit es besteht — ist ein ausschließliches, d. h. in diesen Strafsachen haben die Einzelstaaten weder das Begnadigungsrecht noch das Abolitionsrecht. Dies folgt schon

daraus, daß in denselben eine Zuständigkeit (Justizhoheit) der Einzelstaaten nicht vorhanden ist. Endlich gebührt dem Kaiser das Begnadigungsrecht bei Disziplinarstrafen der Reichsbeamten, nicht bei anderen, auch nicht wegen Amtsvergehen erkannten Strafen.

Soweit dem Kaiser das Begnadigungsrecht nicht übertragen ist, verbleibt es den Einzelstaaten und gilt Art. 49. Nach diesem hat der König das Recht, nicht nur in einzelnen Fällen, sondern auch für ganze Klassen von Fällen. Todesurtheile müssen vor ihrer Vollstreckung dem Könige vorgelegt werden, nicht zum Zwecke der Bestätigung, sondern um die etwaige Geltendmachung des Begnadigungsrechts zu ermöglichen, StrPO. § 485.

Bei den gemeinschaftlichen Gerichten steht das Begnadigungsrecht dem Staate zu, welcher zur Strafverfolgung ursprünglich befugt war, d. i. in der Regel dem, in dessen Gebiet die Strafthat begangen war; nach Löwe (Anm. 12 zu GVG. Tit. *II*) dagegen dem Staat, dem das erkennende Gericht angehört. Gegen die Löwe'sche Ansicht spricht, daß zunächst jeder Staat jede Hoheit innerhalb seines Gebietes ausübt, daß daher das Begnadigungsrecht, auch wenn die Justizhoheit ganz oder theilweise abgetreten, bei dem Staate, welcher ursprünglich zur Strafvollstreckung berechtigt war, als solange verblieben anzusehen ist, bis auch dieser ausdrücklich auf dasselbe verzichtet hat. Letzteres geschah für „polizeiliche Bestrafungen" in der Additionalakte v. 13./4. 44 (GS. 470) Art. 51 (Elbzollgerichte), wonach der Staat das Begnadigungsrecht hat, in welchem das Erkenntniß ergangen ist. Nach dem Zollvereinigungsvertr. v. 8./7. 67 (BGBl. 81) Art 18 ist das forum delicti commissi maßgebend. Die Verträge mit Oldenburg und Sondershausen (GS. 1879 S. 169 u. 177) bestimmen in Art. 18 bezw. 19, daß in den aus den betreffenden nichtpreußischen Gebieten an die preußischen Landgerichte erwachsenden Strafsachen das Begnadigungsrecht dem Landesherrn verbleibt.

Das Begnadigungsrecht des Königs ist durch Art. 49 Abs. 2 eingeschränkt.

[3] auch bei Antragsvergehen (Binding, Handbuch S. 870 II 2 b) und Privatklagen, da diese in einem bestimmten Zeitpunkte des Verfahrens (StrPO. § 431) aus der freien Verfügung des

Privatklägers scheiden (anderer Ansicht Siebenhaar in der Zeitschr. für die ges. Strafrechtswissenschaft Jahrg. 1888 S. 496).

[4] Bereits eingeleitet ist die Untersuchung in der heutigen StrPO. mit der Eröffnung der Untersuchung (StrPO. §§ 182, 201), also mit dem Zeitpunkt, wo die öffentliche Klage nicht mehr zurückgenommen werden kann (StrPO. § 154). Einen früheren Zeitpunkt annehmen hieße dem Könige geringere Rechte geben, als der Staatsanwaltschaft, einen späteren, den der Eröffnung des Hauptverfahrens, würde dem Könige das Recht geben, gegen Art. 86 der Preuß. Verfassung bezw. § 1 GVG. in die gerichtliche Gewalt einseitig einzugreifen. Abs. 3 in Art. 49 ist ausgesprochenermaßen zu dem Zwecke in der Kommission der NatVers. beantragt und in dem Sinne angenommen worden, „damit das in das Gebiet der gesetzgebenden und richterlichen Gewalt eingreifende Recht der Abolition nicht allein dem Könige überantwortet werde". (Rauer, Protokolle S. 129). Siebenhaar in der Zeitschr. für die ges. Strafrechtswissenschaft 1888 S. 473 f. hält die Abolition erst von der Eröffnung des Hauptverfahrens an für unstatthaft, also noch nach Eröffnung der Voruntersuchung für zulässig. Derselbe irrt, wenn er glaubt, daß der Preuß. Verfassung die Trennung der vollziehenden, richterlichen und gesetzgebenden Gewalt fremd geblieben ist, und wenn er ferner auf die Kriminalordnung v. J. 1805 zurückgeht. Diese galt zwar in einem Theile Preußens noch, als Abs. 3 des Art. 49 von der Kommission der NatVers. angenommen und in der VerfUrk. v. 5. Dez. 1848 wiederholt wurde; sie war indeß längst zu den Todten gelegt, da bereits am 17. Juli 1846 (GS. 267) für das Kammergericht und das Kriminalgericht zu Berlin ein neues auf dem Anklageprinzip beruhendes Verfahren vorgeschrieben war, dessen Generalisirung unmittelbar bevorstand. An die KrimO. haben weder der rheinische Jurist Bloem gedacht, von welchem Abs. 3 in der Kommission der NatVers. beantragt war, noch weniger die Revisionskammern, welche das rheinische Verfahren und vor Allem die Verordnung v. 3. Jan. 1849 (GS. 14) vor Augen hatten. „Bereits eingeleitet" ist die Untersuchung im Sinne dieser Verfahren schon, wenn die Voruntersuchung schwebt. Hätte man das Abolitionsrecht erst von da ausschließen wollen, wo das Haupt-

[Schluß-]Verfahren beschlossen ist, so wäre nicht nur in die richterliche Gewalt ein Eingriff gestattet (was Abs. 3 verbieten wollte), sondern man hätte auch von einer Versetzung in den Anklagestand (mise en accusation, code d'instruction criminelle art. 133, Verordnung v. 3. Jan. 1849 § 76), oder von der Einleitung der förmlichen Untersuchung (Verordnung v. 3. Jan. 1849 § 47) sprechen müssen.

5 Da der König alle ihm nicht durch die Verfassung entzogenen Rechte hat, so steht ihm zwar nicht mehr das Recht zu, bereits eingeleitete Untersuchungen niederzuschlagen, wohl aber, in Ansehung aller noch nicht zur Einleitung gebrachter Strafthaten durch allgemeine Amnestie (ohne Gesetz) die Strafverfolgung auszuschließen. Letzteres folgt auch aus der Entstehungsgeschichte und ist angenommen vom OTr. 8./3. 61, AG. IX 325, OR. I 293, Siebenhaar, Zeitschr. für die ges. Strafrechtswissenschaft 1888 S. 503 f.

6 Daß das Begnadigungsrecht vom Könige persönlich ausgeübt wird, fordert die Verfassung nicht, daher kann der König dasselbe delegiren (Arndt, Verordnungsrecht S. 172). Dies ist vor wie nach Erlaß der Verfassung für ganze Klassen von Fällen geschehen (z. B. JMBl. 1868 S. 333, BMBl. 1869 S. 26, JMBl. 1881 S. 31).

Art. 50. Dem Könige steht die Verleihung von Orden[1] und anderen mit Vorrechten nicht verbundenen Auszeichnungen[2] zu.[3] [4]

Er übt das Münzrecht nach Maaßgabe des Gesetzes.[5]

1 Die z. Z. bestehenden Orden s. bei v. Rönne I S. 157.

2 Mit Vorrechten nicht verbundene Auszeichnungen, welche der König verleihen kann, sind auch der Adel, ALR. II Tit. 9 §§ 9 ff., desgleichen Titel (ALR. II Tit. 13 § 7). Auch Kommunalverbände, Privatpersonen und Vereine können ihren Angestellten Titel verleihen; indeß darf das Prädikat „königlich" derartigen Titeln nicht vorgesetzt werden; Erk. des OVG. v. 5. April 1880, Entsch. VI 52.

3 Von ausländischen Souveränen preußischen Staatsangehörigen verliehene Orden, Adelsprädikate u. s. w. erlangen nur durch die Königl. Genehmigung in Preußen staatliche Anerkennung;

s. auch Anhang § 118 zu Thl. II Tit. 9 § 13 ALR. Die Führung akademischer Titel, welche von nichtpreußischen Universitäten verliehen sind, fällt nicht hierher. Strafbestimmung für unbefugte Führung von Orden, Ehrenzeichen, Titeln, Würden und Adelsprädikaten in StrGB. § 360 Nr. 8.

[4] Der König allein hat das Recht, die Erlaubniß zur Aenderung des Familien- oder Geschlechtsnamens zu ertheilen (KO. v. 15./8. 22, GS. 108). Dies Recht ist delegirt, soweit nicht adelige Namen in Betracht kommen, den Regierungen bezw. Regierungs-Präsidenten, AErl. v. 12./7. 67 (GS. 1310), Verfahren im CirkReskr. des Min. d. Inn. v. 9./8. 67 (VMBl. 246).

[5] Jetzt ist für das Münzwesen das Reich zuständig, gemäß Reichsverfassung Art. 4 Nr. 3, Ges. v. 4./12. 71 (RGBl. 404) und Münzges. v. 9./7. 73 (RGBl. 233).

Art. 51. Der König[1] beruft[2] die Kammern[3] [4] und schließt ihre Sitzungen.[4] Er[5] kann sie entweder beide zugleich[6] oder auch nur eine auflösen.[6] Es müssen aber in einem solchen Falle innerhalb eines Zeitraums von sechszig Tagen nach der Auflösung die Wähler und innerhalb eines Zeitraums von neunzig Tagen nach der Auflösung die Kammern versammelt werden.[7]

[1] der nächste volljährige Agnat oder das Staatsministerium in den Fällen der Art. 56, 57.

[2] Ueber den Zeitpunkt s. Art. 76. Die Berufung wie die Schließung muß für beide Häuser gleichzeitig geschehen.

[3] Ein Zusammentreten der Kammern vor der Königl. Einberufung oder nach der Königl. Schließung ist unerlaubt. Eine solche Kammer wäre keine Kammer im Sinne der Verfass. Auf dieselbe würde die Verordnung, betr. Verhütung eines Mißbrauchs des Versammlungs- und Vereinigungsrechtes, v. 11./3. 50 (GS. 277) zur Anwendung kommen. Der Entwurf der Kommission der Nationalversammlung gab den Abgeordneten das Recht, sich spätestens am 30. Nov. jeden Jahres oder spätestens am zehnten Tage nach dem Tode eines Königs zu versammeln.

[4] Da der Ort nicht bestimmt ist, steht seine Auswahl bezw. auch die Abänderung im Ermessen des Einberufenden (s. auch v. Rönne I S. 271).

[5] auch der Regent, der alle Befugnisse des Königs hat, nicht aber der Agnat, ehe er Regent ist, oder das Staatsministerium in den Fällen der Art. 56, 57; s. auch Arch. f. öff. Recht Bd. 6 S. 510.

[6] Da das Herrenhaus keine Wahlkammer mehr ist, kann nur noch eine Auflösung des Abgeordnetenhauses erfolgen. Die Auflösung (wie die Berufung und Schließung) erfolgt (außer in den Fällen der Anm. 1) durch Königliche Verordnung, welche der Gegenzeichnung eines Ministers bedarf, Art. 44. Die Auflösung des Abgeordnetenhauses zieht die gleichzeitige Vertagung des Herrenhauses nach sich, Art. 77 Abs. 3.

Die Auflösung kann erfolgen, mag das Abgeordnetenhaus versammelt sein oder nicht. Dies ist unstreitig. Es ist auch anzunehmen, da die Verfassung nichts Abweichendes vorschreibt, daß auch ein neu gewähltes, noch nicht zusammengetretenes Abgeordnetenhaus aufgelöst werden kann (anderer Ansicht aus allgemeinen Gründen ist v. Rönne I S. 285). Die Zahl der Auflösungen ist gleichfalls in das Ermessen der Krone gesetzt.

[7] Die Nichtbeobachtung dieser Fristen enthält eine Verfassungsverletzung, an welche rechtliche Wirkungen nicht geknüpft sind. Eine verspätet gewählte oder einberufene Kammer hat alle Befugnisse der rechtzeitig gewählten und rechtzeitig zusammengetretenen.

Art. 52. Der König[1] kann die Kammern vertagen.[2] Ohne deren Zustimmung darf diese Vertagung die Frist von dreißig Tagen nicht übersteigen und während derselben Session nicht wiederholt werden.

[1] Anm. 5 zu Art. 51 findet auch hier Anwendung. Die Vertagung unterbricht die (Kontinuität der) Sitzungsperiode nicht.

[2] indeß nur gleichzeitig (Art. 77) durch Königliche Verordnung, welche der Gegenzeichnung bedarf (Art. 44).

Art. 53. Die Krone ist, den Königlichen Hausgesetzen[1] gemäß, erblich in dem Mannsstamme[2] des Königlichen

Hauses nach dem Rechte der Erstgeburt[3] **und der agnatischen Linealfolge.**[4]

[1] Die Worte „den Königlichen Hausgesetzen gemäß", welche sich schon im Reg.-Entw. v. 20. Mai 1848 finden, waren im Entw. der Komm. der NatVers. gestrichen.

Königliche Hausgesetze sind hauptsächlich das Testament des Kurfürsten Albrecht Achilles v. 1473, der Geraische Vertrag v. 9. April 1599, der Vergleich zwischen Kurfürst Friedrich III. und Markgraf Philipp v. 3. März 1692, die eidlichen Reverse der anderen drei Brüder Friedrichs III. v. 22. Mai 1695, die Verordnung König Friedrichs I. v. J. 1710, die Bestätigung dieser Verordnung durch das Edikt Friedrich Wilhelms I. v. 13. August 1713 und dessen Testament v. 1. Juli 1714, Verhandl. der I. Kammer 1849/50 S. 1225, H. Schulze, Hausgesetze III 535 ff. Die Hausgesetze sind, soweit ihr Inhalt in der Verfassung wiederholt ist (Art. 53, 54, 56, 58), Staats- bezw. Verfassungsgesetze geworden, so daß sie einerseits nicht ohne Zustimmung der Landesvertretung, andererseits aber ohne die Zustimmung der Agnaten abgeändert werden dürfen. S. Seydel, Bayr. Staatsr. I S. 421 f. und v. Stengel S. 48.

[2] Die Kognaten sind also ausgeschlossen selbst im Falle des Aussterbens aller Agnaten. Für diesen Fall kommen die Erbverbrüderungsverträge mit Hessen und Sachsen nicht in Betracht, da sie eine unstatthafte Theilung Preußens vorschreiben. Das fürstliche Haus Hohenzollern ist nicht nachfolgeberechtigt. Also ist in solchem Falle die Thronfolge durch Gesetz zu regeln. Ebenso v. Stengel S. 43.

[3] Eheliche Geburt ist vorausgesetzt. ALR. Thl. II Tit. 2 §§ 1 ff. gelten auch hier. Legitimation per subsequens matrimonium, Adoption und Arrogation genügen nicht. Die Geburt muß aus einer ebenbürtigen und hausgesetzlich gültigen Ehe erfolgt sein. Ebenbürtig ist die Ehe mit den Angehörigen regierender Häuser und ehemals reichsständischer Familien, nicht jedoch reichsgräflicher Familien. Nach den Hausgesetzen ist die Gültigkeit der Ehe dadurch bedingt, daß sie mit Genehmigung des Familienoberhauptes, d. i. des Königs abgeschlossen ist. Die Eheschließung erfolgt

vor einem vom Könige bestellten Standesbeamten (Ges. v. 6./2. 75 RGBl. 23) § 72.

[4] Das bedeutet, daß von mehreren sonst zur Nachfolge Berufenen der Erstgeborene und dessen Abkömmlinge vor den später Geborenen und deren Abkömmlingen ohne Rücksicht auf die Nähe des Verwandschaftsgrades zum letzten Könige thronberechtigt sind, dergestalt also, daß die Descedenz des älteren Prinzen den jüngeren Prinzen und dessen Descedenz ausschließt. Anderweite Erfordernisse, z. B. eine bestimmte Konfession, vollständiges Freisein von geistigen und körperlichen Gebrechen, können von dem Könige nicht verlangt werden, vgl. auch Art. 56.

Der Erb- und Kronantritt erfolgt ipso jure im Augenblicke des Todes des letzten Königs.

Aus Art. 53 in Verbindung mit Art. 2 ergiebt sich die Untheilbarkeit des Preußischen Staats. Die Untheilbarkeit und das Recht der Primogenitur und der agnatischen Linealfolge sind schon in der Goldenen Bulle v. J. 1356 Art. VII §§ 2—4, Art. XXV § 2 für die Kurfürstenthümer ausgesprochen.

Art. 54. Der König wird mit Vollendung des achtzehnten Lebensjahres volljährig.[1]

Er leistet in Gegenwart der vereinigten Kammern das eidliche Gelöbniß,[2] die Verfassung des Königreichs fest und unverbrüchlich zu halten und in Uebereinstimmung mit derselben und den Gesetzen zu regieren.[3]

[1] entspricht dem älteren Landesrechte und der Goldenen Bulle v. J. 1356 cap. VII § 4.

[2] Der Zeitpunkt der Vereidigung und die Folgen der Unterlassung sind nicht bestimmt. Es wird angenommen, daß der König bald nach der Thronbesteigung den vorgeschriebenen Eid leisten wird. Die Kronrechte sind von der Vereidigung unabhängig, ebenso Bornhak S. 183, Seydel I S. 409. Anders z. B. in Belgien Art. 80 der Const. belge.

[3] Seit der Verfassung fanden die Erbhuldigungen nicht mehr statt. Die Proklamation König Wilhelms I. v. 3. Juli 1861

(Staatsanz. Nr. 166) behielt indeß das Recht auf dieselben allen Nachfolgern in der Krone vor. An die Stelle der Erbhuldigung setzte König Wilhelm I. die seit König Friedrich I. nicht mehr vorgenommene feierliche Krönung.

Art. 55. Ohne Einwilligung beider Kammern kann der König nicht zugleich Herrscher fremder Reiche sein.

Ein solcher Satz fehlte im RegEntw. v. 20. Mai 1848. Die Kommission der NatVers. schaltete ein (Art. 40): „Ohne Einwilligung beider Kammern kann der König nicht zugleich Herrscher eines anderen Staates sein", und zwar mit Bezug auf die Gefahren, welche die Vereinigung mehrerer Kronen auf dem Haupte eines Herrschers über ein Land bringen können. Die VerfUrk. v. 5. Dez. 1848 ist hier (Art. 53) gleichlautend mit (Art. 55) der VerfUrk. v 31. Jan. 1850. Nun versteht man im gewöhnlichen Sprachgebrauche unter einem fremden Reiche nicht einen deutschen Partikularstaat (also z. B. nicht Lauenburg), und deshalb bedarf es zur Personalunion eines deutschen Staates mit Preußen nicht der Zustimmung des preußischen Landtages, zu vgl. auch Verhdl. des AbgH. 1866 I S. 58 ff. Das AbgH vertrat 1866 die unrichtige Auffassung. v. Rönne, Preuß. Staatsrecht I S. 163 unterscheidet (ohne Grund), ob der Staat durch Succession oder in anderer Weise an Preußen gekommen sei. Die Realunion auch eines deutschen Staates mit Preußen, bezw. die Annexion eines solchen ist gemäß Art. 2 der Verfass. nur durch Gesetz statthaft.

Art. 56. Wenn der König minderjährig[1] oder sonst dauernd[2] verhindert ist, selbst zu regieren,[3] so übernimmt derjenige volljährige Agnat (Art. 53.), welcher der Krone am nächsten steht,[4] die Regentschaft. Er hat sofort die Kammern zu berufen, die in vereinigter Sitzung über die Nothwendigkeit der Regentschaft beschließen.[5]

[1] S. Art. 54.

[2] Was „dauernde Verhinderung", ist Thatfrage, z. B. Gefangenschaft, Verschollenheit, unheilbare Geisteskrankheit, s. Arch. f. öff.

Recht Bd. 6 S. 489 ff. Bei vorübergehender Verhinderung entscheidet das freie Ermessen des Königs über seine Vertretung. In solchem Falle bestimmt Inhalt, Umfang und Dauer der Vertretung der König nach eigenem Ermessen; ebenso Seydel S. 450. Ein solcher Stellvertreter ist verantwortlich für seine Regierungshandlungen; ebenso v. Stengel S. 46.

[3] oder wenn der letzte Throninhaber oder der vor dem letzten Throninhaber verstorbene nächstberufene Agnat nicht thronfähige, männliche Nachkommenschaft, jedoch eine schwangere Wittwe hinterläßt.

[4] aus eigenem Recht „von Gottes Gnaden", welches in Art. 56 sanktionirt ist.

[5] Die Kammern (der Landtag) haben also zu entscheiden, ob der Fall der Nothwendigkeit einer Regentschaft vorliegt. Sie dürfen indeß eine solche Entscheidung nur treffen, wenn sie zu derselben durch den nächsten volljährigen Agnaten oder beim Mangel eines solchen durch das Staatsministerium (s. Art. 57) zusammenberufen sind — also nicht aus eigener Initiative. Der Beschluß der Kammern, daß die Regentschaft nicht nothwendig sei, hat keine rückwirkende Kraft.

Art. 57. Ist kein volljähriger Agnat vorhanden und nicht bereits vorher gesetzliche[1] Fürsorge für diesen Fall getroffen, so hat das Staatsministerium die Kammern zu berufen, welche in vereinigter Sitzung einen Regenten[2] erwählen. Bis zum Antritt der Regentschaft von Seiten desselben führt das Staatsministerium die Regierung.

[1] also nicht bloß durch Königliche Verordnung, s. auch Anm. 1 zu Art. 53 (am Schlusse). Nothverordnung ist nicht ausgeschlossen; s. auch Arch. f. öff. Recht Bd. 6 S. 501.

[2] in der Person des zu Wählenden sind die Kammern nicht beschränkt; derselbe muß regierungsfähig sein. Die Funktionen desselben hören auf, sobald der Thronfolger oder der nächste Agnat (durch Erreichung der Großjährigkeit 2c.) regierungsfähig wird.

Art. 58. Der Regent übt die dem Könige zustehende Gewalt in dessen Namen aus.[1] Derselbe schwört nach Einrichtung der Regentschaft vor den vereinigten Kammern einen Eid, die Verfassung des Königreichs fest und unverbrüchlich zu halten und in Uebereinstimmung mit derselben und den Gesetzen zu regieren.

Bis zu dieser Eidesleistung bleibt in jedem Falle das bestehende gesammte Staatsministerium für alle Regierungshandlungen verantwortlich.[2]

[1] S. Graßmann im Arch. f. öff. Recht Bd. 6 S. 489 ff. Mit Ausnahme des Titels steht der Regent überall auch in Ansehung der Unverantwortlichkeit (Allerh. Erl. v. 7./10. 58 GS. 537) staatsrechtlich dem Könige gleich, s. G. Meyer § 92; nicht strafrechtlich: denn StrGB. §§ 80, 81, 94, 95 finden nicht auf den Regenten Anwendung, sondern die §§ 96, 97, 100, 101; s. Hugo Meyer, deutsch. Strafr. 3. Aufl. S. 668. Die deutsche Kaiserwürde ist ein accessorium der Krone Preußen; der Regent übt diese Würde aus, ohne den Titel eines deutschen Kaisers zu führen; M. Seydel, Kommentar zur Reichs-Verfass. S. 114, 115 u. a. m.

[2] Also kann der Regent vor der Eidesleistung das Staatsministerium nicht wechseln, ebenso Graßmann l. c. S. 506 ff.; a. M. Bornhak, Preuß. Staatsr. S. 206.

Art. 59. Dem Kron-Fideikommißfonds[1] verbleibt die durch das Gesetz vom 17. Januar 1820.[2] auf die Einkünfte der Domainen und Forsten angewiesene Rente.[3 4]

[1] Außer dem Kronfideikommißfonds beziehen der König und seine Familie Einkünfte aus dem Königl. Hausfideikommiß, begründet im Testamente König Friedrich Wilhelms I. v. J. 1733, dem Königl. Prinzlichen Familienfideikommiß von König Friedrich Wilhelm III. für nachgeborene Prinzen errichtet und dem von demselben Monarchen mit 5 Millionen Thalern ersparten Krontresor.

[2] GS. 1820 S. 9 Art. III.

[3] Diese Rente betrug nach dem Ges. v. 17./1. 20 2,500,000 Thlr; wovon 500,000 Thlr. in Gold = 2,573,098⅔ Thlr.; sie ist erhöht durch die Ges. v. 30./4. 59 (GS. 204) um jährlich 500,000 Thlr. u. v. 27./1. 68, betreffend die Erhöhung der Krondotation (GS. S. 61) um jährlich eine Million Thaler. Jetzt gilt Ges. betr. die Erhöhung der Krondotation v. 20/2. 89 (GS. 27): § 1. An den Kronfideikommißfonds wird, außer der durch Artikel III der Verordnung wegen Behandlung des Staatsschuldenwesens vom 17. Januar 1820 (GS. S. 9) auf die Einkünfte der Domainen und Forsten angewiesenen Rente von 7,719,296 Mark und außer der nach § 1 des Gesetzes vom 30. April 1859 (Ges.S. S. 204) und § 1 des Gesetzes vom 27. Januar 1868 (GS. 61) zu entrichtenden Rente im Ganzen 4,500,000 Mark, vom 1. April 1889 ab eine weitere jährliche Rente von drei Millionen und Fünfmalhundert Tausend Mark aus der Staatskasse gezahlt. Im Ganzen beträgt die Kronrente 15,719,296 Mk.

Außerdem sind die in der Nachweisung zum Ges. v. 27./1. 68 (GS. 61) verzeichneten Schlösser nebst Gärten und Parks, sowie nach dem Ges. v. 20./2. 89 (GS. 27) das Schloß zu Kiel nebst Gebäuden und Garten der ausschließlichen Benutzung des Königs, unter Uebernahme der Unterhaltungslast auf den Kronfideikommißfonds, vorbehalten.

---

[4] Würde die an den Kronfideikommißfonds zu zahlende Rente nicht, oder nicht ganz in den Etat eingestellt werden, oder ein Etat überhaupt nicht zu Stande kommen, so kann der Kronfideikommißfonds gleichwohl die Zahlung der vollen Rente ev. im Wege der Civilklage verlangen, s. auch Anm. 5 zu Art. 47, ferner unten zu Art. 99, s. auch v. Rönne I S. 160 Anm. 3.

Titel IV.

Von den Ministern.

Das Recht, Minister zu ernennen, die Ressorts der einzelnen Ministerien zu bestimmen, hat, innerhalb der Gesetze und des Etats, der König; s. Arndt, Verordnungsrecht § 15, s. auch

Gneist, „Gesetz und Budget" S. 43 ff., Bornhak S. 455 f., vgl. auch Sten. Ber. d. AbgH. 1877/78 S. 1645, 1993, 2001, 2027, a. a. O., des HH. 1878/9 S. 521, 524.

Das Ministerium, nach Verordnung v. 27./10. 1810 (GS. 3) eine bureaukratische, ist seit KO. v. 3./6. 1814 (GS. 40) eine kollegialisch eingerichtete oberste Behörde. Im Plenum sind die in KO. v. 3./11. 1817 (GS. 289) bezeichneten Gegenstände vorzutragen (persönlich durch den Minister oder einen vortragenden Rath, Verordnung v. 3./11. 17 [GS. 291] VIII) und zu verhandeln; s. auch wegen der Landesgestüte KO. v. 15./2. 16 (GS. 101) Nr. 2ª. Außerdem tritt das Plenum ein in den Fällen der Art. 57, 58, 63 und 111 der VerfUrk., ferner bei Auflösung von Stadtverordnetenversammlungen, Kreis- und Provinziallandtagen (z. B. Städteordnung v. 30./5. 53 (GS. 288) § 79, Kreisordnung v. 13./12. 72 (GS. 1881 S. 180) § 179, Provinzialordnung v. 29./6. 75 (GS. 1881 S. 234) § 122 und als oberster Gerichtshof über Dienstvergehen der nicht richterlichen Beamten gemäß Ges. v. 21./7. 52 (GS. 465) §§ 41 ff., 90, s. auch § 28. In gewissen Fällen haben die Minister nach der Verordnung v. 27./10. 1810 die Genehmigung des Königs einzuholen, z. B. bei Anstellungen von Beamten mit Rathscharakter, Rathsernennungen, Etatsüberschreitungen, Veräußerungen unbeweglichen Staatseigenthums. Im Uebrigen aber sind die Minister selbstständig und führen die ihnen anvertraute Verwaltung unter unmittelbarer Verantwortlichkeit gegen den König. Sie sind insbesondere befugt, den Fiskus innerhalb ihres Verwaltungskreises zu berechtigen und zu verpflichten. Die Vertretung des Fiskus in Prozessen liegt den Provinzialbehörden ob (Regierungs-Instruktion v. 23./10. 17 [GS. 248] § 14). Diese bedürfen in den dort § 21 vorgesehenen Fällen zur Gültigkeit der von ihnen abgeschlossenen Geschäfte der ministeriellen Genehmigung. Den Ministern ist das dem Könige zum Erlasse von Verordnungen zustehende Recht nach Maßgabe der Verordnung v. 27./10. 1810 und der KO. v. 4./7. 32 (GS. 181) subdelegirt. Die auf Grund dieser Subdelegation bezw. besonders ihnen ertheilter gesetzlicher Ermächtigung erlassenen Verordnungen, welche auch Rechtsnormen aufstellen können, sind rechtsverbindlich, s. ALR. Thl. II Tit. 13 § 16, Arndt, Verordnungsrecht § 17 S. 169 ff., Derselbe in Hirth's Ann. 1886 S. 318, 319 a. a. O., vgl. auch OVG. v. 29./9. 1876, E. I 173 ff.

Die Minister sind:

1. der auswärtigen Angelegenheiten, 2. des Krieges, 3. der Justiz, 4. der Finanzen, 5. des Innern (zu 1 bis 5 gemäß Verordnung v. 27./10. 1810), 6. der geistlichen, Unterrichts- und Medizinalangelegenheiten, s. AE. v. 3./11. 17 (GS. 289) III, 7. für Handel und Gewerbe, s. AE. v. 17./4. 48 (GS. 109) I, 8. für Landwirthschaft, Domänen und Forsten, s. AE. v. 25./6. 48 (GS. 109), 9. der öffentlichen Arbeiten, s. AE. v. 7./8. 78 (GS. 1879 S. 25) Nr. 2, 3 und Ges. v. 13./3. 79 (GS. 123).

Die Geschäfte des Ministeriums der auswärtigen Angelegen heiten werden gegen ein Aversum vom „Auswärtigen Amt des Deutschen Reiches" geführt, welches dabei als „Königlich Preuß. Ministerium der auswärtigen Angelegenheiten" zeichnet. Zu seiner Zuständigkeit gehören namentlich die Preußischen Angelegenheiten in Bezug auf die übrigen deutschen Bundesstaaten.

Die Kriegsmarine ist Reichssache. Der Preuß. Kriegsminister verwaltet die Angelegenheiten des Preuß. Heeres und der damit verbundenen Kontingente. Die Rechnung wird auf Kosten des Reiches geführt (Reichsverfassung Art. 63).

Der Justizminister übt die Oberaufsicht über die Rechtspflege aus, er bearbeitet die Begnadigungssachen und die vorläufigen Entlassungen der Strafgefangenen (StrGB. § 25, JMBl. 1871 S. 35, 1879 S. 237), die Legitimation außerehelicher Kinder, sofern es sich nicht um einen adeligen Namen handelt (JMBl. 1870 S. 26), Dispensationen von dem zur Annahme an Kindesstatt vorgeschriebenen Alter (JMBl. 1878 S. 97 f., 106 ff.), in Ehesachen, s. Verordnungen v. 24./2. 75 (GS. 97), v. 17./1. 77 (GS. 4), Allerh. Erl. v. 7./9. 79 (JMBl. 366); er hat die Bestimmung des Gerichts bei nichtstreitigen Sachen im Fall des § 20 G. v. 24./4. 78 (GS. 234); er ist Beschwerdeinstanz in den zur Zuständigkeit der Oberlandesgerichte gehörigen Familienfideikommiß-, Lehns- und Stiftungssachen, und bildet mit dem Kriegsminister das Militärjustizdepartement.

Der Minister des Innern bearbeitet die Landeshoheitssachen, die Feuerversicherungs-Institute und -Gesellschaften, Pensions-,

Aussteuer-, Sterbe- und Krankenkassen, Korporationen, milde Stiftungen, Armen-, Heimaths-, Ein- und Auswanderungssachen, Namensänderungen (s. indeß Anm. 4 zu Art. 50), die Generalien und mit dem Finanzminister auch die Personalien der Bezirksregierungen, mit dem Kriegsminister die Mobilmachungs- und Militär-Ersatzsachen, die Landes- und Lokalpolizei, die Landgendarmerie, die höhere politische, Fremden- und Theater-Polizei, die Feuer-, Sitten- und Lebensmittel-Polizei, das Paßwesen, die Gewerbe-Polizei nach den Allerh. Erl. v. 17./3. 52 und 30./6. 58 (GS. 1852 S. 83, 1858 S. 501), soweit allgemeine polizeiliche Interessen überwiegen, d. i. bei den Tanz-, Fecht-, Schwimmschulen, Badeanstalten, Pfandleihern, Schauspielunternehmungen, Musikern, Kunstreitern, Drehorgelspielern u. s. w. und dem Schankgewerbe, ferner die Zuchthäuser, die ständischen und alle Kommunalangelegenheiten u. s. w., das Juden- und Sektenwesen.

Der Minister der geistlichen Angelegenheiten verwaltet das gesammte Schulwesen mit Einschluß der Universitäten und technischen Hochschulen, das Gesundheitswesen mit Ausschluß des Kriegsmilitär- und Veterinärwesens, die staatlichen Kunstinstitute und die Rechte des Staates den christlichen Religionsgesellschaften gegenüber.

Dem Minister für Handel und Gewerbe unterstehen Handel, Gewerbe, Schiffahrt, Rhederei, Navigationsschulen, Privatbankinstitute, Handels- und Gewerbekammern, Maß- und Gewichtswesen, seit G. v. 26./3. 90 (GS. 37) u. Allerh. Erl. v. 17./2. 90 (GS. 35) auch das Berg-, Hütten- und Salinenwesen mit Einschluß der Bergakademien und Bergschulen.

Zum Ressort des Ministers für Landwirthschaft gehören die Landwirthschaft, seit Allerh. Erl. v. 7./8. 78 (GS. 79 S. 25) die Domänen und Forsten, die landwirthschaftlichen Kreditinstitute, die Landesmeliorations- und Kultursachen, die Jagdpolizei, ferner das Deich- und das Veterinärwesen.

Dem Minister der öffentlichen Arbeiten ist die obere Leitung der Staats- und Privateisenbahnen, endlich des Bauwesens übertragen.

Kein Staatsminister, überhaupt kein Staatsbeamter ist der Minister des königlichen Hauses, Sten. Ber. des Reichstages 1883 S. 347. Dies Ministerium ist durch Allerh. Erl. v. 11./1. 19 (GS. 2) zur Verwaltung der Angelegenheiten des Königl. Hauses und der Königl. Familie errichtet, i. J. 1838 (GS. 10, 11) wurden ihm auch die Thronlehne und Erbämter übertragen, i. J. 1835 (GS. 10) die Domänen und Forsten. Letzere wurden ihm durch Allerh. Erl. v. 17./4. 48 (GS. 109) entzogen, durch Allerh. Erl. v. 3./10. 48 auch die übrigen Staatsangelegenheiten. Durch Allerh. Erl. v. 16./8. 54 (GS. 516) erhielt es die Standessachen zurück. S. auch v. Stengel S. 39.

Der Staatsrath, geschaffen durch Verordn. v. 27./10. 10 (GS. 3) ist eine berathende Behörde, welche gemäß Verordnung v. 20./3. 17 (GS. 67) u. A. über alle Gesetze, Verfassungs- und Verwaltungsnormen, Gutachten auf Erfordern des Königs abgeben soll. J. J. 1848 stillschweigend außer Thätigkeit gesetzt, ist er durch Allerh. Erl. v. 12./1. 52 (VMBl. 21) wieder gemäß Art. 109 der Verf-Urk. hergestellt worden. Die Zusammensetzung des Staatsraths, dessen Mitglieder vom Könige berufen werden, ergiebt sich aus der Verordnung v. 20./3. 17. Mitglieder sind namentlich die volljährigen Prinzen, die aktiven Minister, Oberpräsidenten und kommandirenden Generale, die Chefs des Civil- und Militärkabinets, der Präsident der Ober-Rechenkammer und die aus Allerhöchstem Vertrauen Berufenen.

Art. 60. Die Minister, so wie die zu ihrer Vertretung abgeordneten Staatsbeamten[1] haben Zutritt zu jeder Kammer und müssen auf ihr Verlangen zu jeder Zeit[2] gehört werden.[3]

Jede Kammer kann die Gegenwart der Minister verlangen.

Die Minister haben in einer oder der anderen Kammer nur dann Stimmrecht, wenn sie Mitglieder derselben sind.

[1] auch deren Assistenten.

[2] auch noch nach Schluß der Debatte, alsdann gilt die Debatte für wiedereröffnet.

[3] Unstreitig ist, daß ein Minister oder ein Regierungskommissar, wenn sie als solche sprechen, der Disziplinargewalt des Landtags-

präsidenten in soweit nicht unterliegen, als gegen sie keine formelle Rüge ausgesprochen werden kann. Die Frage, ob sie vom Präsidenten unter Berufung auf die ihm angeblich zustehenden Disziplinar-Befugnisse unterbrochen und auf den parlamentarischen Brauch hingewiesen werden können, ist vom AbgH. bejaht (vgl. Sten. Ber. 1863 II S. 1265 ff., derselben Ansicht H. Schulze, Preuß Staatsr. I S. 629), vom Könige und vom Staatsministerium verneint worden (vgl. Sten. Ber. d. AbgH. 1863 Bd. II S. 1262 ff., 1322 f.). Die letztere Auffassung ist die richtige. Denn eine derartige Unterbrechung ist eine thatsächliche Rüge, beeinträchtigt die Redefreiheit und enthält eine tadelnde Kritik gegenüber dem Vertreter eines dem Landtage keineswegs untergeordneten Faktors der Gesetzgebung. Es fehlt an jeder rechtlichen Legitimation, einem Regierungsvertreter Vorhaltungen zu machen.

[4] Umgekehrt sind die Minister nicht in allen Fällen verpflichtet, Auskunft zu ertheilen, sondern nur soweit ein besonderer Verpflichtungsgrund vorliegt (z. B. Art. 81 letzt. Abs., 104).

Art. 61. Die Minister können durch Beschluß einer Kammer wegen des Verbrechens der Verfassungsverletzung, der Bestechung und des Verrathes angeklagt werden. Ueber solche Anklage entscheidet der oberste Gerichtshof der Monarchie in vereinigten Senaten. So lange noch zwei oberste Gerichtshöfe bestehen, treten dieselben zu obigem Zwecke zusammen.

Die näheren Bestimmungen über die Fälle der Verantwortlichkeit, über das Verfahren und über die Strafen werden einem besonderen Gesetze vorbehalten.

[1] Da das in Abs. 2 vorbehaltene Gesetz noch nicht ergangen ist, so kann die in Art. 62 den Kammern eingeräumte Befugniß bis auf Weiteres nicht ausgeübt werden. Es fehlt das Organ, welches die Anklage vor dem Gerichtshofe vertritt (worauf Gneist im Berichte des AbgH. 1865 Anl. III S. 2065 Gewicht legt); überdies (v. Stockmar in Aegidi's Zeitschrift Bd. I S. 182 und

v. Rönne § 157 Bd. II S. 356 ff.) ergiebt sich aus Inhalt und Entstehung des Art. 61, daß bis zum Erlasse des Ministerverantwortlichkeitsgesetzes das Anklageverfahren nicht durchgeführt werden soll. Das ist schon deshalb unmöglich, weil ja dieses Gesetz erst die Strafen festsetzen soll. So auch Fürst Bismarck im AbgH. am 22. April 1863, Sten. Ber. II S. 952; Allerhöchste Botschaft v. 26. Mai 1863 das. S. 1322. Selbstredend sind die Minister von den Strafgesetzen nicht eximirt, sie können strafgerichtlich verfolgt werden, soweit sie gegen das Strafgesetz verstoßen (z. B. wegen Bestechung, Zweikampfes). Das Ges., betr. die Konflikte u. s. w. v. 13./2. 54 (GS. 80) findet auf Staatsminister keine Anwendung, da es eine diesen „vorgesetzte Provinzial- oder Centralbehörde" im Sinne des § 1 dieses Ges. nicht giebt, welche den Konflikt erheben könnte. Also kann auch das OVG. gemäß § 114 des Ges. über die allgemeine Landesverwaltung v. 30./7. 83 (GS. 195) keine Vorentscheidung darüber treffen, ob sich ein Minister „einer Ueberschreitung seiner Amtsbefugnisse oder der Unterlassung einer ihm obliegenden Amtshandlung schuldig gemacht habe" (anderer Ansicht Bornhak S. 143).

Da Reichsrecht dem Landesrecht vorgeht, kommen u. A. die §§ 80 bis 93 (Hoch- und Landesverrath) und 331, 332 (Bestechung) des StrGB.'s auch auf die Minister zur Anwendung. Soweit es sich nicht um reichsrechtlich geregelte Gebiete handelt, kann die Landesgesetzgebung neue Normen aufstellen über Bestrafung oder Ersatzpflicht der Minister wegen Verfassungsverletzung, z. B. absichtlicher Etatsüberschreitungen. Es ist falsch, daß, wie Bornhak S. 144 behauptet, § 2 EG. z. StrGB. ein besonderes Landesstrafrecht nur noch auf den dort Abs. 2 genannten Gebieten zuläßt. Ebenso unrichtig ist der von Bornhak S. 145 aufgestellte Satz, daß ein Ministerverantwortlichkeitsgesetz, welches natürlich nur auf die nicht schon im StrGB. geregelten Angelegenheiten Bezug haben dürfte, keinen Gerichtshof zur Entscheidung über die Ministeranklage oder kein besonderes Verfahren bestimmen könnte; denn die StrPO. findet (EG. § 3) nur Anwendung auf die Angelegenheiten, welche vor die ordentlichen Gerichte gehören; ein solches ist nicht der in Art. 61 genannte Gerichtshof, folglich sind die auf Art. 61

bezüglichen Vorschriften prozeßrechtlicher Art nicht gemäß § 6 das. außer Kraft getreten. Auch § 16 GVG., der Ausnahmegerichte verbietet, steht nicht entgegen, da sich dieser Paragraph wie das GVG. überhaupt nur „auf die ordentliche streitige Gerichtsbarkeit" (E.G. § 2) und nicht auf Ministeranklagen bezieht. Es stehen also staatsrechtliche Bedenken einem Ministerverantwortlichkeitsgesetze nicht entgegen. S. auch v. Stengel S. 101 f.

Titel V.

Von den Kammern.

Art. 62.[1] Die gesetzgebende Gewalt[2] wird gemeinschaftlich durch den König und durch zwei Kammern ausgeübt.[3]

Die Uebereinstimmung des Königs und beider Kammern ist zu jedem Gesetze erforderlich.[4] [5]

Finanzgesetz-Entwürfe[6] und Staatshaushalts-Etats werden zuerst der zweiten Kammer vorgelegt;[7] letztere werden von der ersten Kammer im Ganzen angenommen oder abgelehnt.

[1] Soweit die gesetzgebende Gewalt auf das Reich übergegangen ist, kann der preuß. Staat Gesetze nicht mehr erlassen (Einleitung S. 44 f.).

[2] Die gesetzgebende Gewalt wird von G. Meyer S. 461, P. Laband, preuß. Budgetrecht S. 2 ff., 10, Derselbe, Deutsches Staatsr. I S. 512 f., G. Schulze, Reichsstaatsr. I S. 530, Derselbe, Preuß. Staatsr. II S. 7 ff., 26 ff. im materiellen Sinne, nämlich als identisch aufgefaßt mit der Gewalt „Rechtssätze anzuordnen". Diese Auffassung stützt sich auf die geschichtliche Entwickelung besonders in Preußen, nämlich auf die Behauptung, daß das Wort „Gesetz" älter sei als die Verfassung, mithin ehemals keinen Zusammenhang mit den Rechten der Volksvertretung hätte haben können und die Anordnung eines Rechtssatzes (im Gegen-

satze zum Gewohnheitsrechte) ausgedrückt habe. Allein in Preußen hieß vor der Verfass. nicht jede Anordnung eines Rechtssatzes Gesetz, sondern nur die vom Landesherrn getroffene und in bestimmter Form verkündete Anordnung. Die überaus zahlreichen Rechtssätze, welche von den Central-, Provinzial- und Lokalbehörden, von Staatsorganen oder Korporationen aufgestellt sind, hießen „Verwaltungs- oder Kontrolevorschriften" (Zoll-, Steuer- und Finanzsachen), „Regulative" (hauptsächlich in Schul- und Finanzsachen), „Instruktionen, Verordnungen" (in Polizeisachen), sogar „Verfügungen". Alle diese, welche für die Unterthanen verpflichtend waren und sind, und deren Nichtbefolgung häufig mit gerichtlichen Strafen bedroht war und ist, werden stets als durchaus verschieden von den „Gesetzen" aufgefaßt, mit denen sie nicht im Widerspruch stehen sollen. Die Finanzminister der zum Zollvereine gehörigen Staaten haben auf den Zollvereinigungskonferenzen zahlreiche Rechtssätze vereinbart und in ihren bez. Staaten durch die Verordnungsblätter zur allgemeinen Nachachtung befohlen. Niemand aber hat dieses Recht der Minister (welches jetzt auf den Bundesrath übergegangen ist) vor wie nach 1850 als ein Gesetzgebungsrecht aufgefaßt oder bezeichnet (s. Arndt, Verordnungsr. S. 27 ff., S. 36 ff., Derselbe im Arch. f. öff. Recht 1886 S. 534 f.). Die Gesetze, z. B. die Verordnung wegen verbesserter Einrichtung der Provinzialbehörden v. 26. Dez. 1808 (GS. 1806/10 S. 464), die Reg.-Instr. v. 23./10. 17 (GS. 248), das Ges. über die Polizeiverwaltung v. 11./3. 50 (GS. 265) erkennen die Nichtidentität von „Gesetz" und „Rechtsnorm" durch die Vorschrift an, daß die auf Grund dieser Gesetze erlassenen Rechtsnormen nicht mit den „Gesetzen" in Widerspruch stehen dürfen. Die Zollverträge z. B. v. J. 1833 behalten den „Gesetzen", da diese in vielen Staaten der Genehmigung des Landtages bedurften, nur die fundamentalen und prinzipalen, die minder wichtigen Rechtsnormen dagegen den „Verwaltungsvorschriften" vor, welche überall Rechtssätze aufstellen, deren Nichtbefolgung finanzielle und strafrechtliche Wirkungen haben. Ebenso zweifellos versteht das Wort Gesetz im Ges. v. 3./4. 46 (GS. 152) nicht jede Rechtsnorm, die ein Minister, eine Regierung u. s. w. erlassen.

Der Absatz 1 in Art. 62 ist hiernach rein formell, d. h. dahin zu verstehen, daß, wo ein Akt der gesetzgebenden Gewalt erforderlich ist, dieser Akt nicht mehr allein vom Könige, sondern vom Könige nur noch in Gemeinschaft mit dem Landtage vorgenommen werden darf. Wo materiell ein Akt der Gesetzgebung erfordert wird, bestimmt sich nach dem Inhalte der Verfass. (vgl. Art. 2, 3 u. s. w., 86, 99 a. a. O.). Soweit ein Gesetz nicht gefordert wird (dies ist nur noch auf vereinzelten Gebieten und in beschränktem Umfange der Fall), ist die Gewalt der Krone bezw. ihrer Organe zum Erlasse von Rechtssätzen bestehen geblieben, z. B in Schulangelegenheiten, s. Arndt in der Zeitschr. f. öff. Recht 1886 S. 512 f.

Bornhak S. 483, der in der hauptsächlichen Argumentation und in den Endergebnissen lediglich den Inhalt der hier und in Arndt's Verordnungsrecht entwickelten Sätze wiederholt, behauptet abweichend von denselben unter Bezug auf § 7 der Einl. z. ALR., daß „Gesetze" im absoluten Staate Preußen alle Rechtsnormen waren, welche die besonderen Rechte und Pflichten der Bürger bestimmen. Dies ist irrig; denn einmal enthält § 7 keine Begriffsbestimmung, sondern nur die instruktionelle Vorschrift darüber, was der Gesetzgebungskommission zur Prüfung vorgelegt werden soll; sodann giebt es wohl kaum eine Verordnung der Minister, der Regierungen u. s. w., welche nicht „besondere Rechte und Pflichten der Bürger" bestimmt, und doch nannte man solche Verordnungen nicht Gesetze, wenigstens nicht im Sinne der Verordnung v. 27./10. 1810 (GS. 3) oder des Ges. v. 3./4. 46 (GS. 152). Auch ist falsch, daß „Gesetz" die Normen des Straf-, Privat- und Prozeßrechts umfaßt; denn in den „Verordnungen", die mit den „Gesetzen" nicht in Widerspruch stehen sollen, ist ein guter, quantitativ der größte, Theil des Strafrechts enthalten. Wenigstens seit der Verordnung über die Publikation der Gesetze u. s. w. v. 26./10. 10 galt als „Gesetz" in Preußen Alles und nur das, was des Königs Unterschrift trug und in der für „Gesetze" vorgeschriebenen Form verkündet wurde, Koch, Preuß. Privatr. 3. Aufl. I § 22. Rechtssätze aller Art finden sich mit der Unterschrift der Minister, Regierungen u. s. w. in den verschiedensten Verwaltungsblättern, welche ebenfalls unbeschadet der „Gesetze" besondere Rechte und Pflichten der Bürger festsetzten. Da sie des Königs Unterschrift nicht tragen, auch nicht wie Gesetze verkündet sind, stehen sie diesen nach; sie sind nicht wie diese unbedingt, sondern nur verbindlich, soweit sie mit diesen nicht in Widerspruch stehen, sie können auch keine höheren Strafen androhen, als in den „Gesetzen" zugelassen ist u. s. w.

Nach dem Ges. v. 3. Juni 1823 (GS. 129) § 2 sollten den Provinzialständen nur die Gesetze zur Begutachtung vorgelegt werden, welche „Veränderungen in Personen- und Eigenthumsrechten — — zum Gegenstande haben —". Die Staatsregierung rechnete hierzu u. A. prozeßrechtliche Gesetze nicht und legte daher z. B. die Verordnung über das Verfahren in Ehesachen v. 28./6. 44 (GS. 184) den Provinzialständen zur Begutachtung nicht vor. Die Verordnung v. 6./4. 48 (GS. 87) wollte den künftigen Volksvertretern die Zustimmung zu allen (auch prozeßrechtlichen) Gesetzen überweisen, und dies ist im Art. 62 der VerfUrk. geltendes Recht geworden. Die Verhandlungen des Vereinigten Landtages 1847 und 1848, sowie diejenigen der Revisionskammern über den heutigen Art. 62 ergeben, daß man durchaus nicht „Rechtsatz" mit „Gesetz" gleichstellte und verfassungsmäßig „Rechtsnormen" nur noch mit Zustimmung des Landtages gestatten wollte (vgl. u. A. Verhandlung der I. Kammer 1849 S. 1315 f.).

Wie im Februar 1887 um das Septennat, stritt man sich in den Jahren 1848 und 1849 um das sog. „Veto" des Königs, darum nämlich, ob und welche Macht noch der Krone bei der Gesetzgebung zustehen sollte, und dieser Streit erklärt Fassung und Inhalt des Art. 62. Daß an den Satz, „Rechtsnormen aller Art dürfen fortan nur mit Zustimmung des Landtages aufgestellt werden", damals Niemand gedacht hat, wird man leicht feststellen, wenn man sich die Mühe geben wird, die Verhandlungen der Kammern und ihrer Kommissionen z. B. über die Art. 45, 62, 63 und 106 der VerfUrk. nachzulesen. Wäre man von jenem Satze ausgegangen, so hätte man zum Mindesten den (für den wichtigsten gehaltenen) Titel „von den Rechten der Preußen" fortlassen können und müssen.

Zu denselben Ergebnissen gelangt v. Stengel S. 167 f.

Auch im belgischen Recht wird „loi" und „pouvoir législatif" im rein formellen Sinne aufgefaßt.

Zur gesetzgebenden Gewalt gehört die Befugniß, Gesetze aufzuheben, abzuändern, authentisch zu erklären, Dispense, Exemtionen von den Gesetzen zu bewilligen. Folglich kann der König derartige Akte nur noch dann vornehmen, wenn ihm hierzu Ermächtigung im Gesetze ertheilt ist (s. Arndt, Verordnungsr. S. 32, 228 ff a. a. O.); ebenso v. Stengel S. 172.

Statuten, welche nach vorverfassungsmäßigem Recht ihre verbindliche Kraft durch die landesherrliche Bestätigung erhalten, oder welche der Landesherr nach diesem Rechte erläßt, kann derselbe auch ferner ohne Mitwirkung des Landtages bestätigen oder erlassen, soweit nicht die Verfass. entgegensteht (vgl. Sten. Ber. d. HH. 1866 Bd. II S. 742 f., Bd. III S. 418 ff.).

Privilegien als Ausnahmen von konstitutionell erlassenen Gesetzen kann der Monarch nach Vorstehendem einseitig nicht mehr erlassen. Im Uebrigen steht ihm das Recht, Privilegien zu ertheilen, zu, aber nur soweit nicht die Verfassung (insbes. Art. 62) entgegensteht. Der Monarch kann deshalb keine Steuerbefreiung ertheilen, da dies gegen Art. 101, kein Gewerbeprivilegium, da dies gegen die Gewerbeordnung v. 21./6. 69 (RGBl. 1883 S. 177), kein Bergwerksprivilegium, da dies gegen das Allgem. Berggeſ. v. 24./6. 65 (GS. 705) verstoßen würde. S. auch v. Stengel S. 171.

[3] Art. 62 der VerfUrk. bezieht sich insoweit nicht auf die rein kirchlichen Angelegenheiten, als reine Kirchengesetze ohne Zustimmung des Landtages erlassen werden. Letzteres ist in dem Umfange nach Anm. 2 zulässig, wie nicht die Verfassung ein Gesetz für gewisse Anordnungen fordert. Da die Verfassung z. B. für gerichtliche Strafen ein Gesetz fordert (Art. 8), so kann ein ohne Zustimmung des Landtages ergehendes Kirchengesetz keine gerichtlichen Strafen festsetzen, auch nicht bestimmen (Verfassung Art. 9), daß Privatgebäude zu Kirchenzwecken abzutreten sind u. s. w.

[4]) Mit Absatz 2 ist im Gegensatze zu dem Verfassungsentwurf der preuß. Nationalversammlung festgestellt worden, daß zu jedem Gesetze die Uebereinstimmung jedes der drei Faktoren erforderlich ist, und nicht etwa die Zustimmung des Königs entbehrlich ist,

wenn ein Gesetzesvorschlag drei Mal hintereinander vom Landtage angenommen ist. Mit anderen Worten: Abs. 2 enthält das sog. absolute Veto der Krone (Arndt, Verordnungsr. S. 33, s. auch v. Rönne I S. 355 Anm. 1). An den Satz vieler Staatsrechtslehrer (Laband, G. Meyer, H. Schulze), daß mit Abs. 2 hat bestimmt werden sollen, jeder Rechtssatz dürfe fortan nur noch von der Gesetzgebung erlassen werden, hat bei Schaffung der preuß. VerfUrk. kein Mensch gedacht.

[5] erforderlich, aber nicht ausreichend; ein Gesetz kommt nur zu Stande durch die königliche Sanktion, vgl. auch Zorn, Reichsstaatsr. I S. 3, H. Schulze, Preuß. Staatsr. II S. 22, Laband I § 55 S. 542. Der König braucht daher einem von ihm vorgelegten Gesetzentwurf, auch wenn derselbe unverändert vom Landtage angenommen ist, nicht die Sanktion zu ertheilen, d. h. er ist nicht verpflichtet, ihn als Gesetz zu publiziren (G. Meyer § 158 S. 464, H. Schulze § 172), andererseits kann der König die Sanktion auch erst nach Schluß der Sitzungsperiode vornehmen (G. Meyer l. c. und H. Schulze; anderer Ansicht v. Rönne I S. 392); indeß nicht mehr, nachdem ein neues Abgeordnetenhaus gewählt ist; s. auch Rosin, Polizeiverordnungsr. S. 177.

[6] auch solche, welche von Mitgliedern eines Hauses ausgehen, H. Schulze II § 171 S. 19, 20, G. Meyer § 158, v. Rönne I S. 359.

[7] Abs. 3 ist von der Krone als Proposition VII am 7. Jan. 1850 beantragt worden mit Bezug darauf, daß nach Proposition VIII die Erste Kammer aufhören sollte (und aufgehört hat), eine reine Wahlkammer zu sein, und daß daher der Zweiten Kammer ein überwiegender Einfluß auf Finanzfragen einzuräumen sei.

Finanzgesetze sind nicht alle Gesetze, welche auf die Finanzen des Staates Einfluß haben, z. B. nicht Gesetze, in denen Geldstrafen angedroht, Pensionirungsverhältnisse der Beamten geregelt werden, sondern nur die, deren unmittelbarer Gegenstand die Finanzen sind: Steuer-, Anleihe-Garantiegesetze, Gesetze, welche die Regierung zu bestimmten Ausgaben ermächtigen und die Steuergesetze. (Vgl. auch Verhandlungen des AbgH. 1882, Sten. Ber. S. 526 f. bei Berathung der Novelle zum Pensionsgesetze; ferner L. Dümmler über Finanzgesetzentwürfe, Halle 1894.)

Andere Gesetzentwürfe können nach Wahl der Staatsregierung der einen oder der anderen Kammer zuerst vorgelegt werden. Es ist nicht gerade unstatthaft, sie beiden Kammern zu gleicher Zeit vorzulegen; ebenso v. Stengel S. 169.

Art. 63. Nur in dem Falle, wenn die Aufrechthaltung der öffentlichen Sicherheit, oder die Beseitigung eines ungewöhnlichen Nothstandes es dringend erfordert,[1] können, insofern die Kammern nicht versammelt sind, unter Verantwortlichkeit[2] des gesammten Staatsministeriums,[2] Verordnungen, die der Verfassung nicht zuwiderlaufen,[3] mit Gesetzeskraft erlassen werden. Dieselben sind aber den Kammern bei ihrem nächsten Zusammentritt zur Genehmigung sofort vorzulegen.[4]

v. Rönne I § 91, G. Meyer § 161, H. Schulze § 174.

[1] z. B. auch, wenn in Folge übernommener Verbindlichkeiten aus Staatsverträgen bestimmte Anordnungen unverzüglich getroffen werden müssen (Sten. Ber. d. Abg.H. 1866 S. 94/5).

[2] Daß die Verordnung unter Gegenzeichnung des gesammten Ministeriums erfolgt, ist nicht vorgeschrieben, indeß ordnungsgemäß s. Art. 44. Durch die fehlende Unterschrift eines oder einiger Minister hört die Verordnung jedoch nicht auf, rechtsverbindlich, jeder einzelne Minister nicht auf, verantwortlich zu sein (s. Art. 106). Ebenso v. Stengel S. 174, anderer Ansicht v. Rönne I S. 374, s. auch Sten. Ber. des AbgH. 1871/2 S. 499--507.

[3] Der Verfassung läuft eine Verordnung zuwider, wenn die Verfassung die Regelung einer Materie nicht durch bloße Verordnung, sondern selbst durch Nothverordnung ganz besonders ausschließt, und ganz bestimmt vorschreibt (Art. 63, 94 Abs. 1, 95, 107), daß die Regelung nur „mit vorheriger Zustimmung der Kammern" bezw. im Wege der „ordentlichen Gesetzgebung" erfolgen solle. Wo die Verfassung schlechthin nur ein „Gesetz" verlangt, ist die Nothverordnung statthaft; anderenfalls hätten alle Nothverordnungen verboten werden müssen, die „den Gesetzen" zuwiderlaufen.

Derselben Ansicht G. Meyer I S. 469, Bornhak S. 511 u. v. Stengel S. 174; anderer Ansicht v. Rönne I S. 371ff., H. Schulze § 174, E. A. Chr. (v. Stockmar) in Aegidi's Zeitschr. f. deutsches öff. Staatsr. I S. 237 ff. Die Nothverordnung steht rechtlich dem (einfachen) Gesetze gleich, sie ist, wie sie 1849 wiederholt genannt wurde, und wie der Zusammenhang mit Art. 62 und der Wortlaut ergiebt, ein Gesetz, ein „außerordentliches", ein „vorläufiges" Gesetz, folglich kann sie auch Gesetze (nur nicht die Verfassung) ändern und aufheben. Der Verfassung würde eine Nothverordnung zuwiderlaufen, welche die Verfassung für aufgehoben erklärt, oder welche die in Art. 115 erwähnte Wahlordnung v. 30. Mai 1849 beseitigt.

Eine eingehende Erörterung von Arndt im Archiv f. öff. Recht 1889. Anträge, die Verordnung auf Grund des Art. 63 in den Fällen auszuschließen, wo die Verfassung auf ein „Gesetz" oder eine „organische Gesetzgebung" hinweist, sind in der zweiten Kammer abgelehnt, in der ersten zurückgezogen worden, nachdem am 3. Nov. 1849 (Verhandlung I K., S. 1319) der Minister v. Manteuffel erklärt hatte: Die Weltgeschichte nehme auf das Zusammensein der Kammern keine Rücksicht, und daher werde sich die Regierung häufig (!) in der Nothwendigkeit sehen, durch gesetzliche Verordnungen für den preußischen Staat einzuschreiten, auch wenn die Kammern (deren Zusammenberufung kostspielig) nicht versammelt sind. Die erste Verordnung auf Grund Art. 63. v. 3./6. 50 (GS. 329) beschränkte die Preßfreiheit durch Einführung von Kautionen u. s. w. und gleichwohl blieb sie ihrem Inhalte nach unangefochten, die zweite v. 12./11. 50 (GS. 493) über Kriegsleistungen und deren Vergütung führte neue Steuern ein (Art. 100 der Verfassung), übernahm Staatsgarantieen und schuf Anleihen (Art. 103); gleichwohl wurden die Anträge Beseler u. Richtsteig, sie für verfassungswidrig zu erklären, am 21. und 25. Mai 1851 in namentlichen Abstimmungen verworfen (Sten. Ber. der II. K. 1851 S. 651 ff.). Dagegen hat das AbgH. der auf Grund Art. 63 ergangenen Preßverordnung v. 30. Juni 1863 (GS. 349) nicht nur, wozu es befugt war, am 19. Nov. 1863 seine Zustimmung versagt, sondern auch, im Widerspruch zu früheren Beschlüssen des Jahres 1851 und sich das Recht der authentischen Interpretation der Verfassung beilegend, resolvirt, daß die Preßfreiheit durch (Noth-)Verordnung nicht beschränkt werden könne.

[4] Die Gesetzeskraft einer Nothverordnung hört nicht schon dann auf, wenn eine Kammer ihre Zustimmung versagt (anderer Ansicht Laband, Reichsstaatsr. I. Aufl. II S. 149, v. Rönne S. 375 ff., G. Meyer I S. 470). Die Staatsregierung ist indeß in solchem Falle verfassungsmäßig verpflichtet, die Nothverordnung unverzüglich außer Kraft zu setzen. Erst wenn dies geschehen und gehörig bekannt gemacht ist, verliert die Verordnung ihre Gesetzeskraft. Für diese Ansicht, welche auch von E. A. Chr. l. c. S. 227, H. Schulze § 174 und v. Stengel S. 174 vertreten wird, spricht schon der Umstand, daß den Unterthanen gegenüber die gehörige Verkündigung (Art. 106) entscheidend ist und daß (gemäß Art. 106) eine gehörig verkündigte Kgl. Verordnung solange den Unterthanen gegenüber Gesetzeskraft hat und behält, bis die Zurücknahme der Verordnung verkündet ist. Der Justizminister Simons übrigens hatte, wie gegen v. Rönne zu bemerken ist, am 15. Jan. 1851 (Sten. Ber. der II. Kammer 1850/51 S. 105) nicht anerkannt, daß die Nichtzustimmung einer Kammer das sofortige Außerkrafttreten, sondern daß sie die Beseitigung (mithin zunächst einen der Staatsregierung obliegenden Akt) zur Folge habe. Die Außerkraftsetzung einer Nothverordnung hat keine rückwirkende Kraft.

Art. 64. Dem Könige, so wie jeder Kammer, steht das Recht zu, Gesetze[1] vorzuschlagen.[2]

Gesetzesvorschläge,[3] welche durch eine der Kammern oder den König verworfen worden sind, können in derselben Sitzungsperiode nicht wieder vorgebracht werden.

[1] auch verfassungändernde.

[2] Daß dem Herrenhause das Recht zusteht, Finanzgesetze vorzuschlagen, wird mit Rücksicht auf Abs. 3 des Art. 62 bestritten (v. Rönne S. 359, H. Schulze § 171, G. Meyer § 158 S. 463), indeß gegenüber der allgemeinen Vorschrift des Art. 64 ohne Grund, s. auch v. Stengel S. 169.

[3] jeder Art, von wem auch immer vorgeschlagene.

Art. 65 bis 68.[1] **Die Erste Kammer**[2] **wird durch Königliche Anordnung**[3] **gebildet,**[4] **welche nur durch ein mit Zustimmung der Kammern zu erlassendes Gesetz abgeändert werden kann.**

Die Erste Kammer wird zusammengesetzt aus Mitgliedern, welche der König mit erblicher Berechtigung oder auf Lebenszeit beruft.

[1] Art. 65 bis 68 sind aufgehoben durch Art. 2 des Ges., betr. die Bildung der Ersten Kammer v. 7./5. 53 (GS. 181). Der vorstehend abgedruckte Text ist Art. 1 des bezeichneten Gesetzes. Die aufgehobenen Artikel lauteten:

Art. 65. „Die erste Kammer besteht:

a) aus den großjährigen Königlichen Prinzen;
b) aus den Häuptern der ehemals unmittelbaren reichsständischen Häuser in Preußen — und aus den Häuptern derjenigen Familien, welchen durch Königliche Verordnung das nach der Erstgeburt und Linealfolge zu vererbende Recht auf Sitz und Stimme in der ersten Kammer beigelegt wird. In dieser Verordnung werden zugleich die Bedingungen festgesetzt, durch welche dieses Recht an einen bestimmten Grundbesitz geknüpft ist. Das Recht kann durch Stellvertretung nicht ausgeübt werden und ruht während der Minderjährigkeit oder während eines Dienstverhältnisses zu der Regierung eines nichtdeutschen Staats, ferner auch so lange der Berechtigte seinen Wohnsitz außerhalb Preußen hat;
c) aus solchen Mitgliedern, welche der König auf Lebenszeit ernennt. Ihre Zahl darf den zehnten Theil der zu a. und b. genannten Mitglieder nicht übersteigen;
d) aus neunzig Mitgliedern, welche in Wahlbezirken, die das Gesetz feststellt, durch die dreißigfache Zahl derjenigen Urwähler (Art. 70.), welche die höchsten direkten Staatssteuern bezahlen, durch direkte Wahl nach Maaßgabe des Gesetzes gewählt werden;

e) aus dreißig, nach Maaßgabe des Gesetzes von den Gemeinde-räthen gewählten Mitgliedern aus den größeren Städten des Landes.

Die Gesammtzahl der unter a. bis c. genannten Mitglieder darf die Zahl der unter d. und e. bezeichneten nicht übersteigen.

Eine Auflösung der ersten Kammer bezieht sich nur auf die aus Wahl hervorgegangenen Mitglieder.

Art. 66. Die Bildung der ersten Kammer in der Art. 65. bestimmten Weise tritt am 7. August des Jahres 1852. ein.

Bis zu diesem Zeitpunkte verbleibt es bei dem Wahlgesetze für die erste Kammer vom 6. Dezember 1848.

Art. 67. Die Legislatur-Periode der ersten Kammer wird auf sechs Jahre festgesetzt.

Art. 68. Wählbar zum Mitgliede der ersten Kammer ist jeder Preuße, der das vierzigste Lebensjahr vollendet, den Vollbesitz der bürgerlichen Rechte in Folge rechtskräftigen richterlichen Erkenntnisses nicht verloren und bereits fünf Jahre lang dem preußischen Staatsverbande angehört hat.

Die Mitglieder der ersten Kammer erhalten weder Reisekosten, noch Diäten."

2. Ges., betr. die Abänderung der VerfUrk. v. 31. Jan. 1850 in Ansehung der Benennung der Ersten Kammer u. s. w. v. 30. Mai 1855 (GS. 316) § 1:

„Die Erste Kammer wird fortan das Herrenhaus, die Zweite das Haus der Abgeordneten genannt."

[3] Diese Anordnung ist die in der Anl. III abgedruckte Verordnung wegen Bildung der Ersten Kammer v. 12./10. 54 (GS. 541) nebst der eben dort abgedruckten Königl. Verordnung v. 10./11. 65 (GS. 1077).

[4] Die Behauptung, derartige Königl. Anordnungen, die Königl. Verordnungen v. 12./10. 54 und 10./11. 65, seien ungültig, gründet sich auf die Annahme, daß in Ansehung derjenigen Gegenstände, „welche an sich und ihrer Natur nach dem Gebiete der Gesetzgebung angehören" — besonders welche Theile des Verfassungsrechts darstellen, die Befugniß zwingende Normen aufzustellen nur gemeinschaftlich von allen drei Faktoren der Gesetzgebung

ausgeübt werden und nicht, wie hier geschehen, einer einzigen zur Ausübung übertragen werden darf. (v. Rönne I § 89 S. 356, s. auch I S. 206, Lasker, Zur Verfassungsgeschichte Preußens, Berlin 1874 S. 227 ff., Lasker und Twesten in den Sten. Ber. des AbgH. 1866/67 S. 1432 ff.) Diese Annahme widerspricht der Praxis und dem konstitutionellen Rechte der übrigen Staaten, ist eingehend widerlegt von Arndt, Verordnungsrecht S. 16 bis 24, und darf heute als gänzlich aufgegeben bezeichnet werden (s. auch Zorn in Hirth's Ann. 1885 S. 301 f., G. Meyer, Lehrb. I S. 466 Anm. 7, Laband, Reichsstaatsr. I S 600, Anm. 1 in Marquardsen's Handb. S. 87, Rosin, Polizeiverordnungsrecht S. 22, Bornhak, S. 368 f. v. Stengel S. 368). Nur soweit könnten die Verordnungen v. 12./10. 54 und 10./11. 65 als ungültig erachtet werden, wie sie etwa den Rahmen der dem Könige übertragenen Befugniß überschreiten. Dies ist nicht der Fall; s. Anm. zu Anl. III.

Art. 69. Die zweite Kammer[1] besteht aus vierhundert drei und dreißig Mitgliedern.[2] Die Wahlbezirke werden durch das Gesetz[3] festgestellt.[3] Sie können aus einem oder mehreren Kreisen oder aus einer oder mehreren der größeren Städte bestehen.

[1] jetzt das Abgeordnetenhaus genannt, s. Anm. 2 zu Art. 65.

[2] Die ursprüngliche Zahl von 350 Mitgliedern (laut VerfUrk. v. 31./1. 50 Art. 69) erhöhte sich durch Artikel 1 d. Ges. v. 30./4. 51 (GS. 213) um 2; durch Art. 1 d. Ges. v. 17./5. 67 (GS. 1481) um 80 und durch § 2 d. Ges. v. 23./6. 76 (GS. 169) — Lauenburg — um 1 Mitglied und beträgt somit 433.

[3] Ges., betr. die Feststellung der Wahlbezirke für das Haus der Abgeordneten v. 27./6. (GS. 357), für die 1866 erworbenen Provinzen, s. Art. 2 der Verordnung v. 14./9. 67 (GS. 1482) nebst dem dazu gehörigen Ges. v. 15./2., betr. die Abänderung einiger Wahlbezirke für das Haus der Abgeordneten v. 15./2. 72 (GS. 158), Ges., betr. den Rechtszustand des Jadegebietes v. 24./3. 73 (GS. 108) § 4, betr. Lauenburg Ges. v. 23./6. 76 (GS. 169), endlich betr. Helgoland

Ges. v. 18./2. 91 (GS. 11) § 3. Die cit. Verordnung v. 14./9. 67 hat durch Ges. v. 11./3. 69 (GS. 481) bis auf Weiteres Gesetzeskraft.
Näheres unten in Anlage IV.

Art. 70.[1] Jeder Preuße,[2] welcher das fünf und zwanzigste Lebensjahr[3] vollendet hat und in der Gemeinde, in welcher er seinen Wohnsitz hat, die Befähigung zu den Gemeindewahlen besitzt, ist stimmberechtigter Urwähler.

Wer in mehreren Gemeinden an den Gemeindewahlen Theil zu nehmen berechtigt ist, darf das Recht als Urwähler nur in Einer Gemeinde ausüben.

[1] Die Art. 70, 71, 72 sind bis zum Erlasse des in Art. 72 vorgesehenen Wahlgesetzes gemäß Art. 115 suspendirt. Es gilt daher noch die (oktroyirte) Verordnung v. 30./5. 49 über die Ausführung der Wahl der Abgeordneten zur zweiten Kammer (GS. 205); s. hierzu oben Einleitung S. 19 f., ausgedehnt auf die 1866 erworbenen Provinzen durch Ges., betr. die fernere Geltung der Verordnung v. 30./5. 1849, v. 11./3. 69 (GS. 481).

[2] ausgenommen die zum aktiven Heer gehörigen Militärpersonen; nicht ausgenommen von der Wahlberechtigung sind dagegen die Militärbeamten, RMilitärges. v. 2./5. 74 (RGBl. 50) § 49. S. im Uebrigen § 8 der Verordnung v. 30./5. 49 (GS. 205).

[3] bis auf Weiteres (s. Anm. 1) das 24. Lebensjahr; s. § 8 der Verordnung v. 30./5. 49 (GS. 205) unten Anl. IV.

Art. 71.[1] Auf jede Vollzahl von zweihundert und funfzig Seelen der Bevölkerung ist ein Wahlmann zu wählen. Die Urwähler werden nach Maaßgabe der von ihnen zu entrichtenden direkten Staatssteuern in drei Abtheilungen getheilt, und zwar in der Art, daß auf jede Abtheilung ein Drittheil der Gesammtsumme der Steuerbeträge aller Urwähler fällt.

Die Gesammtsumme wird berechnet:

a) gemeindeweise, falls die Gemeinde einen Urwahlbezirk für sich bildet;

b) bezirksweise, falls der Urwahlbezirk aus mehreren Gemeinden zusammengesetzt ist.

Die erste Abtheilung besteht aus denjenigen Urwählern, auf welche die höchsten Steuerbeträge bis zum Belaufe eines Drittheils der Gesammtsteuer fallen.

Die zweite Abtheilung besteht aus denjenigen Urwählern, auf welche die nächst niedrigeren Steuerbeträge bis zur Gränze des zweiten Drittheils fallen.

Die dritte Abtheilung besteht aus den am niedrigsten besteuerten Urwählern, auf welche das dritte Drittheil fällt.

Jede Abtheilung wählt besonders und zwar ein Drittheil der zu wählenden Wahlmänner.

Die Abtheilungen können in mehrere Wahlverbände eingetheilt werden, deren keiner mehr als fünfhundert Urwähler in sich schließen darf.

Die Wahlmänner werden in jeder Abtheilung aus der Zahl der stimmberechtigten Urwähler des Urwahlbezirks ohne Rücksicht auf die Abtheilungen gewählt.

[1] S. Verordnung v. 30./5. 49 (GS. 205) unten Anl. IV in Verbindung mit VerfUrk. 115.

Art. 72. Die Abgeordneten werden durch die Wahlmänner gewählt.

Das Nähere über die Ausführung der Wahlen bestimmt das Wahlgesetz,[1] welches auch die Anordnung für diejenigen Städte zu treffen hat, in denen an Stelle

eines Theils der direkten Steuern die Mahl- und Schlachtsteuer erhoben wird.

[1] bis auf Weiteres Verordnung v. 30./5. 49 (GS. 205), s. Verf-Urk. Art. 115, unten Anl. IV.

Art. 73.[1] **Die Legislaturperiode des Hauses der Abgeordneten dauert fünf Jahre.**[2]

[1] Art. 73 beruht auf Ges. v. 27./5. 1888 (GS. 137).

[2] Diese Frist berechnet die Staatsregierung vom Tage des Zusammentretens des Abgeordnetenhauses, s. Staatsanzeiger 1873 Nr. 299; v. Rönne I S. 235, G. Meyer § 102 S. 261 und H. Schulze in Marquardsen's Handb. S. 54 vom Tage der Wahl der Abgeordneten. Die Auffassung der Staatsregierung ist die richtige, weil das Abgeordnetenhaus erst existent wird, wenn es in Folge Königlicher Einberufung zusammentritt; ebenso v. Stengel S. 81, s. auch Seydel II S. 196 und dagegen II S. 166. Die Legislatur-Periode ist die gleiche, auch wenn das Abgeordnetenhaus in Folge vorheriger Auflösung gewählt war.

Art. 74.[1] **Zum Abgeordneten der zweiten Kammer ist jeder Preuße**[2] **wählbar,**[3] **der das dreißigste Lebensjahr vollendet, den Vollbesitz der bürgerlichen Rechte in Folge rechtskräftigen richterlichen Erkenntnisses nicht verloren**[4] **und**[5] **bereits drei Jahre**[6] **dem preußischen Staatsverbande angehört hat.**

Der Präsident und die Mitglieder der Ober-Rechnungskammer können nicht Mitglieder eines der beiden Häuser des Landtages sein.[7]

[1] Es kommt zunächst gemäß Art. 115 die Verordnung v. 30./5. 49 (GS. 205) zur Anwendung.

[2] mag er das preuß. Staatsbürgerrecht durch Abstammung, Legitimation, Naturalisation oder Aufnahme erworben haben.

[3] Eine Verpflichtung zur Annahme der Wahl besteht nicht.

[4] S. StrGB. §§ 32 ff.

[5] wenn er vorher Außerdeutscher war, Reichsverfassung Art. 3 oben S. 49, Sten. Ber. des AbgH. 1882 S. 1965 f., G. Meyer, Staatsr. I S. 254. Preuße muß er dagegen bei der Wahl sein, s. oben S. 49.

[6] ein Jahr; s. § 29 der Verordnung v. 30./5. 49 (GS. 205).

[7] Der zweite Absatz ist hinzugefügt durch Art. I des Ges., betr. eine Zusatzbestimmung zu Art. 74 der VerfUrk. v. 27./3. 72 (GS. 277).

Art. 75. Die Kammern werden nach Ablauf ihrer Legislatur-Periode[1] neu gewählt. Ein Gleiches geschieht im Falle der Auflösung. In beiden Fällen sind die bisherigen Mitglieder wieder wählbar.

[1] S. Art. 73.

Art. 76.[1] Die beiden Häuser des Landtages der Monarchie werden durch den König regelmäßig[2] in dem Zeitraum von dem Anfange des Monats November jeden Jahres bis zur Mitte des folgenden Januar und außerdem, so oft es die Umstände erheischen,[3] einberufen.

[1] An die Stelle des Art. 76 d. VerfUrk. v. 31./1. 50 ist die obige Fassung durch Art. 1 d. Ges. v. 18./5. 57 (GS. 369) getreten. Die ursprüngliche Fassung lautete:

> Die Kammern werden durch den König regelmäßig im Monat November jeden Jahres, und außerdem, so oft es die Umstände erheischen, einberufen.

[2] im Gegensatze zu der in anderen Zeiten erfolgenden Einberufung des Landtages. Die nicht rechtzeitige Einberufung hat die Ungültigkeit der vom Landtage zu fassenden Beschlüsse nicht zur Folge. Die verspätete Einberufung enthält allerdings eine Verfassungsverletzung, rechtliche Folgen knüpfen sich indeß an dieselbe nicht.

[3] nach Ermessen der Krone. Die Beschlüsse der regelmäßig

einberufenen und der außerordentlich einberufenen Häuser stehen sich rechtlich gleich.

Art. 77. Die Eröffnung und die Schließung der Kammern geschieht durch den König in Person oder durch einen dazu von ihm beauftragten Minister in einer Sitzung der vereinigten Kammern.

Beide Kammern werden gleichzeitig berufen, eröffnet, vertagt und geschlossen.

Wird eine Kammer aufgelöst, so wird die andere gleichzeitig vertagt.[1]

[1] Da mit der Auflösung des Abgeordnetenhauses das Herrenhaus vertagt werden muß, ist fraglich geworden, ob in solchem Falle die Sitzungsperiode des Herrenhauses und die Kontinuität unterbrochen werden. Das Herrenhaus verneinte am 6. Juni 1862 (Sten. Ber. S. 19), das Abgeordnetenhaus bejahte am 15. Juli 1862 (Sten. Ber. S. 920) diese Frage.

Art. 78. Jede Kammer prüft die Legitimation ihrer Mitglieder[1] und entscheidet darüber.[2] Sie regelt ihren Geschäftsgang und ihre Disziplin durch eine Geschäftsordnung[3] und erwählt[4] ihren Präsidenten, ihre Vicepräsidenten und Schriftführer.

Beamte[5] bedürfen keines Urlaubs zum Eintritt in die Kammer.[6]

Wenn[7] ein Kammermitglied ein besoldetes Staatsamt annimmt oder im Staatsdienste in ein Amt eintritt, mit welchem ein höherer Rang[8] oder ein höheres Gehalt[9] verbunden ist, so verliert es Sitz und Stimme in der Kammer und kann seine Stelle in derselben nur durch neue Wahl wieder erlangen.

Niemand kann Mitglied beider Kammern sein.

[1] Dagegen steht der Kammer nicht das Recht zu, zur Prüfung der Wahl unmittelbar Behörden zur Vornahme von Untersuchungshandlungen zu requiriren. Art. 82 und Anm. 1 das. finden hier Anwendung (anderer Ansicht v. Rönne I § 60 S. 260).

[2] d. i. nur über die Gültigkeit der Wahl; nicht aber kann sie den Gegenkandidaten desjenigen Abgeordneten, dessen Wahl sie für ungültig erklärt hat, als Abgeordneten einberufen (s. Schreiben des Ministers des Inn. v. 22./1. 65, Sten. Ber. des Abg.H. 1865 S. 48 und Beschluß des Abg.H. v. 3./12. 79, Sten. Ber. S. 392 bis 403, Laband, Reichsstaatsr. I S. 313 ff.) Am 10. Jan. 1865 faßte das AbgH. den entgegengesetzten Beschluß. Res judicata wird durch die Entscheidung nicht geschaffen. Das AbgH. kann für gültig anerkannte Wahlen, deren Ungültigkeit sich z. B. wegen mangelnder Wahlfähigkeit des Abgeordneten oder aus anderen Gründen herausstellt, später annulliren. Am 17 Dezember 1863 vertrat das AbgH. bei der Wahl seines Präsidenten Grabow die entgegengesetzte Ansicht. Vgl. auch Laband I S. 313 und M. Seydel II S. 168.

[3] Geschäftsordnung des Herrenhauses v. 17. Febr. 1874 (Sten. Ber. S. 155 ff.), des AbgH. v. J. 1876 (Sten. Ber. S. 1367 ff.).

[4] durch Stimmzettel oder Akklamation, im AbgH., nachdem die Wahlen einer beschlußfähigen Anzahl von Mitgliedern als gültig anerkannt sind.

[5] Staats- und Kommunalbeamte; s. auch G. Meyer § 99; auf Reichsbeamte bezieht sich die Vorschrift nicht.

[6] Das OTr. v. 17./3. 65, E. Bd. 52 S. 320 f. nahm in Uebereinstimmung mit einem Staatsministerialbeschl. v. 22./9. 63 (JMBl. 234) an, daß die in den Landtag gewählten Abgeordneten die durch ihre Stellvertretung dem Staate oder den Gemeinden entstehenden Kosten zu tragen haben; anderer Ansicht s. v. Rönne I § 59, G. Meyer, Lehrb. S. 434, H. Schulze, Lehrb. d. preuß. Staatsr. I S. 593.

Das Staatsministerium hat am 24/10. 69 beschlossen, daß die Stellvertretungskosten unmittelbarer Staatsbeamter bis auf Weiteres auf Staatsfonds zu übernehmen sind, s. CirkReskr. der Min.

des Innern und der Finanz. v. 21./11. 69 (BMBl. 276) und des JustMin. v. 1./12. 69 (JMBl. 234).

[7] nach der Wahl.

[8] es ist nur eine solche Rangerhöhung gemeint, mit der zugleich auch die etatsmäßige Stellung verändert wird, nicht bloße Titelverleihung (s. v. Rönne I § 61 S. 264 Anm. 3).

[9] Das höhere Gehalt muß mit dem neuen Amte verknüpft sein; bloßes Aufrücken in eine höhere Gehaltsklasse genügt nicht. Es genügt indeß die Neuübertragung einer etatsmäßigen Remuneration oder Besoldung (s. v. Rönne I S. 264 Anm. 3).

Art. 79. Die Sitzungen beider Kammern sind öffentlich.[1] Jede Kammer tritt auf den Antrag ihres Präsidenten oder von zehn Mitgliedern zu einer geheimen Sitzung zusammen, in welcher dann zunächst über diesen Antrag zu beschließen ist.

[1] Wahrheitsgetreue Berichte über Landtagsverhandlungen sind straffrei, StrGB. § 12. S. auch Anm. 9 zu Art. 84.

Art. 80. Keine der beiden Kammern kann einen Beschluß fassen,[1] wenn nicht die Mehrheit der gesetzlichen Anzahl ihrer Mitglieder[2] anwesend ist. Jede Kammer faßt ihre Beschlüsse nach absoluter Stimmenmehrheit,[3] vorbehaltlich der durch die Geschäftsordnung für Wahlen etwa zu bestimmenden Ausnahmen.

Das Herrenhaus kann keinen Beschluß fassen, wenn nicht mindestens sechszig der nach Maaßgabe der Verordnung vom 12. Oktober 1854. (Gesetz-Sammlung S. 541—544) zu Sitz und Stimme berufenen Mitglieder anwesend sind.[4]

v. Rönne I § 64.

[1] wohl aber berathen.

[2] Dies sind beim Abgeordnetenhause seit Ges. v. 23./6. 76 (GS. S. 169) 217.

[3] also ist bei Stimmengleichheit der Antrag abgelehnt.

[4] Der letzte Absatz ist hinzugefügt durch Art. 2 d. Ges. v. 30./5. 55 (GS. 316), welcher gleichzeitig bestimmt, daß Art. 80 d. VerfUrk. v. 31./1. 50 aufgehoben ist, insoweit er diesem Gesetze zuwiderläuft. Es müßten also an die Stelle des Anfangs „Keine der beiden Kammern" die Worte: „das Haus der Abgeordneten" treten.

Art. 81. Jede Kammer hat für sich das Recht, Adressen an den König zu richten.[1]

Niemand darf den Kammern oder einer derselben in Person eine Bittschrift oder Adresse überreichen.

Jede Kammer kann die an sie gerichteten Schriften an die Minister überweisen[2] und von denselben Auskunft über eingehende Beschwerden verlangen.[2]

[1] Dieses Recht ist dem Gegenstande nach unbeschränkt und kann als Antwort auf die Thronrede oder sonst, in der Form einer Adresse oder Petition, ausgeübt werden.

[2] Die Staatsregierung ist, Mangels einer solches ausdrücklich bestimmenden Vorschrift, nicht verpflichtet, die auf solche Ueberweisungen ergehenden Entscheidungen mitzutheilen. Thatsächlich theilt dieselbe den beiden Kammern in jeder Session eine Uebersicht der von ihr auf Anträge und Resolutionen der bezw. Kammer gefaßten Entschließungen mit. Die Kammern dürfen nur mit den Ministern, nicht mit den diesen unterstellten Behörden verhandeln; s. auch Art. 82.

Art. 82. Eine jede Kammer hat die Befugniß, Behufs ihrer Information Kommissionen zur Untersuchung von Thatsachen zu ernennen.[1]

[1] Da die Kammern nur die ihr in der Verfassung ausdrücklich übertragenen Rechte haben, so kann jede Kammer zwar eine Untersuchungs-Kommission ernennen, nicht aber sich selbst als Unter-

suchungsbehörde konstituiren. Es ist streitig, ob das Recht zur Ernennung von Untersuchungs-Kommissionen sich auf die Dinge beschränkt, mit denen die Kammer gerade befaßt ist, oder ob es allgemein besteht (vgl. u. A. Anl. zu den Sten. Ber. des AbgH. 1863/4 Bd. IV S. 552 f.). Nach dem Wortlaute und der Entstehungsgeschichte (Rauer, Verhandlungen der VerfKomm. der Nationalverf. S. 106, 132) ist der ersteren Auffassung der Vorzug zu geben. Anderer Ansicht v. Rönne I S. 293. Jedenfalls ist anzunehmen, daß eine solche Kommission nicht ohne Weiteres berechtigt ist, die Staatsbehörde um Vornahme von Handlungen (Vernehmungen, Vereidigungen) zu requiriren, — weil ein solches Recht der Kommission nur zustehen würde, wenn es ihr ausdrücklich übertragen wäre, dasselbe auch einen unmittelbaren und daher unzulässigen Eingriff in die Exekutive darstellen würde. Daraus, wie aus Art. 81, welcher den unmittelbaren Verkehr zwischen dem Landtage und Privatpersonen untersagt, folgt, daß die Kommission solche Requisitionen nur durch Vermittelung des Staatsministeriums vornehmen darf (s. auch Anl. zu Sten. Ber. des AbgH. 1863/64 Bd. IV S. 550 f.). Anderer Ansicht sind v. Rönne I S. 296 und H. Schulze II § 163; derselben Bornhak S. 430 f. und Seydel II S. 5. Das Staatsministerium ist rechtlich nicht verpflichtet, derartige Requisitionen weiterzugeben oder die ihr unterstellten Behörden anzuweisen, nach Maßgabe einer solchen Requisition thätig zu sein; ebenso Seydel II S. 15 ff.

Art. 83. Die Mitglieder beider Kammern sind Vertreter des ganzen Volkes.[1] Sie stimmen nach ihrer freien Ueberzeugung und sind an Aufträge und Instruktionen nicht gebunden.

[1] Dies gilt auch für diejenigen, welche nicht aus Wahlen des Volkes hervorgegangen sind.

Art. 84. Sie können für ihre Abstimmungen in der Kammer niemals, für ihre darin ausgesprochenen Meinungen nur innerhalb der Kammer auf den Grund der Geschäftsordnung (Art. 78.) zur Rechenschaft gezogen werden.[1]

Kein Mitglied einer Kammer kann ohne deren Genehmigung während der Sitzungsperiode[2] wegen einer mit Strafe bedrohten Handlung zur Untersuchung[3] gezogen oder verhaftet werden, außer wenn es bei Ausübung der That oder im Laufe des nächstfolgenden Tages nach derselben ergriffen[4] wird.[5]

Gleiche Genehmigung ist bei einer Verhaftung wegen Schulden nothwendig.[6]

Jedes Strafverfahren[7] gegen ein Mitglied der Kammer und eine jede Untersuchungs- oder Civilhaft wird für die Dauer der Sitzungsperiode aufgehoben, wenn die betreffende Kammer es verlangt.[8] [9]

1 Daß die Immunität sich bloß auf die ausgesprochenen Meinungen als Resultate des Denkvermögens, nicht auch auf die Behauptung und Verbreitung von Thatsachen bezieht, nahm in Uebereinstimmung mit einem Kommissionsberichte des AbgH. (in den Drucks. der II. Kammer 1852/53 Bd. 6 S. 283) das ObTr. an im Plenar-Beschl. v. 29./1. 66 (Präj. Nr. 303, JMBl. 58, Entsch. 55 S. 20*, OR. VII 34, GA. XIV 210), das AbgH. erklärte diesen Plenarbeschluß am 10. Febr. 1866 (Sten. Ber. S. 110 ff.) für verfassungswidrig. Jetzt gilt StrGB. § 11:

„Kein Mitglied eines Landtags oder einer Kammer eines zum Reich gehörigen Staats darf außerhalb der Versammlung, zu welcher das Mitglied gehört, wegen seiner Abstimmung oder wegen der in Ausübung seines Berufes*) gethanen Aeußerung zur Verantwortung**) gezogen werden***).

---

*) bezieht sich auf die Thätigkeit im Plenum oder in einer Kommission, nicht auf die in Wahlversammlungen, Rechenschaftsberichten u. s. w. außerhalb des Landtages ausgeübte Thätigkeit

[2] auch während der Vertagung, s. auch analog M. Seydel in Hirth's Annalen 1880 S. 352 Anm. 1, Laband, Reichsstaatsr. I S. 332, Zorn, Reichsstaatsr. I S. 181, G. Meyer § 133 Anm. 13.

[3] d. i. auch Haussuchung, auch die Voruntersuchung. Die Vorschrift betrifft nicht das sog. Vorbereitungsverfahren, wenigstens soweit dieses nicht speziell gegen die Person des Abgeordneten gerichtet ist. Administrative Zwangsmaßregeln fallen gleichfalls nicht hierher, wohl aber Disziplinaruntersuchungen, welche somit gegen Mitglieder eines Hauses während der Sitzungsperiode wegen einer mit Strafe bedrohten Handlung als unstatthaft erscheinen müssen (vgl. auch H. Schulze, Preuß. Staatsr. II § 161, M. Seydel in Hirth's Annalen 1880 S. 352 Anm. 3, s. auch Sten. Ber. des AbgH. 1874 S. 854 a. a. O.). Ebenso bezieht sich die Vorschrift auch auf polizeiliche Untersuchungen.

[4] ist das Mitglied bei Ausübung der That oder im Laufe des nächstfolgenden Tages verhaftet worden, so ist die Verhaftung eine definitive, sie bedarf nicht der in Abs. 2 vorgeschriebenen Genehmigung der Kammer. (Anderer Ansicht u. A. v. Rönne I S. 315.) Doch kann die Kammer gemäß Abs. 4 die Aufhebung der Haft verlangen; s. auch M. Seydel in Hirth's Ann. 1880 S. 353 Anm. 2. Laband Reichsstaatsr. I S. 334.

[5] Ein Recht, das Zeugniß über einen im Landtage zur Sprache gebrachten Gegenstand zu verweigern, ist den Landtagsmitgliedern weder in Art. 84, noch in StrPO. §§ 51 bis 55 verliehen worden. Zur Vernehmung eines Abgeordneten als Zeugen oder Sachverständigen während der Sitzungsperiode und seines Aufenthalts in Berlin außerhalb Berlins in einem Civil- oder Strafverfahren ist die Genehmigung der Kammer erforderlich, CPO. §§ 347, 367,

---

auch nicht auf bloße gesprächsweise Mittheilungen (zu vgl. OTr. v. 13./10. 64, GA. XIII 62).

**) auch nicht disziplinarisch.

***) deshalb ist auch Kompensation gegen Beleidigungen, welche ein Abgeordneter im Berufe gethan hat, unstatthaft, RG. 5./3. 81, Entsch. in Straff. VI 14.

StrPO. §§ 49, 72. Ebenso v. Stengel S. 84, anderer Ansicht Fuld in Hirth's Ann. 1888 S. 6.

[6] Wegen Verhaftungen in Civilsachen s. auch CPO. §§ 785, 786.

[7] d. i. nicht Strafvollstreckungsverfahren. Ein solches kann nicht aufgehoben werden; s. Zorn I S. 181, Laband I S. 332, M. Seydel in Hirth's Annalen 1880 S. 353 ff, G. Meyer § 105 S. 275, H. Schulze in Marquardsen's Handb. S. 55, v. Stengel S. 84.

[8] Die in Art. 84 (Abs. 2 und 4) enthaltenen landesgesetzlichen Bestimmungen sind durch § 6 Abs. 2 Nr. 1 des EinfGes. z. StrPO. aufrecht erhalten.

[9] In Betracht kommt noch, daß die Mitglieder des Landtages die Berufung zum Amte eines Schöffen oder Geschworenen ablehnen dürfen, GVG. §§ 35 u. 85 Abs. 2.

Ferner gehört hierher StrGB. § 12:

„Wahrheitsgetreue Berichte*) über Verhandlungen eines Landtags oder einer Kammer eines zum Reich gehörigen Staats bleiben von jeder Verantwortlichkeit frei."

Art. 85. Die Mitglieder der zweiten Kammer erhalten aus der Staatskasse Reisekosten und Diäten nach Maaßgabe des Gesetzes.[1] Ein Verzicht hierauf ist unstatthaft.

[1] Ges. v. 30./3. 73 (GS. 175), abgeändert durch Ges, betr. die Reisekosten und Diäten der Mitglieder des Hauses der Abgeordneten, v. 24./7. 76 (GS. 345). Letzteres bestimmt:

§ 1. Die den Mitgliedern des Hauses der Abgeordneten zustehenden Reisekosten und Diäten werden nach den folgenden Sätzen gewährt:

I. Die Reisekosten, einschließlich der Kosten der Gepäckbeförderung,

---

*) d. s. nicht Berichte über einzelne Reden oder Bemerkungen über dieselben, Erk. d. RG. v. 5./11. 86 u. 6./11. 88 u. Entsch. in Straff. XV 32 u. XVIII 207.

1) bei Reisen, welche auf Eisenbahnen oder Dampfschiffen gemacht werden können, für das Kilometer mit 13 Pf. und für jeden Zu- und Abgang mit 3 Mark,

2) bei Reisen, welche nicht auf Eisenbahnen oder Dampfschiffen zurückgelegt werden können, für das Kilometer mit 60 Pf.

II. Die Diäten mit 15 Mark für den Tag.

§ 2. Hinsichtlich der Berechnung der Reisekosten finden die bezüglich der Reisekosten der Staatsbeamten geltenden Vorschriften Anwendung.

Titel VI.

Von der richterlichen Gewalt.

Art. 86.[1] Die richterliche Gewalt wird im Namen des Königs[2] durch unabhängige, keiner anderen Autorität als der des Gesetzes[3] unterworfene Gerichte ausgeübt.

Die Urtheile werden im Namen des Königs[2] ausgefertigt und vollstreckt.[4]

[1] Art. 86 ist im Wesentlichen ersetzt durch GVG. § 1: „Die richterliche Gewalt wird durch unabhängige, nur dem Gesetze unterworfene Gerichte ausgeübt." Damit soll gesagt sein, daß den Richter bindende authentische Interpretationen nur im Wege der Gesetzgebung ergehen dürfen, daß Verordnungen und Verfügungen, welche den Richter in der freien Auslegung von Gesetzen oder Verordnungen oder in der freien Würdigung des ihm unterbreiteten thatsächlichen (wie rechtlichen) Materials hindern und binden wollen, unwirksam und ungültig sind. Nicht aber will Art. 86 vorschreiben, daß der Richter gesetzmäßig erlassenen Verordnungen, z. B., Polizeiverordnungen, in seiner richterlichen Thätigkeit nicht unterworfen ist; s. Arndt, Verordnungsrecht S. 211 ff. Art. 1 GVG. will mithin hauptsächlich die sog. Kabinetsjustiz und das landesherrliche Bestätigungsrecht der Urtheile ausschließen, s. auch v. Rönne § 103 I S. 460 f., GVG. §§ 61 bis 66, 120 bis 125,

132. Die Oberaufsichtsrechte der Dienstvorgesetzten gegenüber den Richtern in Ansehung der Disziplin, des Geschäftsbetriebes und Verzögerungen sind unberührt geblieben; desgleichen die Zuständigkeit des Justizministers in Lehns-, Familienfideikommiß- und Familienstiftungssachen, s. u. A. Ges. v. 5. März 1855 (GS. 175), v. Rönne I § 103 S. 460, 461, Anm. 4 a. a. O.

[2] gilt noch jetzt; da die Justizhoheit und die Justizverwaltung in Preußen dem Könige verblieben ist; s. auch Laband, in Marquardsen's Handbuch S. 179 f. Wegen der gemeinschaftlichen Gerichte s. Art. 87 a.

[3] bezw. einer gesetzmäßig erlassenen Verordnung; s. Anm. 1.

[4] Die Urtheile des Reichsgerichts ergehen im Namen des Reichs.

Art. 87. Die Richter werden vom Könige[1] oder in dessen Namen[1] auf ihre Lebenszeit[2] ernannt.[3]

Sie können nur durch Richterspruch aus Gründen, welche die Gesetze vorgesehen haben, ihres Amtes entsetzt oder zeitweise enthoben werden. Die vorläufige Amtssuspension, welche nicht kraft des Gesetzes eintritt, und die unfreiwillige Versetzung an eine andere Stelle oder in den Ruhestand können nur aus den Ursachen und unter den Formen, welche im Gesetze angegeben sind, und nur auf Grund eines richterlichen Beschlusses erfolgen.[4]

Auf die Versetzungen, welche durch Veränderungen in der Organisation der Gerichte oder ihrer Bezirke nöthig werden, finden diese Bestimmungen keine Anwendung.

[1] Die Richter werden jetzt vom König, nicht mehr bloß in dessen Namen ernannt. Für die gemeinschaftlichen Gerichte ist statthaft (Art. 87 a), daß sie auch von fremden Souveränen ernannt werden.

[2] entspricht § 6 GVG.

[3] S. auch zu Art. 87 GVG. §§ 1 bis 11 a. a. O. Auf Handelsrichter, Schöffen und Geschworene findet Art. 87 keine Anwendung.

[4] S. hierzu Ges., betr. die Dienstvergehen der Richter und die unfreiwillige Versetzung derselben auf eine andere Stelle oder in den Ruhestand, v. 7. Mai 1851 (GS. 218), (Abänderung durch Ges. v. 26. März 1856, GS. 201), gültig jetzt für die ganze Monarchie, s. Verordnung über die Ausdehnung der Preuß. Disziplinargesetze u. s. w. v. 23./9. 67 (GS. 1613) Art. 1 a. a. O. S. auch Ges., betr. die Abänderung von Bestimmungen der Disziplinargesetze, v. 9./4. 79 (GS. 345), welches in § 27 die preuß. Disziplinargesetze auch in Lauenburg einführte.

Art. 87a.[1] **Bei der Bildung gemeinschaftlicher Gerichte für Preußische Gebietstheile und Gebiete anderer Bundesstaaten sind Abweichungen von den Bestimmungen des Artikels 86 und des ersten Absatzes im Artikel 87 zulässig.**

[1] Art. 87 a. beruht auf Ges., betr. eine Zusatzbestimmung zu den Artikeln 86 u. 87 d. VerfUrk., v. 31. Januar 1850, vom 19. Febr. 1879 (GS. 18).

Art. 88. Aufgehoben.

Durch Ges. v. 30. April 1856 (GS. 297). Früherer Inhalt: „Den Richtern dürfen andere besoldete Staatsämter fortan nicht übertragen werden. Ausnahmen sind nur auf Grund eines Gesetzes zulässig."

Art. 89. Die Organisation der Gerichte wird durch das Gesetz bestimmt.

Art. 89 bestimmt, daß die Organisationsgewalt der Krone sich nicht auf die Gerichte bezieht, daß mithin Aenderungen an der Organisation der Gerichte nur unter Zustimmung des Landtages erfolgen dürfen. Maßgebend für die Organisation der Gerichte ist zur Zeit in erster Reihe das GVG. v. 27. Jan. 1877 (RGBl. 77 ff.), welches Reichsgesetz landesrechtliche Organisationen nur soweit zuläßt, wie es diese Zulassung ausdrücklich gestattet.

Art. 90. Zu einem Richteramte darf nur der berufen werden, welcher sich zu demselben nach Vorschrift der Gesetze befähigt hat.[1]

[1] Zur Zeit sind maßgebend das GVG. (besonders §§ 2 ff.), und das preußische EG. zu demselben v. 24./4. 1878 (GS. 230).

Art. 91. Gerichte für besondere Klassen von Angelegenheiten, insbesondere Handels- und Gewerbegerichte sollen im Wege der Gesetzgebung an den Orten errichtet werden, wo das Bedürfniß solche erfordert.[1]

Die Organisation und Zuständigkeit solcher Gerichte, das Verfahren bei denselben, die Ernennung ihrer Mitglieder, die besonderen Verhältnisse der letzeren und die Dauer ihres Amtes werden durch das Gesetz[2] festgestellt.

[1] Auch hier sind die in Anm. 1 zu § 90 cit. Gesetze maßgebend, s. insbesondere GVG. § 14, welcher die Zulassung besonderer Gerichte, und §§ 100 ff., welche die Errichtung von Kammern für Handelssachen betreffen.

[2] Da Reichsrecht dem Landesrecht vorgeht, kann durch ersteres vorgeschrieben werden, daß die Organisation und Zuständigkeit solcher Gerichte auch im Wege der Verordnung bestimmt werden können; s. z. B. GVG. § 100, wonach die Landesjustiz*verwaltung* die Bildung von Kammern für Handelssachen anordnen kann.

Art. 92. Es soll in Preußen nur Ein oberster Gerichtshof bestehen.[1]

[1] Durch Ges. v. 17. März 1852 (GS. 73) wurden das damalige Obertribunal und der Rheinische Revisions- und Kassationshof zu einem einheitlichen Gerichtshof unter dem Namen „Obertribunal" vereinigt. Dieses ist durch § 12 des Ges. v. 24./4. 78 (GS. 230) aufgehoben. Höchster Gerichtshof ist jetzt das Reichsgericht, s. GVG.

§§ 12, 125 ff. In § 50 des Ges. v. 24./4. 78 (GS. 230) ist auf Grund §§ 8, 9 EG. z. GVG. bestimmt worden, daß die Verhandlung und Entscheidung der nicht zur Zuständigkeit des Reichsgerichts gehörenden Revisionen gegen Urtheile der Strafkammern in erster Instanz, sowie über die Revisionen gegen Urtheile der Strafkammern in der Berufungsinstanz und über alle Beschwerden gegen Entscheidungen der Strafkammern, sofern eine nach Landesrecht strafbare Handlung den Gegenstand der Untersuchung bildet, desgleichen endlich über das in § 40 dieses Ges. bezeichnete Rechtsmittel der weiteren Beschwerde (s. indeß § 56) dem Kammergericht (kleinen Obertribunal) zu Berlin zustehen sollen.

Art. 93. Die Verhandlungen vor dem erkennenden Gerichte in Civil- und Strafsachen sollen öffentlich sein.[1] Die Oeffentlichkeit kann jedoch durch einen öffentlich zu verkündenden Beschluß des Gerichts ausgeschlossen werden, wenn sie der Ordnung oder den guten Sitten Gefahr droht.[2]

In anderen Fällen kann die Oeffentlichkeit nur durch Gesetze beschränkt werden.[3]

[1]) Auch Art. 93 ist im Wesentlichen ersetzt durch die Reichsgesetzgebung. Nach dieser — GVG. §§ 170 ff. — soll die Verhandlung vor dem erkennenden Gericht, einschließlich der Verkündigung der Urtheile und Beschlüsse desselben, öffentlich (ev. Revisionsgrund) erfolgen.

[2] Es gilt hier GVG. §§ 173 ff. bezw. Ges. v. 5./4. 88 (RGBl. 133), wonach durch einen öffentlich zu verkündenden Gerichtsbeschluß für die Verhandlung oder einen Theil derselben die Oeffentlichkeit ausgeschlossen werden kann, wenn sie eine Gefährdung der öffentlichen Ordnung, insbesondere der Staatssicherheit oder der Sittlichkeit besorgen läßt. Das Urtheil ist auch in solchen Fällen öffentlich zu verkünden. GVG. § 174.

[3] In Ehesachen auf Antrag einer Partei (GVG. § 171) und in Entmündigungssachen nach Maßgabe des GVG. § 172 ist die Oeffent-

lichkeit ausgeschlossen, doch ist das Urtheil öffentlich zu verkündigen. GVG. § 174.

Art. 94.[1] **Bei Verbrechen erfolgt die Entscheidung über die Schuld des Angeklagten durch Geschworene, insoweit ein mit vorheriger Zustimmung der Kammern erlassenes Gesetz nicht Ausnahmen bestimmt. Die Bildung des Geschworenengerichts regelt das Gesetz.**[2]

[1] Dieser Art. 94 ist durch Art. 2 des Ges. v. 21./5. 52 (GS. 249) an die Stelle des ursprünglichen Art. 94 getreten, welcher lautete:

„Bei den mit schweren Strafen bedrohten Verbrechen, bei allen politischen Verbrechen und bei allen Preßvergehen, welche das Gesetz nicht ausdrücklich ausnimmt, erfolgt die Entscheidung über die Schuld des Angeklagten durch Geschworene. Die Bildung des Geschworenengerichts regelt das Gesetz."

Auch er ist heute durch die Reichsgesetzgebung obsolet geworden. Ueber Verbrechen entscheiden in den Fällen GVG. § 73 Nr. 2 bis 7 die Strafkammern, des § 136 Nr. 1 das Reichsgericht und in den übrigen Fällen (GVG. § 80) die Schwurgerichte.

[2] S. GVG. §§ 81 bis 99.

Art. 95[1] **Es kann durch ein mit vorheriger Zustimmung der Kammern zu erlassendes Gesetz ein besonderer Gerichtshof errichtet werden, dessen Zuständigkeit die Verbrechen des Hochverraths und diejenigen Verbrechen gegen die innere und äußere Sicherheit des Staats, welche ihm durch das Gesetz überwiesen werden, begreift.**

[1] Dieser Art. 95 ist durch Art. 3 des Ges. v. 21./5. 52 (GS. 249) an die Stelle des ursprünglichen Art. 95 getreten, welcher lautete:

„Es kann durch ein mit vorheriger Zustimmung der Kammern zu erlassendes Gesetz ein besonderer Schwurgerichtshof errichtet werden, dessen Zuständigkeit die Verbrechen des Hochverraths und diejenigen schweren Verbrechen gegen die innere und äußere Sicherheit des Staats, welche ihm durch das Gesetz überwiesen werden, begreift. Die Bildung der Geschworenen bei diesem Gerichte regelt das Gesetz."

Auch der jetzige Art. 95 ist obsolet. Zur Untersuchung und Entscheidung in erster und letzter Instanz in den Fällen des Hochverraths und des Landesverraths (StrGB. §§ 80 bis 93), insofern diese Verbrechen gegen den Kaiser oder das Reich gerichtet sind, ist das Reichsgericht zuständig, sonst je nach den allgemeinen Bestimmungen das Schwurgericht oder die Strafkammer.

Art. 96. Die Kompetenz der Gerichte und Verwaltungsbehörden wird durch das Gesetz[1] bestimmt.[2] Ueber Kompetenzkonflikte zwischen den Verwaltungs- und Gerichtsbehörden entscheidet ein durch das Gesetz[2] bezeichneter Gerichtshof.[3] [4]

[1] Nicht die Kompetenz der Gerichte unter einander und die Kompetenz der Verwaltungsbehörden unter einander, sondern die Kompetenz zwischen Gerichts- und Verwaltungsbehörden, die „Grenzscheidung" zwischen der Wirksamkeit der Gerichte und derjenigen der Verwaltungsbehörden soll, — dies allein will Art. 96 besagen — durch Gesetz geregelt werden. Daß die Kompetenz der Gerichte unter einander der Verordnungsgewalt entzogen ist, bestimmt schon Art. 89. In Ansehung der Kompetenz der Verwaltungsbehörden besteht eine dem Art. 89 entsprechende Verfassungsvorschrift nicht, und daher ist unter Bezugnahme auf Art. 96 zu Unrecht behauptet worden, daß die Kompetenz der Verwaltungsbehörden nur durch Gesetz geändert werden könne. Art. 96 steht hiernach nicht im Wege, daß durch Königliche Verordnungen die Zuständigkeitsverhältnisse der Ministerien, Eisenbahn-, Oberpostdirektionen u. s. w. anderweit geregelt werden. Solche Verordnungen sind, soweit nicht ein besonderes Gesetz entgegensteht, rechtsgültig; s. oben Art. 47 nebst Anm., Achenbach am 4./12. 68 im AbgH., Sten. Ber. 436, Graf zu Eulenburg am 30./1. 69 im HH., Sten. Ber. 188, 189; s. ferner Arndt, Verordnungsrecht S. 149, ebenso Bornhak S. 455 f., vgl. auch v. Rönne I § 105.

² Eine begriffliche Abgrenzung zwischen Gerichts- und Verwaltungssachen ist nicht möglich. Es hängt vom Ermessen des Gesetzgebers ab, ob er einen Gegenstand der Entscheidung durch das Gericht oder durch die Verwaltungsbehörden unterwerfen will (Arndt, Verordnungsrecht S. 213 ff., S. 227 a. a. O.). So haben über Zuwiderhandlungen gegen „Polizeiverordnungen" das Gericht (Ges. über die Polizeiverwaltung v. 11./3 50 [GS. 265] § 17 a. a. O.), gegen „Unfallverhütungsvorschriften" — die materiell genau dasselbe sind — der Genossenschaftsvorstand und das Reichsversicherungsamt bezw. Polizeibehörden zu entscheiden, Unfallversicherungsgesetz v. 6./7. 84 (RGBl. 64) §§ 79, 80. Die thatsächliche Abgrenzung ist in den einzelnen Gesetzen zu suchen; vgl. v. Rönne I § 105.

³ Die Verfassung meinte, daß ein solcher Gerichtshof durch Gesetz neu geschaffen werden sollte (v. Rönne I § 106 S. 522). Dies ist indeß nicht geschehen und daraus folgt unter Berücksichtigung des Art. 110 der VerfUrk., daß die bisher zur Entscheidung solcher Kompetenzkonflikte zuständige Behörde ihre Zuständigkeit behalten hatte (vgl. JMBl. 1851 S. 44, 191). Diese Behörde war (im Allgemeinen) gemäß Ges. v. 8./4. 47 (GS. 170) der „Gerichtshof zur Entscheidung der Kompetenzkonflikte". Indeß auch für die in Art. 96 behandelte Materie entscheidet heute an erster Stelle das Reichsrecht, nämlich:

GVG. § 17: „Die Gerichte entscheiden über die Zulässigkeit des Rechtswegs.

Die Landesgesetzgebung kann jedoch die Entscheidung von Streitigkeiten zwischen den Gerichten und den Verwaltungsbehörden oder Verwaltungsgerichten über die Zulässigkeit des Rechtswegs besonderen Behörden nach Maßgabe der folgenden Bestimmungen übertragen:

1. Die Mitglieder werden für die Dauer des zur Zeit ihrer Ernennung von ihnen bekleideten Amts oder, falls sie zu dieser Zeit ein Amt nicht bekleiden, auf Lebenszeit ernannt. Eine Enthebung vom Amte kann nur unter denselben Voraussetzungen wie bei den Mitgliedern des Reichsgerichts stattfinden.

2. Mindestens die Hälfte der Mitglieder muß dem Reichsgerichte oder dem obersten Landesgerichte oder einem Oberlandesgerichte angehören. Bei Entscheidungen dürfen Mitglieder nur in der gesetzlich bestimmten Anzahl mitwirken. Diese Anzahl muß eine ungerade sein und mindestens fünf betragen.
3. Das Verfahren ist gesetzlich zu regeln. Die Entscheidung erfolgt in öffentlicher Sitzung nach Ladung der Parteien.
4. Sofern die Zulässigkeit des Rechtswegs durch rechtskräftiges Urtheil des Gerichts feststeht, ohne daß zuvor auf die Entscheidung der besonderen Behörde angetragen war, bleibt die Entscheidung des Gerichts maßgebend."

und Einführungs-Gesetz zum GVG. § 17: „Auf Antrag eines Bundesstaates und mit Zustimmung des Bundesraths kann durch Kaiserliche Verordnung die Verhandlung und Entscheidung der im §. 17 des Gerichtsverfassungsgesetzes bezeichneten Streitigkeiten dem Reichsgerichte zugewiesen werden.

Für diejenigen Bundesstaaten, in denen die im §. 17 des Gerichtsverfassungsgesetzes bezeichneten Behörden bestehen und nach Maßgabe der Vorschriften im §. 17 Nr. 1—4 einer Veränderung ihrer Einrichtung und des Verfahrens bedürfen, kann die Veränderung, sofern sie nicht bis zum Inkrafttreten dieses Gesetzes landesgesetzlich getroffen ist, durch landesherrliche Verordnung eingeführt werden."

Da in Preußen bis zum Inkrafttreten des GVG., d. i. bis zum 1./10. 79, das hier beregte Verfahren landes g e s e t z l i c h geregelt war und da es sich nur um eine V e r ä n d e r u n g in der Einrichtung einer bestehenden Behörde handelte, so rechtfertigt sich die Königl. Verordnung, betr. die Kompetenzkonflikte zwischen den Gerichten und den Verwaltungsbehörden v. 1./8. 79, [GS. 573] (unten Anl. V). S. auch v. S t e n g e l S. 226.

[4] Auch über die im V e r w a l t u n g s s t r e i t v e r f a h r e n zu verhandelnden Angelegenheiten kann der Kompetenzkonflikt erhoben werden. Ueber diesen entscheidet das Oberverwaltungsgericht, Ges. über die allgemeine Landesverwaltung v. 30./7. 83 (GS. 195) § 113.

Art. 97. Die Bedingungen, unter welchen öffentliche Civil- und Militairbeamte wegen durch Ueberschreitung ihrer Amtsbefugnisse verübter Rechtsverletzungen gerichtlich in Anspruch genommen werden können, bestimmt das Gesetz.[1] Eine vorgängige Genehmigung der vorgesetzten Dienstbehörde darf jedoch nicht verlangt werden.

[1] Ges., betr. die Konflikte bei gerichtlichen Verfolgungen wegen Amts- und Diensthandlungen v. 13./2. 54 (GS. 86), unten Anl. VI. Dieses Ges. ist durch § 11 EG. zum GVG. mit den sich aus demselben ergebenden Modifikationen in Kraft geblieben.

§ 11. „Die landesgesetzlichen Bestimmungen, durch welche die strafrechtliche oder civilrechtliche Verfolgung öffentlicher Beamten wegen der in Ausübung oder in Veranlassung der Ausübung ihres Amts vorgenommenen Handlungen an besondere Voraussetzungen gebunden ist, treten außer Kraft.

Unberührt bleiben die landesgesetzlichen Vorschriften, durch welche die Verfolgung der Beamten entweder im Falle des Verlangens einer vorgesetzten Behörde oder unbedingt an die Vorentscheidung einer besonderen Behörde gebunden ist, mit der Maßgabe:

1. daß die Vorentscheidung auf die Feststellung beschränkt ist, ob der Beamte sich einer Ueberschreitung seiner Amtsbefugnisse oder der Unterlassung einer ihm obliegenden Amtshandlung schuldig gemacht habe;
2. daß in den Bundesstaaten, in welchen ein oberster Verwaltungsgerichtshof besteht, die Vorentscheidung diesem, in den anderen Bundesstaaten dem Reichsgerichte zusteht."

Hiernach und gemäß Ges. über die allgemeine Landesverwaltung v. 30./7. 83 (GS. 195) § 114 trifft das Oberverwaltungsgericht die Vorentscheidung, ob der Beamte sich einer Ueberschreitung seiner Amtsbefugnisse oder der Unterlassung einer ihm obliegenden Amtshandlung schuldig gemacht hat. S. auch v. Stengel S. 153 f.

Für Reichsbeamte gilt das allgemeine Recht, s.

Reichsbeamtenges. v. 31./3. 73 (RGBl. 61) § 154, GVG. § 70, Erk. d. OVG. v. 24./1. 85 E. XI 403.

Titel VII.

Von den nicht zum Richterstande gehörigen Staatsbeamten.

Art. 98. Die besonderen Rechtsverhältnisse der nicht zum Richterstande gehörigen Staatsbeamten, einschließlich der Staatsanwälte, sollen durch ein Gesetz[1] geregelt werden, welches, ohne die Regierung in der Wahl der ausführenden Organe zweckwidrig zu beschränken, den Staatsbeamten gegen willkürliche Entziehung von Amt und Einkommen angemessenen Schutz gewährt.[2]

[1] Ein allgemeines Beamtengesetz fehlt in Preußen.

[2] S. Ges., betr. die Dienstvergehen der nicht richterlichen Beamten v. 21./7. 52 (GS. 465), eingeführt in die neuen Provinzen durch Verordnung v. 23./9. 67 (GS. 1613) und in Lauenburg durch Ges. v. 9./4. 79 (GS. 345) § 27. Letzteres Gesetz enthält Abänderungen der Disziplinargesetze; s. Anm. 4 zu Art. 87.

Titel VIII.

Von den Finanzen.

R. Gneist, Gesetz und Budget. Konstitutionelle Streitfragen aus der preuß. Ministerkrisis vom März 1878, R. Gneist in v. Holtzendorff's Rechtslexikon III S. 732 Art. „Steuerverweigerung", P. Laband, das Budgetrecht nach den Bestimmungen der Preuß. Verfassungs-Urkunde 2c. Berlin 1867, P. Laband in der Zeitschr. f. öffentliches Recht 1886 S. 173 ff., H. Schulze, Lehrb. des Preuß. Staatsr. II § 200, Zorn, Reichsstaatsrecht II

S. 327 f., Derselbe in Hirth's Annalen 1889 S. 363, v. Rönne, Preuß. Staatsr. I §§ 116 ff., G. Meyer, Lehrb. §§ 204 ff., Fricker, die Natur der Steuerbewilligung und des Finanzgesetzes in der Zeitschr. für die gesammte Staatswissenschaft Bd. XVII S. 663 ff., Gustav Seidler, Budget und Budgetrecht, Wien 1885, Arndt, im Arch. f. öffentl. Recht 1888 S. 532 f.

Das Budgetrecht gehört theoretisch zu den streitigsten Theilen des Verfassungsrechts. Um Klarheit zu gewinnen, muß man unterscheiden: a) das Verhältniß des Staates zu einem Dritten, und b) das Verhältniß der verschiedenen Staatsgewalten untereinander, insbesondere das Verhältniß der Gesetzgebung zur Vollziehung, oder noch spezieller: das Verhältniß der zweiten Kammer zur Staatsregierung. Nur das Verhältniß zu b, nicht das Verhältniß zu a, findet in den Verfassungs-Urkunden seinen Ausdruck.

Wer eine rechtlich begründete Forderung an den Staat hat, z. B. wer von einer dazu legitimirten Stelle als Beamter, Arbeiter angestellt ist, wer mit einer legitimirten Stelle einen Vertrag als Unternehmer abgeschlossen hat, wem auf Grund des Besitzes zinstragender oder zinsloser Staatsverschreibungen Forderungen an den Staat zustehen, kann diese Forderungen geltend machen, ohne daß ihm aus dem Etatsrecht, dieser internen Angelegenheit der Staatsgewalten untereinander, Einreden entgegengesetzt werden können. Umgekehrt, daß eine Stelle im Etat vermerkt, daß für eine Lieferung an den Staat eine Position bewilligt, daß ein Anspruch des Staates an einen Dritten im Etat, etwa als nicht einziehbar, niedergeschlagen ist, giebt kein Recht, das Gehalt oder die Zahlung oder Lieferung zu fordern oder die Befriedigung des staatlichen Anspruches zu verweigern; s. auch Anm. 5 zu Art. 47. Das Erk. d. OTr. v. 16. Febr. 1866, Entsch. Bd. 56 S. 1 f., nimmt an, daß die Verpflichtung der Staatskasse zur Fortzahlung von Ausgaben, deren fortdauernde Entrichtung ihr durch eine Kgl. Verordnung vor dem Jahre 1848 auferlegt worden ist, nach Publikation der VerfUrk. nicht von der Zustimmung des Landtages abhängt. Der Gerichtshof zur Entscheidung der Kompetenzkonflikte erklärt in dem Urtheile v. 14. April 1855 (JMBl. 304) als sich von selbst verstehend, daß das Vorhandensein einer Etatsposition für die Pflicht des Staates Dritten gegenüber ohne Einfluß sei. Ebenso faßt das Reichsgericht in dem Urtheile v. 9. April 1885 (Entsch in Civilf. XIII 253) das Etatsgesetz als rein interne Angelegenheit zwischen Staatsregierung und Landtag auf. Gleiches gilt selbst in dem demokratischen Norwegen (Aschehoug, das Staatsr. der vereinigten Königreiche Schweden und Norwegen S. 165). Daß nach preußischem Staatsrecht das Etatsgesetz nur rein interne Angelegenheit zwischen Staatsregierung und Landtag ist, ergiebt sich auch aus folgenden Erwägungen:

1. Nach Art. 99 soll das Etatsgesetz die Einnahmen und Ausgaben „veranschlagen" und „feststellen". Art. 99 spricht nicht von einer „Bewilligung", noch bestimmt er, daß außeretatsmäßige Einnahmen zurückzuzahlen, außeretatsmäßige Ausgaben wieder beizutreiben sind.

2. Die Aufstellung eines Etats ist älter als die Verfassung; dieselbe war nur eine früher geheim zu haltende Richtschnur für die Verwaltung, keine die Unterthanen bindende Rechtsnorm. Die Instruktionen für die Oberrechnungskammern v. 30 Mai 1768 und 18. Dez. 1824 verpflichten die Revisoren keineswegs, darauf zu sehen, daß nur die im Etat vorgesehenen, sondern daß überhaupt möglichst hohe Einnahmen erhoben werden; und in Ansehung der Ausgaben schreiben sie vor, daß für außeretatsmäßige Ausgaben der Rendant oder die Behörde regreßpflichtig sein sollen (wenn diese Ausgaben nicht hinterher gebilligt, justifizirt werden), nicht aber bestimmen sie, daß diese Ausgaben lediglich aus dem Grunde, weil sie außeretatsmäßige sind, vom Empfänger koudizirt werden müssen.

3. Die Handlungs- und Vertretungsfähigkeit der Behörden in vermögensrechtlicher Hinsicht ist Dritten gegenüber nicht durch den Etat, sondern durch besondere Gesetze genau begrenzt, z. B. für die Regierungen durch die Geschäftsinstruktion v. 23. Okt. 1817 (GS. 248) §§ 12, 17, 21 a. a. O.

4. Die Verfassung ändert die Natur des Etats nicht; sie schreibt nur vor, daß, während früher der König allein denselben festsetzte, dies nunmehr durch Gesetz, unter Mitwirkung des Landtages, geschehen soll.

Auch wenn ein Etatsgesetz nicht zu Stande kommt, kann der Dritte den Staat auf Zahlung verklagen, kann und muß, wer immer thatsächlich, verfassungsmäßig oder verfassungswidrig, über die Staatsmittel verfügt, die dem Staate Dritten gegenüber obliegenden Verbindlichkeiten, gesetzmäßigen oder vertragsmäßigen, erfüllen, die dem Staate Dritten gegenüber zustehenden Ansprüche geltend machen und einziehen. Weigert er die grundlose Erfüllung, so setzt er den Staat der Gefahr aus, im Rechtsstreite verurtheilt zu werden; versäumt er die Geltendmachung und Einziehung staatlicher Ansprüche, so verletzt er seine Amtspflichten und macht sich der durch sie zu Schaden kommenden Staatskasse regreßpflichtig. Wie verhält es sich indeß mit den Steuern? Ist der Einzelne berechtigt oder gar verpflichtet, die Zahlung der gesetzlichen Steuern zu verweigern, wenn diese in den Etat nicht aufgenommen oder ein Etat nicht zu Stande kommt? Die Antwort auf diese Frage ist für das preußische Staatsrecht leicht, weil sie in Art. 109 mit klaren Worten und nach der unzweifelhaften Absicht der Väter der Verfassung dahin ertheilt ist — einmal bestehende Steuern kann das Abgeordnetenhaus, kann der Etat nicht aufheben; selbst dem Abgeordnetenhause gegenüber darf die Staatsregierung bestehende Steuern, auch wenn sie in den Etat nicht aufgenommen sind oder ein Etat nicht zu Stande kommt, forterheben. Ganz gewiß ist sie dem Steuerzahler gegenüber befugt (und verpflichtet), solche Steuern einziehen zu lassen. Das letztere muß aber auch für das Reichsstaatsrecht gelten, und zwar weil die Reichssteuern (zum Unterschiede von den belgischen Staatssteuern) nicht als jährliche, sondern als dauernde bewilligt sind, und weil das Etatsgesetz die einzelnen Steuerzahler unmittelbar überhaupt nicht tangirt.

Anders mag die Sache vielleicht für das belgische Staatsrecht liegen. Art. 111 der belgischen Verfassung bestimmt: „les impôts au profit de l'état sont votés annuellement. Les lois qui les établissent n'ont de force que pour un an, si elles ne sont renouvellés." Aber auch hier läßt sich der Satz vertheidigen: die Exekutive begeht zwar eine Verfassungsverletzung, wenn sie trotz Verweigerung einer gesetzlichen Steuer dieselbe erheben läßt; dafür kann sie aber nur durch die Kammern zur Verantwortung gezogen werden und nur den Kammern gegenüber begeht sie diese Verfassungsverletzung; der Einzelne dagegen darf die Zahlung der Steuern nicht verweigern. Art. 111 legt die Exekutive vor die Füße der Kammern, aber nicht vor die Füße jedes einzelnen Steuerzahlers.

Indem die Reichsverfassung eine dem Art. 111 entsprechende Vorschrift nicht, die preußische die diesem Artikel entgegengesetzte Vorschrift getroffen hat, steht fest, daß — mag das Verhältniß der Exekutive zur Legislative in Beziehung auf das Etatsrecht wie immer aufgefaßt werden — nach Deutschem Reichs- und Preußischem Staatsrecht (vielleicht der Reichstag) niemals ein Einzelner (noch das preußische Abgeordnetenhaus) bestehende Steuern verweigern darf.

Wie aber ist das Verhältniß der Staatsgewalten untereinander in Beziehung auf das Budgetrecht?

Die herrschende Theorie (Fricker, Gneist, Laband, G. Meyer, H. Schulze u. A.) argumentirt: Gesetz sei herkömmlich in Preußen wie allgemein gleichbedeutend mit „Anordnung eines Rechtssatzes", der Etat sei daher kein Gesetz, sondern in Gesetzesform ein Verwaltungsakt; daraus folge, daß bei Vornahme dieses Verwaltungsaktes die Gesetze beobachtet werden müssen; das Abgeordnetenhaus sei daher nicht (auch formell nicht) befugt, auf Gesetzen oder auf gesetzlich begründeten Einrichtungen des Staates beruhende Einnahmen oder Ausgaben zu verweigern.

Diese Theorie ist jedenfalls in ihrer Begründung unrichtig (s. Anm. 2 zu Art. 62). Wäre ihre Begründung richtig, so müßte diese Theorie, allgemein und abstrakt wie sie ist, für jedes Staatsrecht gelten. Sie gilt aber unzweifelhaft nicht für das belgische Staatsrecht (Art. 111, 115), noch für das französische Staatsrecht, Lebon, Marquardsen's Handb. S. 160. Das Budgetrecht des Landtages drückt dessen Machtantheil an der Staatsverwaltung aus. Die dem Landtage zustehende Macht ist in den verschiedenen Ländern nicht die gleiche. Das belgische wie das französische Staatsrecht gehen davon aus, daß alle Gewalt beim Volke ruht. Vertreter des souveränen Volkes sind die Kammern, während das Ministerium nur die ihm von den Kammern Namens des Souveräns, d. i. des Volkes, ertheilte Vollmacht ausübt. Die Vollmacht wird in und mit dem Etatsgesetz gegeben. Die Verweigerung des Budgets entzieht dem Ministerium diese Vollmacht, vorbehaltlich des Rechts, von dem Vertreter des Souveräns an den Souverän selbst durch Auflösung der Kammer zu provociren. Das Budgetrecht ist das mächtige Mittel, welches die ganze Staatsmaschine zur Verfügung des Parlaments stellt. Die Bewilligung des Budgets bedeutet nicht nur, daß gewisse Einnahmen zu erheben oder gewisse Ausgaben zu leisten sind, sondern auch, daß das am Ruder befindliche Ministerium solches thun darf. Ohne Budget entbehrt das Ministerium den Kammern gegenüber jedweden Rechtstitels, über die Geldmittel des Landes zu verfügen, Steuern irgend welcher Art zu erheben, Ausgaben irgend welcher Art zu leisten. Die Verweigerung des Budgets ist eine res merae facultatis. Sie ist nicht gegen die Gläubiger und Schuldner des Staates gerichtet, sondern der Ausspruch, daß das Staatsministerium nicht länger über die Staatsmittel verfügen dürfe, d. h. abtreten müsse. Die Kammern haben durch das Recht, die Minister anzuklagen und zu verurtheilen, auch die Macht, ihrem Ausspruche Nachdruck und Vollziehung zu verschaffen.

Das englische Budgetrecht ist äußerlich (aber nur äußerlich) hiervon verschieden. In England herrscht das Parlament noch mehr als in Belgien, nämlich nicht bloß wie hier mittelbar, sondern nahezu unmittelbar. Es hat daher gar nicht nöthig, seine Herrschaft im Staate, seine Macht der Exekutive gegenüber, durch die nach Außen hin unsinnige und nie beabsichtigte Verweigerung des ganzen Budgets zum Ausdrucke und zur Durchführung zu bringen. Das britische Parlament übt daher seit einem Jahrhunderte nicht den Brauch, das ganze Budget oder die (nicht zu entbehrenden) feststehenden Steuern zu verweigern — obwohl es dazu berechtigt ist —, sondern begnügt sich damit, durch Verweigerung einer der nicht feststehenden Steuern oder in mancher anderen Weise das Ministerium, seinen geschäftsführenden Ausschuß, zum Gehorsam oder zum Rücktritt zu zwingen. Dies, nichts Anderes sagt Erskine May, Const. hist. I 471, nach dessen mit zahlreichen Präzedenzfällen und Erklärungen der Minister und beider Häuser belegter Darstellung jede Geldbewilligung „a free gift" des Unterhauses ist.

Was Preußen anbelangt, so ergeben der Regierungsentwurf vom 20. Mai 1848, der Kommissionsentwurf der Nationalversammlung, die Verfassungen vom 5. Dezember 1848 und 31. Januar 1850 und die bei Berathung dieser gepflogenen Verhandlungen zunächst, daß an die Theorie von dem Verwaltungsakt in gesetzlicher Form von Niemandem und in keiner Weise gedacht wurde und sodann, daß — abgesehen von den bestehenden Steuern und Abgaben — dem Landtage die Befugniß eingeräumt werden sollte, nicht bloß die Erhöhung bestehender oder die Einführung neuer Steuern abzulehnen, sondern jede, auch die auf Gesetz beruhende Ausgabe zu bewilligen, also auch zu verweigern. Mit anderen Worten: der preußische Landtag erhielt das Ausgabenbewilligungs-, (also formell) auch das Ausgabenverweigerungsrecht, nicht aber (in Ansehung der bestehenden Abgaben) das Steuerverweigerungsrecht.

Wäre die herrschende Theorie richtig, daß die Handhabung des Budgetrechts nur innerhalb und unbeschadet der bestehenden Gesetze erfolgen dürfe, so wären die mit so großem Nachdrucke vertheidigten § 82 des Regierungsentwurfs vom 20. Mai 1848, bezw. Art. 109 der Verfassung vom 31. Januar 1850 überflüssig, indem sie besonders aussprechen, daß die bestehenden Steuern und Abgaben (und diese beruhen ja und müssen auf Gesetzen beruhen) fortzuerheben sind, indem sie in Ansehung der gesetzlich bestehenden Steuern und Abgaben (vgl. Rede Stahl's am 19. Nov. 1849, Verhandlungen der I. Kammer III S. 1479) und nur in Ansehung dieser und nicht in Ansehung der gesetzlich begründeten Ausgaben, festsetzen, daß der Landtag im Budgetrecht die bestehenden Steuergesetze beobachten müsse.

Die herrschende Theorie, abgesehen davon, daß der Landtag von einer formellen Befugniß, gesetzlich begründete Ausgaben zu verweigern, schwerlich Gebrauch machen wird, führt auch zu unpraktischen Konsequenzen; nach ihr könnte der Landtag zwar nicht die Ausgaben für Besoldung des durch Gesetz eingeführten kirchlichen Gerichtshofes, wohl aber die Ausgaben für Besoldung der in fiskalischen Betrieben thätigen Arbeiter, angestellten Beamten, sowie die Ausgaben für die dem Fiskus gemachten Lieferungen für Eisenbahnmaterial u. s. w. ablehnen.

Die herrschende Theorie, wonach dem Landtage in Ansehung der auf Gesetzen beruhenden Ausgaben auch formell kein Verweigerungsrecht zusteht, widerspricht der Verfassung, der Staatspraxis und der Thronrede vom 5. August 1866, welche anerkannte, daß „die Staatsausgaben" (ohne Unterschied, ob sie auf Gesetz beruhen oder nicht, in specie ohne Einschränkung auf die durch die Militärreorganisation verursachten), „welche ohne Etatsgesetz geleistet sind, der gesetzlichen Grundlage entbehren".

Nach Preuß. Staatsr. muß man nach Vorstehendem unterscheiden: 1. Die Einnahmen aus dem Staatsvermögen (Domänen, Forsten, Eisenbahnen u. s. w.), 2. die Einnahmen aus den Steuern, 3. die Verfügung über die Ausgaben.

1. Einnahmen aus dem Staatsvermögen zu machen und über dieses zu verfügen, war nicht Gegenstand des Streites zwischen Krone und Kammern. Niemand hat in den Jahren 1849 und 1850 daran gedacht, die Erhebung solcher Einnahmen von der Bewilligung des Landtages abhängig zu machen. Auch die Vertreter des Budgetrechts des Landtages (Camphausen, Harkort u. A.) waren nicht anderer Ansicht. S. auch Anm. 5 zu Art. 103, Arndt im Arch. f. öff. Recht 1888 S. 546.

2. In Ansehung der Steuern beschloß die zweite Kammer den Fortfall der ersten Worte des Art. 109, das Bewilligungs- und also auch das mehr oder weniger klar ausgesprochene Verweigerungsrecht der Steuern. Die erste Kammer faßte den umgekehrten Be-

schluß; es blieb also bei der unveränderten Fassung des Art. 109, d. h. die Steuern bedürfen keiner jährlichen Bewilligung, Arndt im Arch. f. öff. Recht 1888 S. 547.

Daraus folgt: ein Einnahmebewilligungsrecht bestand und besteht in Preußen nicht; das Indemnitätsgesetz im Jahre 1866 bezog sich nicht auf auf die Einnahmen; Ueberschreitungen der etatsmäßigen Einnahmen werden dem Landtage nur zur Kenntniß, nicht zur Genehmigung mitgetheilt, Arndt, ebd. S. 547 f.

3. Als Mittel, seinen Einfluß zur Geltung zu bringen, und als Theil und Ueberrest des in der Verordnung v. 6. April 1848 der Volksvertretung zugestandenen Rechts der Feststellung des Etats und der Steuerbewilligung, als Ersatz für das versagte Steuerbewilligungsrecht wurde dem Landtage von der Staatsregierung das Ausgabenbewilligungs-, also auch Verweigerungsrecht zugestanden in der Erwartung, daß er davon einen verständigen Gebrauch machen werde (vgl. Arndt im Arch. f. öff. Recht 1888 S. 559 f.).

Für die Leistung außeretatsmäßiger Ausgaben ist die Regierung dem Landtage verantwortlich; solche Ausgaben zu machen ist ihr verfassungsmäßig verboten, d. h. sie bedarf der nachträglichen Genehmigung, welche auch in den Fällen nachgesucht wird und nachzusuchen ist, wo die Ausgabe eine gesetzliche bezw. eine nothwendige war.

Welche rechtliche Bedeutung hat das Nichtzustandekommen des Etats in Preußen? Die Staatsregierung darf auch dem Landtage gegenüber auf Grund Art. 109 der Verfassungsurkunde (und muß, da sie die Gesetze auszuführen hat) die bestehenden Abgaben und Einnahmen forterheben lassen, Ausgaben zu leisten ist sie dem Landtage gegenüber nicht berechtigt. Nicht die Ausgabe im Einzelfalle, nicht die Verfügung über Staatsmittel Dritten gegenüber enthält eine Verfassungsverletzung; diese liegt lediglich in dem Umstande, daß die Staatsregierung überhaupt Ausgaben ohne Etatsgesetz leistet. Sie gleicht in einem solchen Falle dem nicht mehr legitimirten, aber dem thatsächlichen Verwalter fremden (des Staats-) Vermögens mit der Maßgabe, daß sie den einzelnen

Gläubigern und Schuldnern des Staates gegenüber stets der allein legitimirte Vertreter bleibt. Sie kann und muß daher in solchem Falle den Gläubigern des Staates alle begründeten Zahlungen leisten, mögen diese am letzten Ende auf formellem Gesetze beruhen oder nicht; sie kann und muß alle Forderungen des Staates einziehen, mögen diese sich auf Gesetze zurückführen lassen oder nicht. **Dem Landtage gegenüber ist sie für alle Ausgaben verantwortlich**, und sie bedarf, wie in der Thronrede am 5. August 1866 auf das Feierlichste anerkannt ist, der Indemnität, eines internen Aktes der Staatsgewalten, dafür, daß sie der Verfassung zuwider ohne Etatsgesetz überhaupt irgend welche Ausgaben geleistet hat.

Ein Mittel, wegen eines derartigen verfassungswidrigen Handelns — welches moralisch auch dem Landtage zur Last fallen kann — das Ministerium zur Bestrafung bezw. zur Niederlegung der Staatsgeschäfte zu zwingen, steht dem preußischen Landtage bislang (s. Art. 61 Anm. 1) nicht zu.

Hieraus folgt indeß nicht, wie **Zorn**, Hirth's Ann. 1889 S. 371 Anm. 2, einwendet, daß das preußische Budgetrecht „Politik" ist. Ein Mittel, den König zu hindern, die Verfassung ohne Weiteres aufzuheben und eine andere in der Gesetzsammlung zu verkünden, giebt es auch nicht, und doch stellt die Preußische Verfassungsurkunde Rechtssätze und nicht Politik dar.

Auf dem Ausgabebewilligungsrecht beruht im Wesentlichen die Stellung und die Macht des Abgeordnetenhauses.

Den im Vorstehenden vorgetragenen Ansichten haben sich v. **Stengel** S. 289, und trotz anscheinendem theilweisen Widerspruche **Laband** in der 2. Aufl. des deutschen Staatsrechts II §§ 127 f. angeschlossen. Wenn **Laband** l. c. S. 1043 bemerkt, meine Unterscheidung zwischen dem Verhältnisse der Regierung zu den Kammern und dem Verhältnisse des Staates zu seinen Gläubigern sei richtig, aber nicht neu, so muß ich erwidern, daß sie **ihm** und den deutschen Staatsrechtslehrern ganz neu gewesen ist; sie ist nirgends vorher erwähnt; wozu hätte man auch sonst die Theorie vom formellen Gesetze nöthig gehabt? S. 1044/5 will er mir die belgisch-französische Parlamentsherrschaft als dem preußischen Staatsrecht entsprechend imputiren; das ist das gerade Gegentheil des Richtigen.

Art. 99. Alle[1] Einnahmen und Ausgaben des Staats müssen für jedes Jahr[2] im Voraus veranschlagt und auf den Staatshaushalts-Etat gebracht werden.[3]

Letzterer wird jährlich durch ein[4] Gesetz[5] festgestellt.[6] [7]

[1] alle, d. i. auch die auf Gesetz beruhenden, mit den sich aus Art. 59 und 109 (in Ansehung der an den Kronfideikommiß zu zahlenden Rente und der bestehenden Steuern und Abgaben) ergebenden Einschränkungen.

[2] Die Finanzperiode des preußischen Staates ist daher die einjährige. Es ist unstatthaft, daß für mehrere Jahre durch ein Gesetz der Etat geregelt wird. Es ist dagegen nicht verboten, daß in einer Sitzungsperiode des Landtages die Etats der beiden folgenden Jahre in zwei besonderen, je ein Jahr betreffenden Gesetzen festgestellt werden (s. auch Laband, das Staatsr. des Deutschen Reichs in Marquardsen's Handb. S. 205). Nach dem Ges. v. 29./6. 76 (GS. 177) beginnt das Etatsjahr in Preußen mit dem 1. April und endet am 31. März.

[3] abgesehen von Art. 59 der Verf. ist der Landtag formell frei bei der Feststellung der Ausgaben; er kann daher auch gesetzlich begründete Ausgaben verweigern (ebenso Zorn; anderer Ansicht die übrigen oben Citirten, auch v. Rönne I § 116). Ein praktisches Resultat würde indeß eine solche Verweigerung nicht haben, soweit irgend wer einen Rechtsanspruch auf die bez. Staatsleistungen hat; mag dieser Anspruch, worauf die Theorie Werth legt, auf „Gesetz" oder nur auf „Vertrag" zwischen Staat und Privaten beruhen. Der Private kann seinen Anspruch einklagen; die über die Staatsmittel verfügenden Behörden thun daher wohl daran, ohne die Klage abzuwarten, diese Ansprüche zu befriedigen. Die Staatsregierung ist hierfür dem Landtage allerdings verantwortlich; allein, soweit die Ausgaben nothwendige sind, kann sie diese Verantwortung leicht tragen. Ministeranklage ist in Preußen z. Z. überhaupt nicht möglich, s. Anm. 1 zu Art. 61.

[4] d. i. ein einziges Gesetz; vorbehaltlich des Rechts, für unvorhergesehene Bedürfnisse Nachtragsetats durch Gesetz festzustellen.

[5] Der Weg der Verordnung auf Grund der Art. 63 ist grundsätzlich nicht ausgeschlossen; s. Anm. 3 zu Art. 63, derselben Ansicht Bornhak S. 511, und v. Stengel S. 289, anderer Ansicht v. Rönne I S. 594.

[6] Das Etatsgesetz verliert mit Ablauf des Jahres, für welches es gegeben ist, seine Kraft; d. h. es gilt nicht als Normaletat weiter.

[7] Art. 99 spricht nicht von einer Bewilligung, sondern nur von „Veranschlagen" und „Feststellen". Daß Ausgaben ohne Etatsgesetz nicht geleistet worden dürfen, ist in Art. 99 nicht ausgesprochen. Da indeß nach der Verordnung v. 27. Okt. 1810 und der KO. v. 17. Jan. 1820 (GS. 21) die Minister, nach der Geschäfts-Instr. für die Regierungen v. 23. Okt. 1817 die Regierungen und vor Allem nach § 26 der Instruktion für die Ober-Rechnungskammer v. 18. Dez. 1824 (Arndt im Arch. f. öff. Recht 1888 S. 540 f.) alle Behörden nur im Etat vorgesehene Ausgaben leisten dürfen, mögen sie auf Gesetz beruhen oder nicht, da ferner der Etat nur noch mit Genehmigung des Landtages durch Gesetz zu Stande kommen kann (Art. 99 der VerfUrk.), so ergiebt sich aus diesen Vorschriften, daß seit der Verfassung Ausgaben nur mit Genehmigung des Landtages verfassungsmäßig geleistet werden können.

Art. 100. Steuern[1] und Abgaben[1] für die Staatskasse[2] dürfen nur, so weit sie in den Staatshaushalts-Etat aufgenommen oder[3] durch besondere Gesetze angeordnet sind, erhoben werden.[4]

[1] direkte wie indirekte.

[2] also Steuern und Abgaben für Provinz-, Kreis-, Gemeindekassen können ohne Zustimmung des Landtages erhoben werden.

[3] also auch wenn die Steuern und Abgaben nicht in den Staatshaushalts-Etat aufgenommen, wohl aber durch besondere Gesetze angeordnet sind, ist ihre Erhebung gestattet; daraus folgt, daß die Staatsregierung auch dem Landtage gegenüber ermächtigt ist, die einmal gesetzlich angeordneten Steuern erheben zu lassen, ohne

Rücksicht auf Vorhandensein oder Inhalt des Staatshaushalts-Etats, s. Vorbemerkung zu Art. 99 und unten Art. 109.

[4] Aus diesem Artikel ergiebt sich, daß der Krone ein Recht, ohne Mitwirkung des Landtages Steuern und Abgaben einzuführen, nicht zusteht. Indeß ist die vorläufige Einführung und Erhebung durch Nothverordnung statthaft; s. Anm. 3 zu Art. 63, ebenso Bornhak S. 511 ff., anderer Ansicht v. Rönne I S. 371 f. und H. Schulze § 174.

Art. 101. In Betreff der Steuern[1] können Bevorzugungen nicht eingeführt werden.[2]

Die bestehende Steuergesetzgebung wird einer Revision unterworfen und dabei jede Bevorzugung abgeschafft.[3]

[1] d. s. hier Staatssteuern.

[2] Hiermit sollte nicht verboten werden, für gewisse Klassen der Staatsbürger Steuerfreiheiten oder Bevorzugungen durch Gesetz einzuführen; sondern nur singuläre (individuelle) Befreiungen zu ertheilen. Art. 101 kann nicht durch einfaches Gesetz, also noch weniger durch einseitige Anordnung der Exekutive abgeändert werden.

[3] Die drei Gesetze v. 21./5. 61, betr. die Entschädigung für aufgehobene Grundsteuerbefreiungen (GS. 327), die Grundsteuer von den Liegenschaften (GS. 253), die Gebäudesteuer (GS. 317) haben die bis dahin (äußerlich wenigstens) vorhandenen Ungleichheiten in der Besteuerung der Immobilien aufgehoben.

Art. 102. Gebühren können Staats- oder Kommunalbeamte nur auf Grund des Gesetzes erheben.

Art. 103. Die Aufnahme von Anleihen[1] für die Staatskasse[2] findet nur auf Grund eines Gesetzes[3] statt.[4] Dasselbe gilt von der Uebernahme von Garantieen zu Lasten des Staats.[3 4 5]

[1] d. i. auch sog. Papiergeld. Solches kann ebenso wie eine Prämienanleihe nur noch auf Grund eines Reichsgesetzes ausgegeben werden, s. Ges. v. 18./6. 71 (RGBl. 210), 30./4. 74 (RGBl. 40). Auch die Aufnahme einer sog. „schwebenden Schuld", „dette flot-

tanto", fällt unter Art. 103; vgl. Verhandl. d. II. Kammer 1859, S. 644 ff., 703 ff., Schulze, Preuß. Staatsr. II S. 266 f.

[2] Art. 103 unterscheidet nicht, ob die Anleihen zu Verwaltungs- oder Finanzzwecken gemacht werden. Bei den ersteren mischt sich dem civilrechtlichen Verhältniß des Staats zu seinen Gläubigern ein verwaltungsrechtliches bei, welches die civilrechtliche Seite des Verhältnisses bedingt und beeinflußt, bei den letzteren ist dieses Verhältniß ein rein privatrechtliches (so Laband a. a. O. bei Marquardsen S. 192). In beiden Fällen ist ein Gesetz erforderlich, mag also die Anleihe für die Anstellung von Beamten, für die Verpflegung von Truppen oder von fiskalischen Grubenarbeitern, für die Erbauung einer neuen Kaserne oder einer neuen Schachtanlage bestimmt sein. Anderer Ansicht u. A. Laband (das Staatsr. des Deutschen Reichs in Marquardsen's Handb. S. 192), der annimmt, daß zur Kontrahirung von Verwaltungsschulden ein Gesetz nicht nöthig ist (s. auch G. Meyer § 203). Diese Ansicht ist unrichtig. Es kommt vielmehr nur auf die Form, nicht auf den Zweck der Schuld an. Anleihen und Zinsgarantien bedürfen in allen Fällen der Zustimmung des Landtages, zu welchem finanziellen oder Verwaltungszwecke auch immer sie bestimmt sind. Anderweite Schulden darf die Staatsregierung, zu welchem Zwecke auch immer, kontrahiren, sei es durch Anstellung von Beamten und Errichtung von Staatsgebäuden zu „Verwaltungszwecken", oder durch Annahme von Eisenbahn- und Bergarbeitern und Ankauf von Lokomotiven u. dgl. zu „Finanzzwecken". Bei Kontrahirung derartiger Schulden, wie überhaupt bei Führung der gesammten Staatsverwaltung, bleibt die Staatsregierung indeß dem Landtage stets dafür verantwortlich, daß sie nur im Etatsgesetze vorgesehene Ausgaben leistet; s. Art. 99 u. 104.

[3] also ist der Verordnungsweg ausgeschlossen; nicht indeß die Nothverordnung (s. Anm. 3 zu Art. 63); ebenso v. Stengel. Anderer Ansicht v. Rönne I Anm. 5 zu S. 666 und das preuß. AbgH. gegenüber der Kgl. V. v. 18./5. 66 (GS. 227); s. Sten. Ber. d. AbgH. 1866/67 I 398—442. Im J. 1851 hat die zweite Kammer eine solche Nothverordnung in wiederholten Abstimmungen nicht für unstatthaft erklärt, s. Arndt im Arch. f. öff. R. 1889 S. 454 f. Ein Gesetz ist auch das Etatsgesetz; folglich kann innerhalb des Etats und

auf Grund des Etatsgesetzes die Staatsregierung Anleihen auf- und Zinsgarantien übernehmen.

[4] Art. 103 betrifft lediglich das Verhältniß der Exekutive zur Legislative. Seine Nichtbeachtung ist eine Verfassungsverletzung. Nach Außen hin sind Darlehns- und Bürgschaftsschulden für den Staat verbindlich, wenn sie von der Staatsregierung kontrahirt sind; die Staatskasse kann daraus keinen Einwand übernehmen, daß Art. 103 nicht beobachtet wurde (s. Vorbemerkung vor Art. 99). v. Rönne I S. 664 hält derartige Schulden für nichtig. Wäre Solches die Absicht der VerfUrk. gewesen, so hätte sie zum Mindesten die Form des Art. 48 gewählt: „Anleihen bedürfen zu ihrer Gültigkeit eines Gesetzes". Die v. Rönne'sche Ansicht führt auch zu unzweckmäßigen Folgerungen. Darnach wäre es nichtig, wenn der Staat als Eisenbahn- oder Bergwerksbesitzer, oder Bankinhaber für die Einhaltung von Lieferungsfristen, den Gehalt von Bergwerkserzeugnissen, oder durch Diskontirung eines Wechsels Garantien leistet. Auch die Verordnung v. 17. Jan. 1820 (GS. 9) bedrohte die Aufnahme von Staatsanleihen ohne Mitgarantie der Stände nicht mit Nichtigkeit.

[5] Nach der herrschenden Theorie, E. Meier, über den Abschluß von Staatsverträgen S. 61, und von Holtzendorff's Rechtslexikon I S. 552, H. Schulze in Marquardsen's Handb. S. 103 a. a. O., G. Meyer, Staatsr. S. 611, v. Rönne IV § 427 und dem von Lasker verfertigten Berichte der Komm. des AbgH. v. 1. Febr. 1866 (Anl. I S. 162 f.) bedarf es zur Veräußerung von sog. Finanzvermögen eines Gesetzes; anderer Ansicht Laband, Preuß. Budgetrecht S. 28 ff. Die herrschende Theorie ist eingehend widerlegt von Arndt, Arch. f. öff. Recht, 1888 S. 533 f., dem sich v. Stengel S. 243 f. angeschlossen hat. Ein Antrag, nach dem Vorbilde der meisten Verfassungen die Veräußerung der Domänen, Forsten u. s. w. nur auf Grund eines Gesetzes zu gestatten, ist bereits in der Kommission der Nat.-Vers. abgelehnt worden (Rauer, Protokolle S. 98 ff.). Der Landtag hat den Schutz, daß von allen Einnahmen aus Steuern, Anleihen, Domänen- 2c. Verkäufen Nichts ohne seine Genehmigung verausgabt werden darf. In einzelnen Spezialgesetzen ist ausnahmsweise für die verstaatlichten Eisenbahnen die

Zustimmung des Landtages zu Veräußerungen, die Gesetzesform, vorgeschrieben worden.

Art. 104. Zu Etats-Ueberschreitungen[1] ist die nachträgliche Genehmigung[2] der Kammern[3] erforderlich.[4]

Die Rechnungen über den Staatshaushalts-Etat werden von der Ober-Rechnungskammer geprüft und festgestellt.[5] Die allgemeine Rechnung über den Staatshaushalt jeden Jahres, einschließlich einer Uebersicht der Staatsschulden, wird mit den Bemerkungen der Ober-Rechnungskammer zur Entlastung der Staatsregierung den Kammern[6] vorgelegt.

Ein besonderes Gesetz wird die Einrichtung und die Befugnisse der Ober-Rechnungskammer bestimmen.[7]

H. Schulze II § 210, v. Rönne § 117 I S. 616 f.

[1] Etats-Ueberschreitungen im Sinne des Art. 104 sind gemäß § 19 Abs. 1 des Ges. v. 27./3. 1872 (unten Anl. VII) alle Mehrausgaben, welche gegen die einzelnen Kapitel und Titel des Staatshaushalts-Etats oder gegen die von der Landesvertretung genehmigten Titel der Spezialetats stattgefunden haben, es sei denn, daß einzelne Titel in den Etats ausdrücklich als übertragbar bezeichnet sind und bei solchen die Mehrausgaben bei einem Titel durch Minderausgaben bei anderen ausgeglichen werden. Als Spezialetat in diesem Sinne ist jede Position zu verstehen, welche einer selbstständigen Beschlußfassung der Landesvertretung unterlegen hat und als Gegenstand einer solchen im Etat erkennbar gemacht ist.

[2] An die Nichtbefolgung einer solchen Genehmigung knüpfen sich rechtliche Folgen nicht.

[3] also beider Häuser des Landtages; daß die beiden Häuser in derselben Session ihre Genehmigung ertheilen, wird behauptet (v. Rönne Anm. 6 zu I S. 621); s. dagegen Anlagen zu Sten. Ber. d. Abg.H. 1863 S. 1176 f.

[4] Daß die Genehmigung in der Form eines Gesetzes erfolgen müsse, ist in der Verfassung nicht vorgeschrieben und auch nicht

anzunehmen. Hiermit stimmt die Praxis überein. Anderer Ansicht ist v. Rönne I. S. 621 Anm. 8.

[5] S. Ges. v. 27./3. 1872 (unten Anlage VII).

[6] v. Rönne I S. 664 f. u. H. Schulze II § 210 S. 282 behaupten, auf die Analogie des Abs. 3 Art. 62 gestützt, daß die Rechnung zuerst dem Abgeordnetenhause vorgelegt werde.

[7] Dieses Ges. v. 27./3. 1872 s. in Anl. VII.

Titel IX.

Von den Gemeinden, Kreis-, Bezirks- und Provinzial-Verbänden.

Art. 105.[1 2] Die Vertretung und Verwaltung der Gemeinden,[3] Kreise[4] und Provinzen[5] des Preußischen Staats wird durch besondere Gesetze näher bestimmt.[6]

[1] Art. 105 ist Fassung des Gesetzes vom 24. Mai 1853, betr. d. Aufhebung d. Art. 105 d. VerfUrk. v. 31. Januar 1850 (GS. 228). Ursprünglicher Wortlaut des Art. 105:

„Die Vertretung und Verwaltung der Gemeinden, Kreise, Bezirke und Provinzen des preußischen Staats wird durch besondere Gesetze unter Festhaltung folgender Grundsätze näher bestimmt:

1. Ueber die innern und besondern Angelegenheiten der Provinzen, Bezirke, Kreise und Gemeinden beschließen aus gewählten Vertretern bestehende Versammlungen, deren Beschlüsse durch die Vorsteher der Provinzen, Bezirke, Kreise und Gemeinden ausgeführt werden.

   Das Gesetz wird die Fälle bestimmen, in welchen die Beschlüsse dieser Vertretungen der Genehmigung einer höheren Vertretung oder der Staatsregierung unterworfen sind.

2. Die Vorsteher der Provinzen, Bezirke und Kreise werden von dem Könige ernannt.

   Ueber die Betheiligung des Staats bei der Anstellung der Gemeindevorsteher und über die Ausübung des den

Gemeinden zustehenden Wahlrechts wird die Gemeindeordnung das Nähere bestimmen.

3. Den Gemeinden insbesondere steht die selbstständige Verwaltung ihrer Gemeindeangelegenheiten unter gesetzlich geordneter Oberaufsicht des Staats zu.

Ueber die Betheiligung der Gemeinden bei Verwaltung der Ortspolizei bestimmt das Gesetz.

Zur Aufrechthaltung der Ordnung kann nach näherer Bestimmung des Gesetzes durch Gemeindebeschluß eine Gemeinde-Schutz- oder Bürgerwehr errichtet werden.

4. Die Berathungen der Provinzial-, Kreis- und Gemeindevertretungen sind öffentlich. Die Ausnahmen bestimmt das Gesetz. Ueber die Einnahmen und Ausgaben muß wenigstens jährlich ein Bericht veröffentlicht werden.

[2] Vom Jahre 1872 bis jetzt hat eine Reorganisation der inneren Verwaltung nach den Grundsätzen der Theilnahme gewählter Laien an den Geschäften der staatlichen Verwaltung (Selbstverwaltung) und mit Einführung der Verwaltungsgerichtsbarkeit stattgefunden. Diese Reorganisation bezieht sich nur auf einen Theil der inneren Verwaltung, die sogenannte allgemeine Verwaltung; sie ist allmählich über den ganzen Staat ausgedehnt worden. Es gelten überall das Gesetz über die allgemeine Landesverwaltung v. 30./7. 83 (GS. 195) und das (Zuständigkeits-)Gesetz über die Zuständigkeit der Verwaltungs- und Verwaltungsgerichtsbehörden v. 1./8. 83 (GS. 237). Für die Provinz Posen, s. Ges. v. 19./5. 89 (GS. 108).

[3] a) S. ALR. Thl. II Tit. 8 Abschn. 2.

b) Städte-Ordnung für die sechs (jetzt 7) östlichen Provinzen der Monarchie v. 30. Mai 1853 (GS. 261);

c) Gesetz, betreffend die Verfassung der Städte in Neuvorpommern und Rügen v. 31. Mai 1853 (GS. 291);

d) Städte-Ordnung für die Provinz Westfalen v. 19. März 1856 (GS. 237);

e) Landgemeinde-Ordn. für die Provinz Westfalen v. 19. März 1856 (GS. 265);

f) Gesetz, betreffend die Landgemeinde-Verfassungen für die

sieben östlichen Provinzen der Monarchie v. 3. Juli 1891 (GS. 233);

g) Städte-Ordnung für die Rheinprovinz v. 15. Mai 1856 (GS. 406);

h) Gesetz, betreffend die Gemeindeverfassung in der Rheinprovinz v. 15. Mai 1856 (GS. 435); als Ergänzung zur Gemeindeordnung v. 23. Juli 1845 (GS. 523);

i) Städte-Ordnung für die Provinz Schleswig-Holstein v. 14. April 1869 (GS. 589); eingeführt in Lauenburg durch Ges. v. 6. Dez. 1870 (Wochenbl. 521); Schleswig-Holstein'sche Landgemeinde-Verordnung v. 22./9. 67 (GS. 1603), eingeführt in Lauenburg (Wochenbl. 1874 S. 277).

k) Gemeindeverfassungsgesetz für die Stadt Frankfurt a. M. v. 25. März 1867 (GS. 401);

l) Revidirte Städte-Ordnung für die Provinz Hannover v. 24. Juni 1858 (Hann. GS. 141); ZuständGes. §§ 7 bis 21, Hann. Landgemeindeges. v. 28./4. 59 (Hann. GS. I 393, s. auch 409);

m) Gemeinde-Ordnung für die Stadt- und Land-Gemeinden Kurhessens v. 23. Okt. 1834 (Kurhess. GS. 181), ergänzt durch Ges. v. 15. Mai 1863 (das. 18);

n) Nassauisches Gemeindegesetz v. 26. Juli 1854 (Verordnungsblatt für das Herzogthum Nassau S. 166), abgeändert in den §§ 6, 10 u. 13 durch Gesetz v. 26. April 1869 (GS. S. 629), s. auch Kreisordn. v. 4. Juni 1885 (GS. 193) §§ 22, 34 bis 40, 116 Abs. 3). Städte-Ordnung für den Regierungsbezirk Wiesbaden v. 8./6. 91 (GS. 107).

[4]) S. Kreisordnung v. 13./12. 72 in der Fassung der Verordnung v. 19./3. 81 (GS. 181), die Kreisordnungen für Hannover v. 6./5. 84 (GS. 181), Hessen-Nassau v. 4./6. 85 (GS. 193), Westfalen v. 31./7. 86 (GS. 217), Rheinprovinz v. 30./5. 87 (GS. 209) und Schleswig-Holstein v. 26./5. 88 (G.S. 139), hohenzollernsche Amts- und Landesordnung v. 2./4. 73 (GS. 145); s. auch Anm. 2.

[5] Provinzialordnung v. 29./6. 75 (GS. 335) in der Fassung der Verordnung v. 22./3. 81 (GS. 233). Dieselbe gilt mit einzelnen Abweichungen überall außer in Posen und den Hohen-

zollernschen Landen, für welche letztere die in Anm. 4 cit. 8 v. 2./4. 73 gilt.

[6] Nur die „Vertretung und Verwaltung“, nicht die Abgrenzung der Gemeinden, Kreise und Provinzen soll durch Gesetz Art. 106 bestimmt werden; s. Anm. 1 zu Art. 2.

Allgemeine Bestimmungen.

Art. 106. Gesetze und Verordnungen sind verbindlich,[1] wenn sie in der vom Gesetze[2] vorgeschriebenen Form[3] bekannt gemacht worden sind.[4]

Die Prüfung der Rechtsgültigkeit[5] gehörig verkündeter[6] Königlicher Verordnungen[7] steht nicht den Behörden,[8] sondern nur den Kammern[9] zu.[10]

[1] und zwar nur verbindlich (s. auch ALR. Einleitung § 12). Art. 106 gilt auch für Staatsverträge, welche vom Könige abgeschlossen werden; s. Art. 48, ebenso E. Meier, über den Abschluß von Staatsverträgen S. 229 f. a. a. O.; anderer Ansicht v. Rönne I 693.

[2] bezw. von der Verfassung. Diese bestimmt in Art. 45, daß der König die Verkündigung der Gesetze befiehlt. Aus diesem Art. der Verfassung folgt, daß die Gesetze wenigstens von einem Minister gegenzuzeichnen sind.

[3] eine Frist ist weder in der Verfassung noch sonst vorgeschrieben worden, deshalb ist die Folgerung nicht gerechtfertigt, daß dem Könige mit Beginn einer neuen Sitzungsperiode des Landtages nicht mehr das Recht zustehe, gültig beschlossene Gesetze zu publiziren; s. hierzu Anm. 5 zu Art. 62. Gesetze sind in der Gesetzsammlung zu verkünden, s. Ges. v. 3./4. 46 § 1 (GS. S. 151), ausgedehnt auf den ganzen Umfang der Monarchie durch Verordnung v. 1./12. 66 (GS. 793) § 1 u. 29./1. 67 (GS. 139) § 1, wie durch Ges. v. 23./6. 76 (GS. 172) § 11 (für Lauenburg). Der Rechtszustand vor dem Ges. v. 3./4. 46 ergiebt sich aus der Verordnung v. 27./10. 10 (GS. 1), wonach alle Gesetze und Verordnungen, welche mehr als ein einzelnes Regierungsdepartement be-

treffen, durch die Gesetzsammlung bekannt gemacht werden mußten und durch die Verordnung v. 28./3. 11 (GS. 165), wonach alle Gesetze auch gültig in den Regierungs-Amtsblättern publizirt werden konnten (s. auch KO. v. 24/7. 26, GS. 73), und mindestens in Bezug auf Titel, Datum und Nummer der Gesetzsammlung publizirt werden mußten.

In Ansehung der Verordnungen ist geltendes Recht, daß, sofern das Gesetz (z. B. Ges. über die Polizeiverwaltung v. 11./3. 50 [GS. 265], Ges. über die allgemeine Landesverwaltung v. 30/7. 83 [GS. 195] § 140, Allg. Berggeſ. v. 24./6. 65 [GS. 705] § 197) nichts Abweichendes vorschreibt, der Verordnungsberechtigte die Wahl der Art und des Orts der Publikation hat. Es ist unrichtig, wie G. Meyer § 169, v. Rönne I S. 395 Anm. 1 b u. A. behaupten, daß alle Verordnungen, welche Rechtssätze enthalten, wie Gesetze, also in der Gesetzsammlung zu publiziren seien. Solche Rechtsverordnungen, z. B. Schulregulative, die unzählbaren sog. Verwaltungsvorschriften der Finanz- und Zollbehörden, sind vor wie nach der Verfassung nicht in der GS. verkündet worden (s. Arndt, Verordnungsrecht §§ 18 ff., bes. S. 198). Auch nach belgisch-französischem Rechte wird nicht gefordert (und geschieht nicht), daß Verordnungen wie Gesetze zu publiziren sind. Die hier bekämpfte Theorie entspringt dem Irrthum Laband's (Reichsstaatsr. I S. 512 f.), daß Gesetz im absoluten Staate Preußen identisch mit „Anordnung eines Rechtssatzes" gewesen sei (vgl. auch oben Anm. 2 zu § 62). Daß prinzipiell Rechtsverordnungen wie Gesetze zu publiziren seien, behaupten auch Laband l. c., Hänel, Vertragsmäßige Elemente S. 90, Hensel in Hirth's Ann. 1883 S. 27, Thudichum, Verfassungsr. d. Nordd. Bundes S. 93; s. auch Zorn, Reichsstaatsrecht I S. 314. Die Praxis mit Einschluß der Judikatur hat sich um diese Theorie nicht gekümmert, welche übrigens bei der unübersehbaren Fülle der Rechtsverordnungen kaum durchführbar sein würde. Nicht nothwendig ist (anderer Ansicht Rosin, Polizeiverordnungsrecht S. 173 ff.), aber es empfiehlt sich und geschieht meist bei wichtigeren Verordnungen, daß in ihnen die Gesetzesstelle, wenn sie sich auf eine solche stützen, angeführt wird. Solches ist in bestimmten

Fällen besonders vorgeschrieben (Ges. über die allgemeine Landesverwaltung v. 30./7. 83 [GS. 195] § 140); s. im Uebrigen Arndt, Verordnungsrecht S. 210).

Landesherrliche Erlasse, welche Gesetzeskraft erhalten sollen, erlangen solche nur durch Aufnahme in die Gesetzsammlung mit den in dem Ges. v. 10./4. 72 (GS. 357) vorgesehenen Ausnahmen, für welche die Verkündung durch die Amtsblätter erfolgt. Diese Ausnahmen beziehen sich auf die Verleihung der Enteignungsbefugniß, die Verleihung des Rechts zur Entnahme von Chaussee- und Wegebau- und Unterhaltungsmaterialien, die Verleihungen des Rechts zur Erhebung von Chaussee- und Wegegeld, die Statuten der Deichverbände und der Genossenschaften zu Meliorationen durch Entwässerung und Bewässerung, die Ertheilung von Konzessionen zum Bau und Betriebe von Eisenbahnen, sowie die Statuten der Unternehmer, die Reglements für die öffentlichen und Privatfeuersozietäten, die landschaftlichen und ähnliche Kreditinstitute, die Errichtung des Landarmen- und Korrigendenwesens, die Privilegien zur Ausgabe von Papieren auf den Inhaber.

Ihre verbindliche Kraft erlangen Gesetze, wenn dafür im Gesetze ein anderer Zeitpunkt unmittelbar oder mittelbar vorgeschrieben ist, mit dem 14. Tage nach Ablauf desjenigen Tages, an welchem das sie enthaltende Stück der Gesetzsammlung in Berlin ausgegeben ist (Ges. v. 16./2. 74, GS. 23); für die Konsulargerichtsbezirke nach vier Monaten (Ges. über die Konsulargerichtsbarkeit v. 10./7. 79, RGBl. 205, § 47). Polizeiverordnungen erlangen, wenn nichts Anderes bestimmt ist (es kann die verbindliche Kraft auch vom Tage der Verkündigung angeordnet werden, Erk. d. RG. v. 15./5. 88, Entsch. in Straff. XVII 375), ihre verbindliche Kraft mit dem achten Tage nach Ablauf desjenigen Tages, an welchem das bez. Stück des Amtsblatts ausgegeben ist (Ges. v. 30./7. 83, [GS. 195] § 141), § 4 Verordnung v. 28./3. 11 (GS. 165), Deklar. v. 14./1. 13 (GS. 2), Verordnung v. 9./6. 19 (GS. 148).

4 Gesetze und Verordnungen bleiben so lange verbindlich, als sie nicht in gehöriger Form zurückgenommen sind. Dies gilt insbesondere auch von Königl. Verordnungen auf Grund Art. 63 der VerfUrk. (anderer Ansicht v. Rönne I S. 414). Vom Könige ohne

Zustimmung des Landtages abgeschlossene und bekannt gemachte Staatsverträge sind Königliche Verordnungen und unterliegen daher nicht der richterlichen Prüfung, s. Anm. 1.

[5] also auch nicht die Frage, ob eine Verordnung etwa der Verfassung zuwiderläuft.

[6] ob die Verkündung gehörig erfolgt ist, haben die Behörden, besonders die Gerichte zu prüfen.

[7] wohl aber solcher Verordnungen, welche von Ministern, Polizeibehörden u. s. w. erlassen sind (z. B. Ges. über die Polizeiverwaltung v. 11./3. 50, GS. 265, § 17, Allgemeines Bergges. v. 24./6. 65, GS. 705 § 209 Abs. 3).

[8] also namentlich nicht den Gerichten. Art. 106 beruht auf der Absicht, die Trennung der Gewalten zum Ausdrucke zu bringen.

[9] Der Beschluß eines oder beider Häuser, daß eine Königl. Verordnung ungültig sei, hat nach Art. 106 für die Behörden und die Unterthanen unmittelbar keine Bedeutung, s. auch Gneist, Sten. Ber. 1864 S. 2074, Bornhak S. 525, H. Schulze, Preuß. Staatsrecht II S. 56.

[10] Art. 106 bezieht sich nicht auf Reichsgesetze, noch auf das Verhältniß der Landesgesetze zu Reichsverordnungen. Hierfür entscheidet Art. 2 der Reichsverfassung.

Art. 107. Die Verfassung kann auf dem ordentlichen Wege der Gesetzgebung[1] abgeändert werden, wobei in jeder Kammer die gewöhnliche absolute Stimmenmehrheit[2] bei zwei Abstimmungen, zwischen welchen ein Zeitraum von wenigstens ein und zwanzig Tagen liegen muß, genügt.[3]

v. Rönne II § 158, G. Meier § 157, H. Schulze II § 177.

[1] Der ordentliche Weg der Gesetzgebung drückt den Gegensatz zu der Gesetzgebung des Art. 63 aus. Durch Art. 107 (Arndt im Arch. f. öffentl. Recht 1889 S. 445) ist der Verordnungsweg des Art. 63 unbedingt ausgeschlossen. Das Gegentheil sagt auch nicht v. Stockmar in seinem Aufsatze in Aegidi's Zeitschr. f. Deutsch.

Staatsr. I S. 184 ff. Nur darin hat Letzterer Recht, daß, wenn der König unter Bruch der Verfassung eine die Verfassung aufhebende oder abändernde Verordnung erließe und gehörig publizirte, die Richter und die Verwaltungsbeamten solche anzuwenden hätten, s. Art. 106.

[2] Beschlußfähigkeit vorausgesetzt, s. Art. 80.

[3] Daß jedem verfassungsändernden Spezialgesetz das besondere verfassungsändernde Ges. vorausgehen (Ansicht von G. Meyer), oder daß ein solches Spezialgesetz wenigstens gleichzeitig mit dem die Verfassung abändernden Spezialgesetz berathen werden, oder daß das die Verfassung ändernde Spezialgesetz ausdrücklich als ein die Verfassung abänderndes bezeichnet werden muß, erfordert Art. 107 nicht. Daraus folgt, daß, mag das Eine oder das Andere sich für die Praxis der gesetzgebenden Faktoren als empfehlenswerth darstellen, gleichwohl eine jede Verfassungsänderung rechtlich als gültig erachtet werden muß, wenn sie unter Beobachtung des Art. 107, d. i. auf dem ordentlichen Wege der Gesetzgebung bei zwei mindestens 21 Tage getrennt liegenden Abstimmungen beschlossen worden ist. Diese Ansicht theilt auch H. Schulze, Preuß. Staatsrecht II S. 55 f.; ihr entsprechend ist bei Annahme der Verfassung für den Nordd. Bund, als Preuß. die preuß. Verfassung ändernden Landesgesetzes verfahren, s. oben S. 34, ebenso Bornhak S. 528. Daß gewöhnlich die gesetzgebenden Faktoren eine ganz bestimmte Form für Verfassungsänderungen wählen, beweist nicht, daß der Gebrauch einer anderen Form die Ungültigkeit eines unter anderer Form zu Stande gekommenen Gesetzes nach sich ziehen würde.

Art. 108. **Die Mitglieder der beiden Kammern[1] und alle Staatsbeamten[2] leisten dem Könige den Eid der Treue und des Gehorsams und beschwören die gewissenhafte Beobachtung der Verfassung.[3]**

Eine Vereidigung des Heeres[4] auf die Verfassung findet nicht statt.

[1] Die Nichtleistung des Eides hat zur Folge, daß das Mitglied von den Verhandlungen ausgeschlossen wird (vgl. v. Rönne II § 156, Sten. Ber. des Herr.H. 1855/56 Anl. S. 25 f., des Abg.H. 1869/70 S. 562).

[2] unmittelbaren wie mittelbaren. Geistliche als solche gelten auch hier nicht als Beamte, vgl. Art. 15 ff. der VerfUrk. und Anm. 3 zum (aufgehobenen) Art. 15. Der Eid ist im Diensteid mitenthalten, s. Beschl. des Staatsminist. v. 12./2 50 (JMBl. 42, VMBl. 26); für die neuen Prov. s. JMBl. 1867 S. 397, VMBl. 1867 S. 326. Form: GS. 1867 S. 715.

[3] Weder die persönlichen Rechte und Pflichten des Beamten, noch die Beamteneigenschaft, noch die Erfüllung der Amtspflichten hängen von Ableistung des Dienst- (und Verfassungs)eides ab, vgl. Erk. des RG. v. 15./5. 88, Entsch. in Straff. XVII 375.

[4] Reserve- und Landwehroffiziere sind von dem Eide zu 2. nicht befreit, JMBl. 1850 S. 110.

Art. 109. Die bestehenden Steuern und Abgaben werden forterhoben,[1] und alle Bestimmungen der bestehenden Gesetzbücher, einzelnen Gesetze und Verordnungen, welche der gegenwärtigen Verfassung nicht zuwiderlaufen, bleiben in Kraft, bis sie durch ein Gesetz[2] abgeändert werden.

Arndt, Verordnungsrecht S. 220 ff.

[1] Art. 109 in seiner jetzigen Fassung entstand aus der Zusammenziehung der beiden folgenden Sätze:

1. die bestehenden Steuern und Abgaben werden forterhoben, bis sie durch ein Gesetz abgeändert sind,
2. die geltenden Gesetzbücher, Gesetze und Verordnungen bleiben bestehen, bis sie auf gesetzlichem Wege abgeändert sind.

Mit dem Satze zu 1. sollte festgestellt werden und ist festgestellt worden, daß die Forterhebung der einmal bestehenden Steuern und Abgaben von ihrer Einstellung in das Budget unabhängig ist, daß mithin dieselbe nur dann fortfällt, wenn alle drei Faktoren hierin übereinstimmen; deshalb zog man die Worte „durch ein Gesetz" der ursprünglichen Fassung „auf gesetzlichem Wege" vor, weil letzteres „so gedeutet werden könne, der gesetzliche Weg sei der, daß eine Kammer die Steuer verweigert nach Maßgabe des Art. 98". (Worte Stahl's am 19. Nov. 1849 in der I. Kammer, Sten. Ber. S. 1479.) Im Ergebniß stimmt auch v. Rönne I § 121 mit der vorstehenden Auffassung überein, dieselbe wird durch die Entstehung des Art. 109 und die Erklärungen derjenigen, welche diesen Artikel in seiner jetzigen Fassung geschaffen haben, als unzweifelhaft richtig dargethan. S. auch Arndt im Archiv f. öff. Recht 1888 S. 547.

Da Art. 109 nicht unter die Uebergangs-, sondern unter die allgemeinen Bestimmungen der VerfUrk. gesetzt ist, so bezieht sich derselbe nicht bloß auf die zur Zeit der Verfassungs-Emanation bestehenden Steuern (ebenso selbst v. Rönne I S. 659).

[2] S. Anm. 1. In Ansehung der bestehenden Gesetzbücher, Gesetze und Verordnungen läßt Art. 109 dahingestellt, wie (in welcher Form) sie abzuändern sind. Daß auch Verordnungen nicht stets durch Gesetze abzuändern sind, ist ausdrücklich bei den Berathungen festgestellt worden (s. besonders Erklärung des Justizministers Simons am 3. Nov. 1849 in der I. Kammer, Sten. Ber. S. 1333). Daß das Wort „Gesetz" statt „auf gesetzlichem Wege" gewählt wurde, geschah erklärtermaßen nur, um das Steuerverweigerungsrecht des Abgeordnetenhauses gegenüber bestehenden Steuern und Abgaben unzweifelhaft auszuschließen. Die vorstehenden Ausführungen sind ohne Angabe der Quelle wiederholt von Bornhak S. 506 Anm. 4. Ueber die Frage, wann vorverfassungsmäßige Gesetze und Verordnungen durch konstitutionelles Gesetz oder durch Verordnung abzuändern sind, entscheidet nicht der Umstand, ob solche im Gesetzblatt verkündet sind (s. Arndt, Verordnungsrecht S. 217, 218 mit zahlreichen Beispielen), sondern der Inhalt der preuß. Verfassung (also z. B. ob Strafen darin festgesetzt werden). Das ALR. z. B. kann wegen der in Art. 86 enthaltenen Vorschrift nicht durch Verordnung abgeändert werden, weil es zur Anwendung durch die Gerichte bestimmt ist und diese nur dem „Gesetze" unterworfen sind. S. auch Arndt, Verordnungsrecht S. 211 f.

Art. 110. Alle durch die bestehenden Gesetze angeordneten Behörden bleiben bis zur Ausführung der sie betreffenden organischen Gesetze in Thätigkeit.

Art. 111. Für den Fall eines Krieges oder Aufruhrs können bei dringender Gefahr für die öffentliche Sicherheit die Artikel 5. 6. 7. 27. 28. 29. 30. und 36. der Verfassungs-Urkunde zeit- und distriktsweise außer Kraft gesetzt werden. Das Nähere bestimmt das Gesetz.[1]

[1] S. Ges. über den Belagerungszustand v. 4./6. 1851 (GS. 451), unter Anl. VIII.

Uebergangsbestimmungen.

Art. 112. Bis zum Erlaß des im Artikel 26. vorgesehenen Gesetzes bewendet es hinsichtlich des Schul- und Unterrichtswesens bei den jetzt geltenden gesetzlichen Bestimmungen.[1]

[1] Nicht bloß die damals gültigen Normen, sondern auch die auf Grund der damaligen Gesetzgebung bestandenen Befugnisse der Verwaltungsbehörden, neue Normen zu erlassen, sind aufrecht erhalten worden, s. die Vorbemerkung zu den Art. 20 bis 25; Arndt, im Archiv für öffentl. Recht 1886 S. 512 f. Auch sollte das Recht, Spezialgesetze zu erlassen, durch Art. 112 nicht aufgehoben werden, s. ebendort. Art. I § 3 des Ges. v. 15./7. 86 (GS. 185), welches den Art. 112 der VerfUrk. für die Provinzen Posen und Westpreußen aufgehoben erklärte, um Raum für ein Spezialgesetz zu schaffen, war daher unnöthig.

Art. 113. Vor der erfolgten Revision des Strafrechts wird über Vergehen, welche durch Wort, Schrift, Druck oder bildliche Darstellung begangen werden, ein besonderes Gesetz ergehen.[1]

[1] Das Ges. über die Presse v. 12./5. 51 (GS. 273) ist im Wesentlichen ersetzt durch Ges. über die Presse v. 7./5. 74 (RGBl. 65). Näheres s. zu den Art. 27 und 28.

Art. 114.[1]

[1] Art. 114 ist aufgehoben durch Art. 1 des Ges. v. 14./4. 56 (GS. 353). Er lautete: „Bis zur Emanirung der neuen Gemeindeordnung bleibt es bei den bisherigen Bestimmungen hinsichtlich der Polizeiverwaltung."

Art. 115. Bis zum Erlasse des im Art. 72. vorgesehenen Wahlgesetzes bleibt die Verordnung vom 30. Mai 1849.,[1] die Wahl der Abgeordneten zur zweiten Kammer betreffend, in Kraft.

[1] S. die Verordnung v. 30./5. 49 unten als Anl. IV. Es würde gegen die Verfassung verstoßen, wenn vor Erlaß des im Art. 72 vorgesehenen Wahlgesetzes die Verordnung v. 30. Mai 1849 außer Kraft gesetzt werden würde, und daher kann solches auch nicht durch eine gemäß Art. 63 erlassene Nothverordnung geschehen; s. Anm. 3 zu Art. 63. Die Theilung der Urwähler in den Abtheilungen erfolgt jetzt nach dem Ges. v. 29./6. 93, betr. Aenderung des Wahlverfahrens (GS. 103). In § 7 dieses Ges. ist (wiederholt) bestimmt, daß bis zum Erlasse des im Art. 72 vorgeschriebenen Wahlgesetzes die Vorschriften der Art. 71 und 115, soweit sie den Bestimmungen des Gesetzes entgegenstehen, außer Kraft bleiben.

Art. 116. Die noch bestehenden beiden obersten Gerichtshöfe sollen zu einem Einzigen vereinigt werden.[1] Die Organisation erfolgt durch ein besonderes Gesetz.

[1] Dies erfolgte zunächst durch Ges. v. 17./5. 52 (GS. 73), welches die damaligen obersten Gerichte (das Obertribunal und den rheinischen Revisions- und Kassationshof) zum Obertribunal vereinigte. Der für die 1866 erworbenen Provinzen zufolge Verordnung v. 27./6. 67 (GS. 1103) eingeführte höchste Gerichtshof, das

Oberappellationsgericht in Berlin, wurde durch Ges. v. 6./2. 74 (GS. 19) aufgehoben und mit dem Obertribunal vereinigt. Letzteres ist durch das Ausführungsges. zum GVG. v. 24./4. 78 (GS. 230) aufgehoben. Der höchste, spezifisch preußische Gerichtshof ist jetzt das den Namen Kammergericht führende Oberlandesgericht in Berlin, insofern dieses gemäß § 50 des cit. Ges. v. 24./4. 78 vor den übrigen Oberlandesgerichten in gewissen Fällen ausschließlich zuständig ist; s. auch Anm. 1 zu Art. 92.

Art. 117. Auf die Ansprüche der vor Verkündigung der Verfassungs-Urkunde etatsmäßig angestellten Staatsbeamten soll im Staatsdienergesetz besondere Rücksicht genommen werden.

Art. 118. Sollten durch die für den deutschen Bundesstaat auf Grund des Entwurfs vom 26. Mai 1849. festzustellende Verfassung Abänderungen der gegenwärtigen Verfassung nöthig werden, so wird der König dieselben anordnen und diese Anordnungen den Kammern bei ihrer nächsten Versammlung mittheilen.

Die Kammern werden dann Beschluß darüber fassen, ob die vorläufig angeordneten Abänderungen mit der Verfassung des deutschen Bundesstaats in Uebereinstimmung stehen.

[1] Dieser mit den Königreichen Hannover und Sachsen vereinbarte, eine Ueberarbeitung des Frankfurter Verfassungsentwurfs darstellende Entwurf (Weil, Quellen und Aktenstücke zur deutschen Verfassungsgeschichte S. 168) hatte keinen Erfolg.

Art. 119. Das im Artikel 54. erwähnte eidliche Gelöbniß des Königs, sowie die vorgeschriebene Vereidigung der beiden Kammern und aller Staatsbeamten, erfolgen sogleich nach der auf dem Wege der Gesetzgebung vollendeten gegenwärtigen Revision dieser Verfassung (Artikel 62. und 108.).

Urkundlich unter Unserer Höchsteigenhändigen Unterschrift und beigedrucktem Königlichen Insiegel.

Gegeben Charlottenburg, den 31. Januar 1850.

(L. S.) Friedrich Wilhelm.

Graf v. Brandenburg. v. Ladenberg.
v. Manteuffel. v. Strotha. v. d. Heydt.
v. Rabe. Simons. v. Schleinitz.

Gesetz über die Erwerbung und den Verlust der Bundes- und Staatsangehörigkeit.

Vom 1. Juni 1870. (BGBl. 355.)

(v. Rönne, preuß. Staatsr. §§ 131 ff., II S. 13 ff., Laband, Reichsstaatsr. I §§ 14, 18, 19, Zorn, Reichsstaatsr. 252 f., G. Meyer, Lehrb. des deutschen Staatsrechts §§ 75 ff., M. Seydel in Hirth's Ann. 1876 S. 135 f., Derselbe, bayerisches Staatsrecht I S. 516 f., Cahn, Staatsangehörigkeit. Berlin 1889.)

Dieses Ges. ist gemäß § 2 des Ges. v. 16./4. 1871 (RGBl. 63) bez. § 9 des Ges. v. 22./4. 71 (RGBl. 87) und 8./1. 73 (RGBl. 51) jetzt Reichsgesetz. Vor dem Ges. v. 1./6. 1870 galt in Preußen das Ges. über die Erwerbung und den Verlust der Eigenschaft als preußischer Unterthan v. 31./12. 1842 (GS. 1843 S. 5), dessen § 2 Nr. 2 noch in Geltung steht, s. Anm. 2 zu § 7.

§. 1. Die Bundesangehörigkeit[1] wird durch die Staatsangehörigkeit in einem Bundesstaate erworben und erlischt mit deren Verlust.[2]

— — — —[3]

[1] jetzt Reichsangehörigkeit, s. auch Reichsverfassung Art. 3.

[2] Reichs- und Staatsangehörigkeit sind mithin eine untrennbare Eigenschaft, Laband I S. 126 ff., G. Meyer § 75 Anm. 5, M. Seydel in Hirth's Ann. 1876 S. 135, Zorn I S. 251, und zwar ist die Staatsangehörigkeit das primäre Verhältniß, die Reichsangehörigkeit die Folge der Staatsangehörigkeit. Das Gleiche

gilt für die Schweiz, das Umgekehrte für die Vereinigten Staaten; Laband I S. 129, s. auch Zorn I S. 254 f. Reichsangehörigkeit ohne Staatsangehörigkeit besteht für die in deutschen Schutzgebieten niedergelassenen Ausländer und die dort Eingeborenen, Ges. v. 15./3. 88 (RGBl. 71) § 6.

[3] Abs. 2, Südhessen betreffend, ist jetzt antiquirt.

§. 2. Die Staatsangehörigkeit in einem Bundesstaate wird fortan nur begründet:

1) durch Abstammung (§. 3.),
2) durch Legitimation (§. 4.),
3) durch Verheirathung (§. 5.),
4) für einen Norddeutschen durch Aufnahme und
5) für einen Ausländer durch Naturalisation
(§§. 6. ff.).

Die Adoption hat für sich allein diese Wirkung nicht.

§. 3. Durch die Geburt,[1] auch wenn diese im Auslande erfolgt, erwerben eheliche Kinder eines Norddeutschen die Staatsangehörigkeit des Vaters, uneheliche[2] Kinder einer Norddeutschen[1] die Staatsangehörigkeit der Mutter.[3]

[1] Wo die Geburt erfolgt ist, in welchem Bundesstaate oder im Auslande, ist unerheblich, Laband I S. 155.

[2] Ob Kinder als eheliche oder uneheliche anzusehen sind, beantwortet sich nach Landesrecht; s. auch Laband, Reichsstaatsrecht I S. 156. Bezüglich der Kinder aus nichtigen Ehen gilt ALR. Thl. II Tit. 2 §§ 50 f. Kinder aus Putativehen gelten als uneheliche.

[3] Das uneheliche Kind einer deutschen Mutter bleibt deutscher Staatsangehöriger, auch wenn die Mutter aus dem Unterthanenverbande austritt oder entlassen wird, BMBl. 1850 S. 210.

§. 4. Ist der Vater eines unehelichen Kindes ein Norddeutscher und besitzt die Mutter nicht die Staatsangehörigkeit des Vaters, so erwirbt das Kind durch eine den gesetzlichen[1] Bestimmungen gemäß erfolgte Legitimation[2] die Staatsangehörigkeit des Vaters.[3]

[1] d. i. landesgesetzlichen, s. Motive in den Aktenstücken des Norbd. Reichstages 1870 Nr. II S. 157. Die bez. Bestimmungen in Preußen finden sich im ALR. Thl. II Tit. 2 §§ 592 bis 611 und bzw. Rheinischen bürgerlichen Gesetzbuch Art. 331 bis 333. Entscheidend sind die Gesetze des Orts, wo der Vater zur Zeit der Legitimation seinen Wohnsitz hat, Laband I S. 156.

[2] Die Adoption hat diese Wirkung nicht.

§. 5. Die Verheirathung[1] mit einem Norddeutschen begründet[2] für die Ehefrau[3] die Staatsangehörigkeit des Mannes.

[1] die civilrechtlich gültige. Die Nichtigkeitserklärung der Ehe vernichtet daher die durch die Verheirathung erworbene Staatsangehörigkeit (s. Seydel in Hirth's Annalen 1876 S. 138, G. Meyer, Lehrb. des deutsch. Staatsr. § 76, v. Rönne II § 131 S. 14 Anm. 5 c).

[2] solange die Ehe nicht für nichtig erklärt ist (Anm. 1); die Ehescheidung hebt die Staatsangehörigkeit nicht auf, Seydel und G. Meyer l. c.

[3] nicht aber für deren Kinder aus einer früheren Ehe, Motive in den Anl. zu den Sten. Ber. des Norbd. Reichstages 1870 S. 157 Spalte 2. Heirathet daher die ausländische Mutter einen Preußen, so bleibt ihr im Auslande geborenes Kind Ausländer, es sei denn, daß der die Mutter heirathende Preuße sein natürlicher Vater ist.

§. 6. Die Aufnahme,[1] sowie die Naturalisation[2] (§. 2. Nr. 4. und 5.) erfolgt durch eine von der höheren Verwaltungsbehörde[3] ausgefertigte Urkunde.[4] [5]

[1] Die Aufnahme bezieht sich auf die Uebertwanderung eines Deutschen aus einem in den anderen deutschen Bundesstaat.

[2] Naturalisation ist die Erklärung eines Nichtdeutschen zum deutschen Reichsangehörigen.

[3] d. i. jetzt in Preußen gemäß § 155 des ZuständGes. v. 1./8. 83 (GS. 237) der Regierungs- bzw. Polizeipräsident (Anm. 2 zu Art. 105 der Verfassung). Früher die Bezirksregierung.

[4] Form und Verfahren s. im CirkReskr. des Min. des Innern v. 5./6. 1871 (BMBl. 161).

[5] Aufnahme und Naturalisation erfolgen nur auf Antrag, nicht gegen den Willen des Aufzunehmenden oder zu Naturalisirenden; erfolgen sie ohne einen solchen Antrag, so sind sie gleichwohl gültig, M. Seydel, bayer. Staatsr. I S. 527.

§. 7. Die Aufnahme-Urkunde wird jedem Angehörigen eines anderen Bundesstaates ertheilt, welcher um dieselbe nachsucht[1] und nachweist, daß er in dem Bundesstaate, in welchem er die Aufnahme nachsucht, sich niedergelassen[2] habe, sofern kein Grund vorliegt, welcher nach den §§. 2. bis 5. des Gesetzes über die Freizügigkeit vom 1. November 1867. (Bundesgesetzbl. S. 55.) die Abweisung eines Neuanziehenden oder die Versagung der Fortsetzung des Aufenthalts rechtfertigt.[3]

[1] S. Anm. 5 zu § 6.

[2] Die Niederlassung ist also die Voraussetzung des Anspruchs auf Aufnahme, nicht der Aufnahme selbst, ebenso M. Seydel in Hirth's Ann. 1883 S. 585, Laband I S. 158 Anm. 5, Zorn I S. 266 und G. Meyer § 76. Niederlassung ist der Besitz einer eigenen Wohnung oder eines Unterkommens in Verbindung mit der Absicht, in der bez. Gemeinde seinen nicht bloß vorübergehenden Aufenthalt zu nehmen, sei es auch nur als Dienstbote in einem fremden Haushalte oder als Gehülfe in einem fremden Gewerbebetriebe. Eigener Haushalt wird nicht gefordert (Miquel in den Sten. Ber. des Nordd. Reichstages 1870 I S. 260, M. Seydel in Hirth's Ann. 1870 S. 140 Anm. 4). Die Niederlassung darf keine verbotene sein.

[3] Die Versagung kann (nach dem Ermessen der Behörde, Laband I S. 160) gemäß den cit. §§ 2 bis 5 des Ges. v. 1./11. 1867 erfolgen: 1. bei Unfähigkeit, sich eine Wohnung oder ein Unterkommen zu verschaffen, 2. für die einer familienrechtlichen Gewalt unterworfenen Personen beim Mangel der Genehmigung des Gewaltinhabers, 3. bei polizeilichen Aufenthaltsbeschränkungen bestrafter Personen; s. hierzu Ges. über die Aufnahme neuanziehender Personen v. 31./12. 42 (GS. 684 S. 5); § 2 Nr. 2, welche Vorschrift noch heute gilt, s. Erk. d. OVG. v. 24./2. 83 und v. 24./6. 85 E. IX 415, XII 405, Gneist im Arch. f. öffentl. Recht 1886 S. 245 ff., 4. beim Mangel hinreichender Kräfte zur Beschaffung des nothdürftigen Lebensunterhalts, wenn er solchen weder aus eigenem Vermögen bestreiten kann, noch von einem dazu verpflichteten Verwandten erhält. Gegen die Versagung ist die Klage im Verwaltungsstreitverfahren an das OVG. statthaft (§ 155 Ges. v. 1./8. 1873, GS. 237). Die Entlassung aus der Staatsangehörigkeit des anderen deutschen Bundesstaates kann von der Behörde des Staates, bei der die Aufnahme nachgesucht wird, nicht gefordert werden, so daß ein doppeltes Landesindigenat statthaft ist; vgl. E. d. OTr. v. 14. Juli 1864 in OR. V 75, GA. XII 390, und Reskr. des Min. des Innern v. 3./10. 1872 (VMBl. 249).

§. 8. Die Naturalisations-Urkunde darf[1] Ausländern nur[2] dann ertheilt werden, wenn sie

1) nach den Gesetzen ihrer bisherigen Heimath dispositionsfähig sind, es sei denn, daß der Mangel der Dispositionsfähigkeit durch die Zustimmung des Vaters, des Vormundes oder Kurators des Aufzunehmenden ergänzt wird;
2) einen unbescholtenen Lebenswandel geführt haben;
3) an dem Orte, wo sie sich niederlassen wollen, eine eigene Wohnung oder ein Unterkommen finden;
4) an diesem Orte nach den daselbst bestehenden Ver-

hältnissen sich und ihre Angehörigen zu ernähren im Stande sind.

Vor Ertheilung der Naturalisations-Urkunde hat die höhere Verwaltungsbehörde die Gemeinde,[3] beziehungsweise den Armenverband desjenigen Orts, wo der Aufzunehmende sich niederlassen will, in Beziehung auf die Erfordernisse unter Nr. 2. 3. und 4. mit ihrer Erklärung[4] zu hören.[5]

— — — —[6]

[1] Sie braucht niemals ertheilt zu werden. Ein Recht auf die Naturalisation hat der Ausländer nicht, Motive in den Anl. zu den Sten. Ber. des Reichstages 1870 S. 258. Nur die im Reichsdienste angestellten Ausländer haben ein Recht auf Naturalisation (§ 9 Abs. 2).

[2] Die Landesbehörden können also von den in diesem § 8 enthaltenen Bedingungen nicht dispensiren, Laband I S. 160, Zorn I S. 263, M. Seydel in Hirth's Ann. 1876 S. 141, Derselbe, bayer. Staatsr. I S. 532; s. auch Arndt, Verordnungsrecht S. 228 f. Wegen Irrthums oder Mißgriffs in der Prüfung der thatsächlichen Verhältnisse kann die ertheilte Naturalisation nicht zurückgenommen, der einmal Naturalisirte nicht ausgewiesen werden, Erk. d. OVG. v. 23./6. 88 E. XIII 409.

[3] deren Vertreter: in Städten der Magistrat; VMBl. 1844 S. 219.

[4] Ein Veto steht der Gemeinde nicht zu; vgl. VMBl. 1845 S. 256.

[5] Die Landesregierungen können die Naturalisation in noch anderen Fällen für ausgeschlossen erklären, s. Anm. 1. Anderer Ans. ist v. Stengel S. 58. Der Bundesrath hat am 14./6. 1877 (Protokoll § 323) beschlossen — und die Landesregierungen haben demgemäß befohlen, s. auch CirkReſk. v. 7./7. 76 und 8./10. 80 in v. Brauchitsch, Organisationsgesetz 4. Aufl. 4. Bd. S. 447, daß Angehörigen der im Oesterreichischen Reichsrathe vertretenen Länder die Naturalisation nur dann ertheilt werden soll, wenn der Auf-

zunehmende die Entlassung aus seiner bisherigen Staatsangehörigkeit nachgewiesen hat, desgl. persischen Unterthanen, s. Art. 17 des Vertr. v. 11./6. 73 (RGBl. 351), und türkischen, MinReskr. v. 11./7. 84. Es können für die Naturalisation auch Gebühren landesrechtlich eingeführt werden. S. auch Anm. 1 zu § 10.

[6] Abs. 3 ist durch § 12 des Ges. v. 22./4. 71 (RGBl. 90) aufgehoben.

§. 9. Eine von der Regierung oder von einer Central- oder höheren Verwaltungsbehörde eines Bundesstaates vollzogene oder bestätigte Bestallung[1] für einen in den unmittelbaren oder mittelbaren Staatsdienst[2] oder in den Kirchen-,[3] Schul- oder Kommunaldienst[4] aufgenommenen Ausländer oder Angehörigen eines anderen Bundesstaates vertritt die Stelle der Naturalisations-Urkunde, beziehungsweise Aufnahme-Urkunde, sofern nicht ein entgegenstehender Vorbehalt in der Bestallung ausgedrückt wird.

Ist die Anstellung eines Ausländers[5] im Bundesdienst erfolgt, so erwirbt der Angestellte die Staatsangehörigkeit in demjenigen Bundesstaate, in welchem er seinen dienstlichen Wohnsitz[6] hat.[7]

[1] d. i. die dauernde Berufung zu einem Amte, nicht bloß zeitweise oder widerrufliche Verwendung im öffentlichen Dienste, Riedel, VerfUrk. S. 261 Anm. 3, Seydel in Hirth's Ann. 1876 S. 144 Anm. 5.

[2] d. i. auch der Offiziersdienst, Laband I S. 162 Anm. 3.

[3] d. i. Dienst in einer der aufgenommenen Religionsgesellschaften; s. Anm. 1 zu Art. 13 der VerfUrk., Zorn I S. 262 Anm. 2, Seydel in Hirth's Ann. 1876 S. 144, Anm. 7.

[4] Das Amt eines Schiedsmanns ist kein Staatsdienst, Erk. des OTr. v. 28./6. 1866, OR. VII 384; auch nicht die Rechtsanwaltschaft.

[5] Die Anstellung eines Inländers im Reichsdienst ist ohne Einfluß auf sein Indigenat, Laband I S. 163, Anm. 1, Seydel, bayer. Staatsr. I S. 539, G. Meyer § 76.

[6] und zwar den ersten dienstlichen Wohnsitz, Laband I S. 163, Anm. 1, G. Meyer, Lehrb. des deutschen Staatsrechts § 76.

[7] Im Reichsdienste angestellten Ausländern, welche ein Diensteinkommen aus der Reichskasse beziehen und im Auslande ihren dienstlichen Wohnsitz haben, darf von demjenigen Bundesstaate, in welchem sie die Verleihung der Staatsangehörigkeit nachsuchen, die Naturalisations-Urkunde nicht versagt werden, Ges. v. 20./12. 1875 (RGBl. 324).

§. 10. Die Naturalisations-Urkunde, beziehungsweise Aufnahme-Urkunde, begründet mit dem Zeitpunkte der Aushändigung alle mit der Staatsangehörigkeit verbundenen Rechte und Pflichten.[1]

[1] In Ansehung der Ertheilung der Aufnahme-Urkunde hat das Ges. v. 1. Juni 1870 § 7 den Bundesstaaten die Verpflichtung auferlegt, dieselbe in gewissen Fällen zu ertheilen. Es ist daher (Reichsverfassung Art. 2) unstatthaft, daß diese Aufnahme-Urkunde nur beschränkt oder bedingt ertheilt wird. In Ansehung der Naturalisations-Urkunde hat das Ges. v. 1./6. 1870 eine derartige Verpflichtung den Bundesstaaten nicht auferlegt (§ 8 insbesondere Anm. 1, 2, 5 das.). Diese sind daher auch befugt, die Ertheilung der Naturalisation an Bedingungen zu knüpfen, vgl. auch KO. v. 10./1. 48 (GS. 25) und Erlasse des Min. d. Innern v. 19./6. 68 (VMBl. 197), 15 XI 73 (VMBl. 336), welcher letztere zu Unrecht das Recht bestreitet, Ausländer bei ihrer Naturalisation zeitweise in der Freizügigkeit beschränken zu dürfen.

§. 11. Die Verleihung der Staatsangehörigkeit erstreckt sich, insofern nicht dabei eine Ausnahme gemacht wird, zugleich auf die Ehefrau und die noch unter väterlicher Gewalt stehenden minderjährigen Kinder.

§. 12. Der Wohnsitz innerhalb eines Bundesstaates begründet für sich allein die Staatsangehörigkeit nicht.

§. 13. Die Staatsangehörigkeit geht fortan nur[1] verloren:[2]

1) durch Entlassung auf Antrag[3] (§§. 14. ff.);
2) durch Ausspruch der Behörde (§§. 20. und 22.);
3) durch zehnjährigen Aufenthalt im Auslande (§. 21.);[3]
4) bei unehelichen Kindern durch eine den gesetzlichen Bestimmungen gemäß erfolgte Legitimation, wenn der Vater einem anderen Staate angehört als die Mutter;
5) bei einer Norddeutschen durch Verheirathung mit dem Angehörigen eines anderen Bundesstaates oder mit einem Ausländer.[4]

[1] Hieraus folgt in Verbindung mit Reichsverfassung Art 2, daß landesgesetzlich keine anderweitigen Verlustgründe aufgestellt werden dürfen, wohl aber reichsgesetzlich. Nach dem Ges., betr. die Verhinderung der unbefugten Ausübung von Kirchenämtern v. 4. Mai 1874 (RGBl. 43), können Geistliche und andere Religionsdiener, welche durch gerichtliches Urtheil aus ihrem Amte entlassen sind, oder welche wegen Ausübung eines ihnen gegen die Staatsgesetze übertragenen Amtes rechtskräftig zur Strafe verurtheilt sind und sich demnächst das Amt ausdrücklich anmaßen, thatsächlich ausüben, oder einer ihnen von der Landespolizeibehörde auferlegten Aufenthaltsbeschränkung zuwiderhandeln, ihrer Staatsangehörigkeit durch Verfügung der Centralbehörde ihres Heimathsstaates entzogen werden, mit der Wirkung, daß sie dieselbe auch in jedem anderen Bundesstaate verlieren und ohne Genehmigung des Bundesraths in keinem Bundesstaate die Staatsangehörigkeit von Neuem erwerben können.

[2] Eine KO. v. 10./3. 1838 (GS. 106) bestimmte, daß, wenn ein aus dem Inlande ausgewiesener und wegen seiner Rückkehr zur

Untersuchung gezogener Landstreicher behauptet, Inländer zu sein, das Gericht ein Gutachten der Regierung zu extrahiren und seiner Entscheidung zu Grunde zu legen habe. Diese KO. ist nicht mehr gültig (s. auch v. Rönne § 132 II S. 24 Anm. 24), und zwar deswegen nicht, weil es sich heute um die Anwendung des Reichsgesetzes v. 1. Juni 1870 handelt, in der Anwendung dieses Ges. — insoweit es zur unmittelbaren Anwendung durch den Richter bestimmt ist — der Richter keiner anderen Autorität als der des Gesetzes unterworfen ist (s. GVG. § 1, Preuß. VerfUrk. Art. 86, Arndt, Verordnungsrecht S. 211 f.).

[3] Der Antragsteller muß verfügungsberechtigt sein. Bei den unter Vormundschaft Stehenden ist Genehmigung des Vormundschaftsgerichts nöthig, Vormundschaftsordnung v. 5./7. 1875 (GS. 431) § 42 Nr. 1.

[4] Ausland gleich Außerdeutschland; durch noch so langen Aufenthalt in einem anderen deutschen Bundesstaate geht die Staatsangehörigkeit nicht verloren, s. auch Anm. 2 zu § 7.

§. 14. Die Entlassung wird durch eine von der höheren Verwaltungsbehörde[1] des Heimathsstaates ausgefertigte Entlassungs-Urkunde[2] ertheilt.

[1] d. i. in Preußen jetzt der Regierungs- bezw. Polizeipräsident, § 155 Ges. v. 1./8. 83 (GS. 237). Zuständig ist die Behörde des Wohnorts des zu Entlassenden.

[2] Form derselben im CirkReskr. des Min. des Innern v. 5./6. 71 (VMBl. 161).

§. 15. Die Entlassung wird jedem Staatsangehörigen ertheilt, welcher nachweist, daß er in einem anderen Bundesstaate die Staatsangehörigkeit erworben hat.[1]

In Ermangelung dieses Nachweises darf sie nicht ertheilt werden:

1) Wehrpflichtigen,[2] welche sich in dem Alter vom vollendeten siebenzehnten bis zum vollendeten fünf

und zwanzigsten Lebensjahre befinden, bevor sie ein Zeugniß der Kreis-Ersatzkommission[3] darüber beigebracht haben, daß sie die Entlassung nicht blos in der Absicht nachsuchen, um sich der Dienstpflicht im stehenden Heere oder in der Flotte zu entziehen;[4]

2) Militairpersonen, welche zum stehenden Heere oder zur Flotte gehören, Offizieren[5] des Beurlaubtenstandes[6] und Beamten,[7] bevor sie aus dem Dienste entlassen sind;[8]

3) den zur Reserve des stehenden Heeres und zur Landwehr, sowie den zur Reserve der Flotte und zur Seewehr gehörigen und nicht als Offiziere angestellten Personen, nachdem sie zum aktiven Dienste einberufen worden sind.[9] [10]

[1] oder besitzt (er hatte schon die Staatsangehörigkeit in einem anderen Bundesstaate), s. auch Seydel in Hirth's Ann. 1876 S. 146, 147 Anm. 6, G. Meyer, Lehrb. des deutschen Staatsrechts § 77 Anm. 5.

[2] Darunter sind hier nur solche Wehrpflichtige gemeint, über deren Wehrpflicht noch keine Entscheidung getroffen ist, nicht Reservisten, s. G. Meyer §§ 77, Seydel in Hirth's Ann. 1881 S. 67, 68. Letzere bedürfen daher auch, wenn sie das 25. Lebensjahr noch nicht vollendet haben, von besonderen Anordnungen bei Krieg und Kriegsgefahr abgesehen, des hier erwähnten Zeugnisses zur Entlassung nicht, auch nicht der Erlaubniß zur Auswanderung, wenn nicht der Fall unter Nr. 3 dieses Paragraphen vorliegt. Doch sind Ersatzreservisten I. Klasse nach § 360 Nr. 3 StrGB. zu bestrafen, wenn sie von ihrer bevorstehenden Auswanderung der Militärbehörde keine Anzeige erstattet haben.

[3] jetzt Ersatzkommission, s. Militärges. v. 2./5. 74 (RGBl. 45) § 30 Nr. 3 a. Das Verfahren dieser Behörde ist vorgeschrieben in der deutschen Wehrordnung v. 22./11. 88 (RGBl. 1889 S. 1 § 27).

[4] Wehrpflichtige, welche ohne die Entlassung aus der Staatsangehörigkeit auswandern, um sich der Militärpflicht zu entziehen, sind strafbar nach StrGB. § 140.

[5] auch im Offizierrange stehende Aerzte des Beurlaubtenstandes.

[6] Wer zum stehenden Heer, zur Landwehr und zum Beurlaubtenstande gehört, ergiebt sich aus den Militärges., insbesondere Militärgesetz v. 2./5. 74 (RGBl. 45).

[7] d. h. alle im öffentlichen Dienste dauernd angestellten Personen, Seydel in Hirth's Ann. 1876 S. 147 Anm. 3, Riedel, Reichsverfassung S. 264 Anm. 7 zu § 15.

[8] Strafe für die unter Nr. 2 fallenden Militärpersonen aus RMStrGB., ev. aus StrGB. § 140, s. auch Militärges. v. 2./5. 74 (RGBl. 45) § 60.

[9] Wer von den unter Nr. 3 fallenden Personen unbefugt auswandert, fällt unter RMStrGB. §§ 69 ff., 113. Zur Uebung einberufene Ersatzreservisten stehen den Mannschaften der Reserve gleich und fallen unter Nr. 3, s. auch Zorn I § 16 S. 268, M. Seydel in Hirth's Ann. 1881 S. 67 f. Wenn beurlaubte Reservisten oder Wehrleute ohne Erlaubniß auswandern, oder Ersatzreservisten erster Klasse von ihrer bevorstehenden Auswanderung der Militärbehörde keine Anzeige erstatten, fallen sie — wenn keine härtere Strafe aus dem RMStrGB. verwirkt ist — unter StrGB. § 360 Nr. 3. S. auch W. Cahn S. 137, 138.

[10] Nach dem RMG. v. 2./5. 74 (RGBl. 61) § 63 und Ges. v. 6./5. 80 (RGBl. 104) Art. I § 3 Nr. 8 ist die Entlassung auch ausgeschlossen für nicht zur Reserve des Heeres oder der Landwehr gehörige Personen des Beurlaubtenstandes und übungspflichtige Ersatzreservisten, wenn sie die Genehmigung der Militärbehörde nicht erlangt haben.

§ 16 ist aufgehoben, s. Ges. v. 22./4. 71 (RGBl. 87) §§ 9 u. 12.

§. 17. Aus anderen als aus den in den §§. 15. und 16. bezeichneten Gründen[1] darf in Friedenszeiten die Entlassung nicht verweigert werden.[2] Für die Zeit

eines Krieges oder einer Kriegsgefahr bleibt dem Bundespräsidium[3] der Erlaß besonderer Anordnung vorbehalten.[4 5]

[1] ob sie vorliegen, entscheidet sich nach dem Zeitpunkte des Eingangs des Gesuchs, Reskr. v. 31./5. 83 (BMBl. 140).

[2] also z. B. nicht wegen rückständiger Steuern, M. Seydel I S. 545, OVG. 14./11. 87 E. XV 405. Prozeßrechtliche Sicherungsmaßregeln sind durch § 17 nicht ausgeschlossen, W. Cahn, das RG. über die Erwerbung und den Verlust der Staatsangehörigkeit, Berlin 1889 S. 141.

[3] jetzt dem Kaiser.

[4] Strafbestimmung in § 140 Nr. 3 StrGB.

[5] Gegen die die Entlassung verweigernde Entscheidung der höheren Verwaltungsbehörde (Anm. 1 zu § 14) ist in Friedenszeiten binnen zwei Wochen die Klage an das OVG. statthaft; Zuständigkeitsges. v. 1./8. 83 (GS. 237) § 155, Abs. 2. Zeugnisse der Kreis-Ersatzkommission (§ 15 Abs. 1) unterliegen bezüglich ihrer sachlichen Begründung nicht der Nachprüfung Seitens des OVG.; Erk. des OVG. v. 29./10. 87 E. XV 410.

§. 18. Die Entlassungs-Urkunde bewirkt mit dem Zeitpunkte der Aushändigung[1] den Verlust der Staatsangehörigkeit.

Die Entlassung wird unwirksam,[2] wenn der Entlassene nicht binnen sechs Monaten[3] vom Tage der Aushändigung der Entlassungs-Urkunde an seinen Wohnsitz außerhalb des Bundesgebietes verlegt oder die Staatsangehörigkeit in einem anderen Bundesstaate erwirbt.[4]

[1] Daß die Aushändigung gerade an den Auswandernden erfolgt, ist nicht nothwendig. Nothwendig ist dagegen die Aushändigung; die bloße Ausfertigung genügt nach Ansicht des OTr. (GA. XII 781, OR. V 92), um die Bestrafung wegen unbefugter Auswanderung auszuschließen.

[2] ipso jure, ohne Erklärung, und mit der Wirkung, als ob sie nie ausgestellt wäre, Laband I S. 164 Anm. 4. Zorn I S. 267.

[3] Berechnung von Datum zu Datum, s. Zorn I S. 267.

[4] Vorausgesetzt wird hierbei, daß der Auswandernde nicht schon eine andere deutsche Staatsangehörigkeit besitzt, s. Seydel in Hirth's Ann. 1876 S. 148 Anm. 2. Schutzgebiete des deutschen Reichs gelten ausnahmsweise im Sinne des § 18 nicht als Reichsgebiet, W. Cahn S. 145.

Der Zweck der Bestimmung in Abs. 2 ist, fingirte Auswanderungen abzuschneiden.

§. 19. Die Entlassung erstreckt sich, insofern nicht dabei eine Ausnahme gemacht wird,[1] zugleich auf die Ehefrau und die noch unter väterlicher Gewalt stehenden minderjährigen Kinder.

[1] Eine solche Ausnahme ist für wehrpflichtige Kinder stets zu machen nach Maßgabe des § 15.

§. 20. Norddeutsche, welche sich im Auslande aufhalten, können ihrer Staatsangehörigkeit durch einen Beschluß der Centralbehörde ihres Heimathsstaates verlustig erklärt werden,[1 2] wenn sie im Falle eines Krieges oder einer Kriegsgefahr einer durch das Bundespräsidium[3] für das ganze Bundesgebiet anzuordnenden ausdrücklichen Aufforderung[4] zur Rückkehr binnen der darin bestimmten Frist keine Folge leisten.

[1] Eine solche Verlustigkeits-Erklärung bezieht sich nicht auf die Ehefrau und die Kinder des Betroffenen (Zorn I S. 271, G. Meyer § 77, v. Rönne II S. 28 Anm. 3, Bornhak S. 266, anderer Ansicht Seydel in Hirth's Ann. 1876 S. 151 und W. Cahn S. 149). Die nach dem Indigenatsverluste geborenen Kinder sind dagegen Ausländer.

[2] Der Beschluß wirkt nur für den bez. Staat, wie auch G. Meyer § 78, v. Rönne II S. 35 und Seydel, bayer. Staatsr. I S. 547 Anm. 9 annehmen, und hat keine Wirkung für ein Indiginat in einem anderen deutschen Bundesstaate (anderer Ansicht Zorn I S. 271). Es muß daher event. ein solcher Beschluß von der Centralbehörde jedes Bundesstaates gefaßt werden, in welchem ein Indigenat besteht; s. auch Laband I S. 168.

[3] jetzt dem Kaiser.

[4] Solche Aufforderungen heißen auch Avokatorien.

§. 21. Norddeutsche, welche das Bundesgebiet verlassen[1] und sich zehn Jahre[2] lang ununterbrochen[3] im Auslande aufhalten,[4] [5] verlieren dadurch ihre Staatsangehörigkeit.[5] Die vorbezeichnete Frist wird von dem Zeitpunkte des Austritts aus dem Bundesgebiete oder, wenn der Austretende sich im Besitz eines Reisepapieres[6] oder Heimathsscheines[7] befindet, von dem Zeitpunkte des Ablaufs dieser Papiere an gerechnet. Sie wird unterbrochen durch die Eintragung in die Matrikel eines Bundeskonsulats.[8] Ihr Lauf beginnt von Neuem mit dem auf die Löschung in der Matrikel folgenden Tage.[9]

Der hiernach eingetretene Verlust der Staatsanhörigkeit erstreckt sich zugleich auf die Ehefrau und die unter väterlicher Gewalt stehenden minderjährigen Kinder, soweit sie sich bei dem Ehemanne, beziehungsweise Vater befinden.[10]

Für Norddeutsche, welche sich in einem Staate des Auslandes mindestens fünf Jahre lang ununterbrochen aufhalten und in demselben zugleich die Staatsangehörigkeit erwerben, kann durch Staatsvertrag die zehnjährige Frist bis auf eine fünfjährige vermindert werden,[11] ohne

Unterschied, ob die Betheiligten sich im Besitze eines Reisepapieres oder Heimathsscheines befinden oder nicht.

Norddeutschen, welche ihre Staatsangehörigkeit durch zehnjährigen Aufenthalt im Auslande verloren und keine andere Staatsangehörigkeit erworben haben, kann[12] die Staatsangehörigkeit in dem früheren Heimathsstaate wieder verliehen werden,[13] auch ohne daß sie sich dort niederlassen.

Norddeutsche, welche ihre Staatsangehörigkeit durch zehnjährigen Aufenthalt im Auslande verloren haben und demnächst in das Gebiet des Norddeutschen Bundes zurückkehren, erwerben die Staatsangehörigkeit in demjenigen Bundesstaate, in welchem sie sich niedergelassen haben, durch eine von der höheren Verwaltungsbehörde ausgefertigte Aufnahme-Urkunde, welche auf Nachsuchen ihnen ertheilt werden muß.[14] [15]

[1] hier gleichviel, ob mit oder ohne die erforderliche Erlaubniß. § 21 gilt auch für Standesherren, s. VerfUrk. Art. 4 Anm. 3, OTr. 14./7. 64, OR. V 75, W. Cahn S. 155.

[2] Berechnung von Datum zu Datum, Seydel in Hirth's Ann. 1876 S. 154.

[3] Daher wird die in § 21 statuirte Verjährungsfrist unterbrochen, wenn der Ausgewanderte auch nur vorübergehend im deutschen Reiche seinen Wohnsitz nimmt. Wenn er vorübergehend und ohne die Absicht der Wohnsitznahme, z. B. um Angehörige, Geschäftskunden zu besuchen, in das Deutsche Reich kommt, so unterbricht dies nicht die Verjährungsfrist, s. Seydel in Hirth's Ann. 1876 S. 154, Anm. 2, Laband I S. 465 Anm. 5, s. auch W. Cahn S. 159.

[4] S. auch Anm. 10. Ob der Aufenthalt ein freiwilliger war oder nicht, ist unerheblich. Fraglich ist, ob durch die Kgl. Begnadigung Eines, der ins Ausland geflohen und dort zehn Jahre geblieben ist, demselben zugleich das Staatsbürgerrecht wieder ver-

liehen ist, s. über diese Frage Sten. Ber. des Abg.H. 1861 S. 1361, 1383 f., GA. IX 634. Die Frage, welche v. Rönne II S. 31 Anm. 3b anders (und wohl unrichtig) formulirt, ist zu verneinen. Der Verlust des Indigenats aus § 20 ist keine Strafe, so daß VerfUrk. Art. 49 auf ihn nicht Anwendung findet. Im Uebrigen ist Erwerb und Verlust des Indigenats durch Reichsgesetz geregelt, also dem einseitigen Verfügungsrecht des Königs nicht unterworfen.

Im Sinne des § 21 gelten die deutschen Schutzgebiete als Inland, Ges. v. 15./3. 88 (RGBl. 71) § 6.

[5] und gelten somit als Ausländer, d. h. sie können ohne Weiteres ausgewiesen werden. Als Ausländer würden sie der Wehrpflicht nicht unterliegen; indeß findet auf sie § 11 des Militärges. v. 2./5. 74 (RGBl. 45) Anwendung.

[6] Lautet das Reisepapier auf Zeit, so beginnt die Verjährungsfrist vom Ablauf derselben. S. auch W. Cahn S. 161 f.

[7] Vgl. hierzu Bundesbeschl. v. 20./1. 81 (RCBl. 22) und CR. des Min. des Innern v. 17./3. 81 (BMBl. 86). Nach dem Bundesrathsbeschluß v. 3./3. 83 (CR. des Min. des Innern v. 15./5. 84 BMBl. 105) sind „Heimathsscheine" nur zur Benutzung im Reichsauslande bestimmt, während zur Benutzung innerhalb des Reichsgebiets „Staatsangehörigkeits-Ausweise" auszustellen sind.

[8] Vgl. Ges., betr. die Organisation der Bundeskonsulate v. 8./11. 67 (BGBl. 137) § 12. Die Ausstellung eines nach § 25 dieses Ges. ausgestellten Passes unterbricht dagegen die Verjährung nicht, s. auch Seydel in Hirth's Ann. 1876 S. 154 Anm. 4.

[9] Für Minderjährige, welche sich nicht beim Vater befinden und selbstständig ausgewandert sind, beginnt die Frist erst mit der Großjährigkeit, vgl. Landgraff in Hirth's Ann. 1870 S. 644, v. Rönne II § 132 S. 32 Anm. 1b, dies ist die Praxis, vgl. BMBl. 1867 S. 134, 1868 S. 181; anderer Ansicht Laband I S. 166, 2, Seydel in Hirth's Ann. 1883 S. 582 f. und G. Meyer § 77. S. auch W. Cahn S. 169 f.

Beim Vater befinden sich die Kinder auch, wenn er sie z. B. wo anders in Erziehung giebt (G. Meyer § 77).

[10] Geschehen im (Bancroft-)Vertrage mit den Vereinigten Staaten von Nordamerika v. 22./2. 68 (BGBl. 228). S. auch Erk. des OVG. v. 13./10. 86 Entsch. XIV 388.

[11] Verpflichtet ist also der bez. Staat nicht; für Preußen s. Reskr. des Min. des Innern v. 25./6. 75 (BMBl. 228); s. auch Seydel in Hirth's Ann. 1876 S. 143.

[12] ohne daß also hier § 8 Anwendung findet.

[13] Diese Vorschrift (Absatz 5) bezieht sich nicht auf die Fälle der auf fünf Jahre abgekürzten Frist. Seydel in Hirth's Ann. 1876 S. 143 Anm. 7, Erk. d. OVG. v. 13./10. 86, Entsch. XIV 388, anderer Ansicht Bornhak S. 255.

[14] Gegen die Verweigerung der Aufnahme-Urkunde im Falle des § 21 Absatz 5 ist binnen zwei Wochen die Klage an das OVG. zulässig. Zuständigkeitsges. v. 1./8. 83 (GS. 237) § 155.

§. 22. Tritt ein Norddeutscher ohne Erlaubniß seiner Regierung in fremde[1] Staatsdienste, so kann die Centralbehörde seines Heimathsstaates denselben durch Beschluß[2] seiner Staatsangehörigkeit verlustig erklären, wenn er einer ausdrücklichen Aufforderung zum Austritte binnen der darin bestimmten Frist keine Folge leistet.[3]

[1] ausländische Laband I S. 140, Riedel S. 269 Anm. 2.

[2] S. Anm. 2 zu § 20.

[3] § 22 betrifft den sog. diplomatischen Landesverrath.

§. 23. Wenn ein Norddeutscher mit Erlaubniß seiner Regierung bei einer fremden[1] Macht dient, so verbleibt ihm[2] seine Staatsangehörigkeit.[3]

[1] ausländischen.

[2] unbeschadet der sich aus § 20 für ihn ergebenden Verpflichtung.

[3] Diese kann verloren gehen (§ 21), wenn die Erlaubniß widerrufen wird, anderer Ansicht Laband I S. 141, s. auch Seydel, bayer. Staatsr. I S. 567.

§. 24. Die Ertheilung von Aufnahme-Urkunden und in den Fällen des §. 15. Absatz 1. von Entlassungs-Urkunden erfolgt kostenfrei.

Für die Ertheilung von Entlassungs-Urkunden in anderen als den im §. 15. Absatz 1. bezeichneten Fällen darf an Stempelabgaben und Ausfertigungsgebühren zusammen nicht mehr als höchstens Ein Thaler erhoben werden.

§. 25. Für die beim Erlasse dieses Gesetzes im Auslande sich aufhaltenden Angehörigen derjenigen Bundesstaaten, nach deren Gesetzen die Staatsangehörigkeit durch einen zehnjährigen oder längeren Aufenthalt im Auslande verloren ging, wird der Lauf dieser Frist durch dieses Gesetz nicht unterbrochen.

Für die Angehörigen der übrigen Bundesstaaten beginnt der Lauf der im §. 21. bestimmten Frist mit dem Tage der Wirksamkeit dieses Gesetzes.

§. 26. Alle diesem Gesetze zuwiderlaufenden Vorschriften werden aufgehoben.

§. 27. Dieses Gesetz tritt am 1. Januar 1871. in Kraft.

Anlage II zu Art. 29 und 30.

Verordnung über die Verhütung eines die gesetzliche Freiheit und Ordnung gefährdenden Mißbrauchs des Versammlungs- und Vereinigungsrechtes.

Vom 11. März 1850. (G.S. 277.)

Gültig zunächst für den damaligen Umfang der Monarchie. In den neuen Landestheilen eingeführt durch Verordn. v. 25./6. 67 (GS. 921) Art. II; in Lauenburg durch Ges. v. 23./6. 76 (GS. S. 172) § 10.

Die materiell strafrechtlichen Bestimmungen dieses Ges. sind durch § 2 EG. z. StGB., die prozessualischen durch § 6 Nr. 2 EG. z. StPO. aufrecht erhalten.

Das Ges. kann wie Art. 29, 30 der VerfUrk. v. 31./1. 50, auf denen es beruht, zeit- und distriktsweise außer Kraft gesetzt werden (VerfUrk. 111). Es gilt nicht für das Heer, s. VerfUrk. Art. 38, 39 und unten § 22. Neben den in der Verordnung enthaltenen Beschränkungen des Vereins- und Versammlungswesens gelten noch die aus den allgemeinen Befugnissen der Polizeibehörden (ALR. Thl. II Titel 17 § 10) fließenden, z. B. wenn die Sicherheit der Personen in Frage steht, OVG. v. 11./10. 84 und 19./11. 84, E. XI 382, 389, 24./9. 88 E. XVIII 422, Arndt, in Hirth's Ann. 1886 S. 314.

Das Versammlungs- und Vereinswesen ist der reichsgesetzlichen Zuständigkeit unterworfen (Reichsverfassung Art. 4), doch fehlt ein allgemeines Reichsgesetz über diese Gegenstände. Das auf gewisse

Zeit erlassene Ges. gegen die gemeingefährlichen Bestrebungen der Sozialdemokratie v. 21./10. 78 (RGBl. 351) ist Mangels Erneuerung außer Kraft getreten.

v. Rönne II § 145 S. 184—202, P. Caspar, Das preußische Versammlungs- und Vereinsrecht, Berlin 1894.

§. 1. Von allen Versammlungen,[1] in welchen öffentliche Angelegenheiten[2] erörtert oder berathen werden sollen,[3] hat der Unternehmer mindestens vier und zwanzig Stunden vor dem Beginne der Versammlung, unter Angabe des Ortes und der Zeit derselben, Anzeige bei der Ortspolizeibehörde[4] zu machen.[5] Diese Behörde hat darüber sofort eine Bescheinigung[6] zu ertheilen.

Beginnt die Versammlung nicht spätestens eine Stunde nach der in der Anzeige angegebenen Zeit, so ist die später beginnende Versammlung als vorschriftsmäßig angezeigt nicht anzusehen. Dasselbe gilt, wenn eine Versammlung die länger als eine Stunde ausgesetzten Verhandlungen wieder aufnimmt.[7]

[1] Für Versammlungen unter freiem Himmel vgl. die Spezialvorschriften §§ 9 ff. Für Versammlungen von Vereinen vgl. § 3. Ueber den Begriff der Versammlung vgl. RG. v. 22./9. 90, Entsch. in Straff. Bd. 21 S. 73.

[2] Nicht bloß politische: vgl. § 8 insbesondere Anm. 1 daselbst. Oeffentliche Angelegenheiten: vgl. OTr. v. 8./5. 67, OR. VIII 290, GA. XV 489, sind Gegenstände, welche über den Rechtskreis bestimmter, sei es physischer, sei es moralischer Personen hinausgehen, nicht nur solche, welche die Allgemeinheit der Staatsbürger betreffen, vgl. auch OR. VIII 291.

[3] Die Absicht, in welcher die Einberufung erfolgt, entscheidet, gleichgültig, was demnächst faktisch geschieht. OTr. v. 5./11. 74,

OR. XV 749, OTr. v. 19./2. 79, OR. XX 92, GA. XXVII 143, Entsch. des KG. Bd. 6 S. 243, 247.

[4] Auf dem Lande für den Geltungsbereich der Kreisordnung v. 1. Dez. 1872 der Amtsvorsteher, vgl. die §§ 46, 49, 77 der Kreisordnung, in Westfalen der Amtmann, in der Rheinprovinz die Landbürgermeister, in Hannover der Landrath, in Hessen-Nassau die Bürgermeister, in den Städten die Bürgermeister, in den hannoverschen, sg. selbstständigen, der Magistrat, in denen mit Kgl. Polizeiverwaltung deren Chef. Anzeige an eine falsche Stelle befreit nicht von Strafe, OTr. v. 7./11. 67, OR. VIII 681, GA. XVI 56.

[5] Strafbestimmung § 12.

[6] Die Bescheinigung muß sofort und selbst an Sonn- und Feiertagen ertheilt werden. OTr. v. 22./6. 78, OR. XIX 325, GA. XXVI 450; es ist der Polizeibehörde nicht gestattet, Beschränkungen bei Ertheilung der Bescheinigung zuzufügen, OVG. v. 26./6. 80, E. VI 370.

[7] Eine Ausnahme besteht für kirchliche und religiöse Vereine und deren Versammlungen, wenn diese Vereine Korporationsrechte haben, s. § 2 Abs. 3.

§. 2. Die Vorsteher[1] von Vereinen,[2] welche eine Einwirkung auf öffentliche Angelegenheiten[3] bezwecken, sind verpflichtet, Statuten des Vereins und das Verzeichniß der Mitglieder binnen drei Tagen nach Stiftung des Vereins, und jede Aenderung der Statuten oder der Vereinsmitglieder binnen drei Tagen, nachdem sie eingetreten ist, der Ortspolizeibehörde[4] zur Kenntnißnahme einzureichen,[5 6] derselben auch auf Erfordern jede darauf bezügliche Auskunft zu ertheilen.[6]

Die Ortspolizeibehörde hat über die erfolgte Einreichung der Statuten und der Verzeichnisse, oder der Abänderungen derselben, sofort eine Bescheinigung zu ertheilen.

Die Bestimmungen dieses und des vorhergehenden Paragraphen beziehen sich nicht auf kirchliche und religiöse Vereine und deren Versammlungen, wenn[7] diese Vereine Korporationsrechte haben.[8]

[1] Die thatsächlichen, wenn auch nicht durch die Statuten bestimmten. Vgl. OR. XIV 224, GA. XXI 472.

[2] Jede unter einer Leitung stehende dauernde Vereinigung Mehrerer zur Verfolgung bestimmter gemeinschaftlicher Zwecke. OTr. v. 30./4. 69, Entsch. 62 S. 15*, OR. X 279, GA. XVII 522, RG. v. 2./11. 88, Entsch. in Straff. XVIII 172, unter Umständen ist auch die von einem Verein gewählte Kommission ein Verein. Daß sämmtliche in den Verein getretene Personen von den Zwecken nähere Kenntniß haben, ist nicht erforderlich, OTr. v. 17./6. 75, OR. XVI 453, GA. XXIII 626. Auch wenn Vereins-Statuten fehlen, ist die Annahme des Vorhandenseins eines Vereins nicht ausgeschlossen, OTr. v. 22./2. 77, OR. XVIII 158, AG. XXV 249.

[3] Vgl. Anm. 2 zu § 1. Die Einwirkung auf öffentliche Angelegenheiten kann auch auf schriftlichem Wege erfolgen; daß Berathung im Vereine geschieht, ist nicht erforderlich, OTr. v. 28./11. 78, GA. XXVI 579, OR. XIX 552.

[4] nicht bloß des Ortes, wo der Verein seinen „Sitz" hat, sondern jedes Ortes, wo sich Mitglieder des Vereins befinden und eine Vereinsthätigkeit ausgeübt wird. OTr. v. 9./6. 70, JMBl. 218, OR. XI 346, GA. XVIII 631 und OTr. v. 27./3. 73, Entsch. Bd. 69 S. 129*, OR. XIV 224, GA. XXI 472; das bloße Abhalten einer Volksversammlung durch den Vereinsvorsitzenden gilt noch nicht als Vereinsthätigkeit. OTr. v. 25./5. 77, GA. XXV 384. S. im Uebrigen Anm. 4 zu § 1.

[5] Zur Vermeidung der Strafe des § 13 in deutscher Sprache, OTr. v. 9./2. 76, OR. XVII 103, GA. XXIV 65.

[6] Strafbestimmung § 13.

[7] Andernfalls selbst dann, wenn auch nur Religionsausübung in Frage steht. Dies hat in Uebereinstimmung mit der Verwaltungspraxis, MReskr. d. Inn. v. 1./8. 50, VMBl. 204, das OTr. konstant angenommen, OTr. v. 15./9. 76, OR. XVII 565,

GA. XXIV 675; s. auch OTr. v. 11./1. 76, Entsch. Bd. 76 S. 398 u. v. a.

[8] Hinsichtlich verbotener Vereine vgl. §§ 128, 129 StrGB.

§. 3. Wenn für die Versammlungen eines Vereines, welcher eine Einwirkung auf öffentliche Angelegenheiten bezweckt, Zeit und Ort statutenmäßig oder durch einen besonderen Beschluß im Voraus feststeht, und dieses wenigstens vier und zwanzig Stunden vor der ersten Versammlung zur Kenntniß der Ortspolizeibehörde gebracht worden ist, so bedarf es einer besonderen Anzeige, wie sie der §. 1. erfordert, für die einzelnen Versammlungen nicht.[1]

[1] Auch solche Versammlungen eines politischen Vereins unterliegen der Anzeigepflicht, welche auf öffentliche Angelegenheiten nicht einwirken wollen, s. KG. v. 6./11. 82 (BMBl. 1883 S. 48) und dagegen OVG. v. 9/7. 72; s. auch Caspar S. 50.

§. 4. Die Ortspolizeibehörde[1] ist befugt,[2] in jede Versammlung, in welcher öffentliche Angelegenheiten erörtert oder berathen werden sollen, einen oder zwei Polizeibeamte oder eine oder zwei andere Personen als Abgeordnete zu senden.

Die Abgeordneten dürfen, wenn sie Polizeibeamte sind, nur in ihrer Dienstkleidung oder unter ausdrücklicher Kundgebung[3] ihrer dienstlichen Eigenschaft erscheinen. Sind sie nicht Polizeibeamte, so müssen sie durch besondere Abzeichen erkennbar sein.

Den Abgeordneten muß ein angemessener Platz eingeräumt, ihnen auch auf Erfordern durch den Vorsitzenden Auskunft über die Person der Redner gegeben werden.[4]

¹ S. 4 zu § 1. Auch deren vorgesetzte Polizeibehörde, insbesondere auch der Landrath, OTr. v. 18./11. 64, JMBl. 1865 S. 27, VMBl. 1865 S. 29, GA. XIII 50, OR. V 272.

² und auf Antrag der Staatsanwaltschaft verpflichtet; s. M.-Reskr. d. Inn. v. 7./12. 50, VMBl. 378.

³ durch Worte oder konkludente Handlungen, OTr. 24./1. 77, OR. XVIII 61, GA. XXV 83.

⁴ Strafbestimmung § 14.

§ 5. Die Abgeordneten der Polizeibehörde sind, vorbehaltlich des gegen die Betheiligten gesetzlich einzuleitenden Strafverfahrens, befugt, sofort jede Versammlung aufzulösen, bezüglich deren die Bescheinigung der erfolgten Anzeige (§§. 1. und 3.)[1] nicht vorgelegt werden kann. Ein Gleiches gilt, wenn in der Versammlung Anträge oder Vorschläge erörtert werden, die eine Aufforderung oder Anreizung zu strafbaren Handlungen enthalten;[2] oder wenn in der Versammlung Bewaffnete erscheinen, die der Aufforderung des Abgeordneten der Obrigkeit entgegen, nicht entfernt werden.[3] [4]

¹ Vgl. insbes. auch § 1 Abs. 2.

² Vgl. §§ 110, 111 StrGB.

³ Vgl. auch § 8 Abs. 3.

⁴ Die Auflösung kann auch dann erfolgen, wenn sie aus allgemein polizeilichen Gesichtspunkten (ALR II 17 § 10) nothwendig ist, OVG. v. 26./9. 76 I 347, 11./10. 84 XI 382. Arndt in Hirth's Ann. 1886 S. 314. Ein solcher Grund ist in dem Gebrauche einer fremden Sprache nicht zu finden, OVG. v. 26./9. 76, E. I 347.

§. 6. Sobald ein Abgeordneter der Polizeibehörde die Versammlung für aufgelöst erklärt hat, sind alle Anwesenden verpflichtet,[1] sich sofort zu entfernen.[2] Diese

Erklärung kann nöthigenfalls durch die bewaffnete Macht zur Ausführung gebracht werden.

[1] auch wenn die Auflösung ohne gesetzlichen Grund erfolgte, OTr. v. 10./12. 68, OR. IX 720.

[2] Strafbestimmung § 15.

§. 7. Niemand darf in einer Versammlung bewaffnet[1] erscheinen,[2] mit Ausnahme der im Dienste befindlichen Polizeibeamten.[3]

[1] Ehrendegen, Rappiere u. dergl. gelten hier als Waffen nur, wenn sie zu Angriffs- oder Vertheidigungszwecken mitgenommen sind; vgl. OTr. 14./5. 53, GA. I 379, 31./3. 64, GA. XII 417, OR. IV 433.

[2] Strafbestimmung §§ 18, 19.

[3] Kriegervereine unterliegen dem § 7 nicht, für sie gilt KO. v. 22./2. 42 (VMBl. 97), welche vom OVG. v. 11./12. 78, VMBl. 1879 S. 73 für noch rechtskräftig erachtet wird; desgl. von dem MReskr. d. Inn. v. 19./11. 75, VMBl. 1876 S. 5. Solche Vereine bedürfen nach der KO. v. 22./3. 1842 § 3 der ortspolizeilichen Genehmigung.

§. 8. Für Vereine, welche bezwecken, politische[1] Gegenstände in Versammlungen zu erörtern,[2] gelten außer vorstehenden Bestimmungen nachstehende Beschränkungen:[3]

a) sie dürfen keine Frauenspersonen, Schüler[4] und Lehrlinge als Mitglieder aufnehmen;

b) sie dürfen nicht mit anderen Vereinen gleicher Art zu gemeinsamen Zwecken in Verbindung treten,[5] insbesondere nicht durch Komite's, Ausschüsse, Central-Organe oder ähnliche Einrichtungen oder durch gegenseitigen Schriftwechsel.

Werden diese Beschränkungen überschritten, so ist die Ortspolizeibehörde[6] berechtigt, vorbehaltlich des gegen die Betheiligten gesetzlich einzuleitenden Strafverfahrens, den Verein bis zur ergehenden richterlichen Entscheidung (§. 16.) zu schließen.[7]

Frauenspersonen, Schüler[4] und Lehrlinge dürfen den Versammlungen und Sitzungen solcher politischen Vereine nicht beiwohnen. Werden dieselben auf die Aufforderung des anwesenden Abgeordneten der Obrigkeit nicht entfernt, so ist Grund zur Auflösung der Versammlung oder der Sitzung (§§. 5. 6.) vorhanden.

[1] den Staat und seine Einrichtungen betreffende, BMBl. 1864 S. 269, OTr. v. 26./11. 75, Entsch. Bd. 76 S. 394, 2./2. 76, OR. XVII. 79, GA. XXIV 66 u. a. m. oder wie RG. 10./11. 87, Entsch. in Straff. XVI 383 sagt, alle Gegenstände, welche die Verfassung, Verwaltung, Gesetzgebung des Staates, die staatsbürgerlichen Rechte der Unterthanen und die internationalen Beziehungen der Staaten zu einander in sich begreifen.

[2] Unerheblich ist, ob solche Erörterungen stattgefunden haben, der Zweck des Vereins ist entscheidend, OTr. v. 15./12. 75, OR. XVI 800, GA. XXIII 832, 20./3. 78, OR. XIX 151.

[3] Strafbestimmung § 16, s. auch § 21 Abs. 2.

[4] als solche gelten Studenten und sonstige Hochschüler nicht.

[5] Selbstständigkeit des Einzelvereins ist dabei nicht Voraussetzung, die Strafvorschrift findet insbesondere gerade da Anwendung, wo die Einzelvereine sich als Zweig- bezw. Nebenvereine eines Hauptvereins darstellen. OTr. v. 30./4. 69, GA. XVII 522, OR. X 279 E. Bd. 62 S. 18*; s. auch GA. XVII 222, XXIII 620, OR. X 50. Nur direkte Verbindung ist verboten, OTr. 8./3. 77, OR. XVIII 197.

[6] S. Anm. 4 zu § 1.

[7] Strafbestimmung § 16 Abs. 2.

§. 9. Oeffentliche Versammlungen unter freiem Himmel[1] bedürfen der vorgängigen schriftlichen Genehmigung der Ortspolizeibehörde.[2]

Die Genehmigung ist von dem Unternehmer, Vorsteher, Ordner oder Leiter derselben mindestens acht und vierzig Stunden vor der Zusammenkunft nachzusuchen, und darf nur versagt werden, wenn aus Abhaltung der Versammlung Gefahr für die öffentliche Sicherheit oder Ordnung zu befürchten ist.[3]

Soll die Versammlung auf öffentlichen Plätzen, in Städten und Ortschaften, oder auf öffentlichen Straßen stattfinden, so hat die Ortspolizeibehörde bei Ertheilung der Erlaubniß auch alle, dem Verkehr schuldige Rücksichten zu beachten. Im Uebrigen finden auf solche Versammlungen die Bestimmungen der §§. 1. 4. 5. 6. und 7. Anwendung.

[1] Gleichgültig, ob dabei öffentliche Angelegenheiten erörtert werden sollen. OTr. v. 3./10. 62, JMBl. 314, E. Bd. 49 S. 19*, OR. III 48, s. auch GA. X 839, OR. III 48.

[2] Strafbestimmung § 17.

[3] Ob dies der Fall, hat nur die Polizeibehörde zu bestimmen, der Richter hat es nicht zu prüfen, OAppGer. Berlin 3./5. 73, OR. XIV 339.

§. 10. Den in dem vorhergehenden Paragraphen erwähnten Versammlungen werden öffentliche Aufzüge in Städten und Ortschaften oder auf öffentlichen Straßen[1] gleichgestellt. Bei Einholung der Genehmigung ist der beabsichtigte Weg anzugeben. Gewöhnliche[2] Leichenbegängnisse, so wie Züge der Hochzeits-Versammlungen, wo diese hergebracht sind, kirchliche Prozessionen, Wallfahrten[3] und Bittgänge, wenn sie in der hergebrachten Art[4] statt finden, bedürfen einer vorgängigen Genehmigung und selbst einer Anzeige nicht.[5]

[1] Oeffentliche Aufzüge auf Wasserstraßen gehören nicht hierher, OTr. v. 24./5. 66, OR. VII 310, GA. XIV 494 (Kölner Abgeordnetenfest).

[2] Entscheidend ist, daß die Absicht über die Zwecke eines Leichenbegängnisses nicht hinausgeht, OTr. v. 22./6. 77, GA. XXV 476, OR. XVIII 468. Nicht nothwendig ist, daß dem Gebrauche zuwider ein Geistlicher nicht zugezogen war, OTr. v. 27./2. 79, OR. XX 106.

[3] auch solche, deren Endziel im Auslande liegt, OTr. v. 8./11. 77, OR. XVIII 696, G. XXV 639.

[4] d. h. hergebracht an dem in Frage stehenden Orte, oder auch nur in der Gegend (OTr. v. 18./3. 75, OR. XVI 234, GA. XXIII 376), nicht in der betreffenden Kirchengemeinschaft überhaupt (OTr. v. 28./2. 61, Entsch. Bd. 46 S. 43*, OR. I 287, s. auch OR. III 19, 48, 513, GA. I 381, IX 355, JMBl. 1862 S. 314, 1863 S. 199 a. a. O.). — Ein Herkommen kann sich auch nach Erlaß des Gesetzes noch bilden. Entsch. d. Kammerger. II 245; s. indeß auch OTr. v. 1./6. 78 BMBl. 231, OR. XIX 298, GA. XXVI 579.

[5] Das Recht zu Aufzügen dieser Art schließt die Befugniß der Polizei nicht aus, auf Grund ihrer allgemeinen Befugnisse (ALR. II 17 zu § 10) Störungen des Verkehrs, Gefahren für Leben u. s. w. vorzubeugen, CirkReskr. der Min. des Kultus und des Innern v. 26./8. 74, BMBl. 201, Arndt in Hirth's Ann. 1886 S. 314.

§. 11. Innerhalb zweier Meilen von dem Orte der jedesmaligen Residenz des Königs, oder von dem Orte des Sitzes beider Kammern dürfen Volksversammlungen unter freiem Himmel von der Ortspolizeibehörde nicht gestattet werden. Das letztere Verbot besteht nur für die Dauer der Sitzungsperiode der Kammern.[1]

[1] Strafbestimmung § 17.

§. 12. (A.) Wenn eine Versammlung ohne die in §. 1. vorgeschriebene Anzeige statt gefunden hat,[1] so trifft den Unternehmer eine Geldbuße von fünf bis funfzig Thalern oder Gefängnißstrafe[2] von acht Tagen bis zu sechs Wochen. Derjenige, der den Platz dazu eingeräumt hat, und Jeder, welcher in der Versammlung als Vorsteher, Ordner, Leiter oder Redner aufgetreten ist,[3] hat eine Geldbuße von fünf bis funfzig Thalern[4] verwirkt.

[1] d. h. eine Vereinigung einer Anzahl Personen stattgefunden hat; daß es zu einer Eröffnung oder Konstituirung nicht gekommen, ist gleichgültig. GA. XXVI 589, OR. XIX 411.

[2] jetzt Haft. Vgl. JMBl. 1870 S. 381, 1872 S. 258, OR. XV 278.

[3] sollte er auch irrthümlich angenommen haben, daß die Anzeige stattgefunden habe, OTr. v. 4./12. 62, E. Bd. 49 S. 13*, GA. XI 122, OR. III 152.

[4] Umwandlung: §§ 28, 29 StrGB.

§. 13. (A.) Wenn, der Vorschrift des §. 2. entgegen, die Statuten eines Vereins oder das Verzeichniß der Mitglieder, oder die eingetretenen Aenderungen in der bestimmten Frist zur Kenntniß der Ortspolizeibehörde nicht gebracht worden sind, oder wenn eine von der Ortspolizeibehörde erforderte Auskunft nicht ertheilt worden ist, so wird jeder Vorsteher des Vereins mit Geldbuße von fünf bis funfzig Thalern[1] bestraft, insofern er nicht nachweisen kann, daß die Anzeige oder die Einreichung des Verzeichnisses ganz ohne sein Verschulden unterblieben ist. Dieser Strafe tritt eine Gefängnißstrafe von acht Tagen bis sechs Wochen hinzu,[2] wenn die Vorsteher wissentlich unrichtige Statuten oder Verzeichnisse eingereicht, oder wissentlich unrichtige Auskunft ertheilt haben.

[1] Umwandlung: §§ 28, 29 StrGB.

[2] Ob die That in diesem Falle ein Vergehen oder eine Uebertretung darstellt, ist streitig, für ersteres Caspar S. 106 und Lisco, die deutschen Vereinsgesetze S. 42. Im letzteren Falle tritt statt Gefängnißhaft jetzt Haft, vgl. JMBl. 1870 S. 381, 1872 S. 258.

§. 14. (L. bzw. A.) Wenn in einer Versammlung, der Vorschrift des §. 4. entgegen, den Abgeordneten der Ortspolizeibehörde der Zutritt oder die Einräumung eines angemessenen Platzes verweigert worden ist, so trifft den Unternehmer und Jeden, welcher in der Versammlung als Vorsteher, Ordner oder Leiter aufgetreten ist, Geldbuße von zehn bis Einhundert Thalern oder Gefängniß von vierzehn Tagen bis zu sechs Monaten. Dieselbe Strafe hat der Vorsitzende verwirkt, wenn er sich weigert, den Abgeordneten der Polizeibehörde Auskunft über die Person der Redner zu geben, oder wenn er wissentlich unrichtige Auskunft ertheilt.

§. 15. (A.) Wer sich nicht sofort entfernt, nachdem der Abgeordnete der Ortspolizei-Behörde die Versammlung für aufgelöst erklärt hat (§§. 5. 6. 8.),[1] wird mit Geldbuße von fünf bis zu funfzig Thalern oder mit Gefängniß von acht Tagen bis zu drei Monaten bestraft.

[1] sollte auch die Auflösungserklärung aus einem nicht gesetzlich ausdrücklich statthaft erklärten Grunde erfolgt sein. OTr v. 10./12. 68, OR. IX 720.

§. 16. (A.) Wenn ein politischer Verein die in § 8. zu a. und b. gezogenen Beschränkungen überschreitet, so haben Vorsteher, Ordner und Leiter, die diesen Bestimmungen entgegen gehandelt haben, eine Geldbuße von fünf bis funfzig Thalern oder Gefängniß von acht Tagen bis zu drei Monaten verwirkt. Der Richter kann außerdem nach der Schwere der Umstände auf Schließung des Vereins erkennen.[1] Auf diese Schließung muß erkannt werden, wenn Vorsteher, Ordner oder Leiter sich wiederholt strafbar gemacht[2] haben.

Wer sich bei einem auch nur vorläufig (§. 8.)[3] geschlossenen politischen Vereine als Mitglied ferner betheiligt,[4] wird mit Geldstrafe von fünf bis zu funfzig Thalern oder Gefängnißstrafe von acht Tagen bis zu drei Monaten belegt.

Wer der Vorschrift des §. 8. a. entgegen sich als Mitglied aufnehmen läßt, hat eine Geldbuße von fünf bis zu funfzig Thalern[5] verwirkt.

Wenn die Polizeibehörde einen politischen Verein vorläufig geschlossen hat (§. 8.), so ist sie gehalten, binnen acht und vierzig Stunden nach der Schließung davon und von den Gesetzwidrigkeiten, welche zur Schließung Anlaß gegeben haben, der Staatsanwaltschaft Anzeige zu machen. Findet die Staatsanwaltschaft die angeblichen Gesetzwidrigkeiten nicht geeignet, eine Anklage darauf zu gründen, so hat die Ortspolizeibehörde auf die ihr durch die Staatsanwaltschaft binnen weiteren acht Tagen zu ertheilende Nachricht die Schließung des Vereins aufzuheben. Anderenfalls muß die Staatsanwaltschaft ebenfalls binnen acht

Tagen entweder die Anklage erheben oder binnen gleicher Frist die Voruntersuchung beantragen. Als dann ist vom Gerichte sofort Beschluß darüber zu fassen, ob die vorläufige Schließung des Vereins bis zum Erkenntnisse in der Hauptsache fortdauern soll.[6]

[1] Auch wenn sich das Verfahren nur gegen einen Vorsteher und nicht den Verein selbst, bezw. den Vorstand gerichtet hat. OTr. v. 26./2. 73, GA. XXI 310, OR. XIV 172; vgl. selbst dann, wenn sich der Verein inzwischen aufgelöst hat, OTr. v. 19./11. 73, OR. XIV 731. GA. XXI 665; vgl. auch dann für das Gebiet Preußens, wenn der Verein im Auslande seinen Vorstand hat, OTr. 11./11. 75, Entsch. Bd. 76 S. 403, OR. XVI 719, GA. XXIII 628. Die Schließung ist keine Strafe, sondern ein Akt der Regierungsgewalt; sie ist also durch § 6 EG. z. StrGB. nicht beseitigt, Erk. d. RG. v. 18./2. 87, Entsch. in Straff. XV 305.

[2] Wiederholte Bestrafung (Rückfall), nicht bloß wiederholtes Vergehen erforderlich. OTr. v. 17./1. 55, GA. III 255.

[3] Polizeilich, nicht auch durch ein noch nicht rechtskräftiges gerichtliches Urtheil. OTr. v. 12./2. 79, GA. XXVII 242, OR. XX 82.

[4] auch wenn gegen ihn speziell die frühere Verurtheilung nicht erfolgt war. OAppGer. Berlin 14./12. 72, OR. XIII 663, GA. XX 601. Im Vertriebe einer Zeitung kann unter Umständen eine Vereinsthätigkeit liegen, OTr. v. 14./3. 79, OR. XX 141.

[5] Umwandlung: §§ 28, 29 StrGB.

[6] Auch die prozessualischen Vorschriften des § 16 gelten noch, s. § 6 Nr. 3 des EG. zum GVG.

§. 17. (A.) Wer an einem Aufzuge oder an einer Versammlung unter freiem Himmel Theil nimmt, zu welcher die nach dem gegenwärtigen Gesetze erforderliche Genehmigung nicht ertheilt ist, wird mit einer Geldbuße von Einem bis fünf Thalern[1] bestraft.

Wer zu einer solchen Versammlung oder zu einem solchen Aufzuge vor Eingang der obrigkeitlichen Erlaubniß auffordert[2] oder auffordern läßt, oder darin als Ordner, Leiter oder Redner thätig ist, wird mit Geldbuße von fünf bis funfzig Thalern oder mit Gefängniß von acht Tagen bis zu drei Monaten bestraft.

Diese Strafen sind jederzeit verwirkt, wenn die Versammlung oder der Aufzug in Städten und Ortschaften oder auf öffentlichen Straßen, oder wenn eine Volksversammlung in den Fällen des §. 11. statt gefunden hat.[3] In allen anderen Fällen[4] sind die Theilnehmer und selbst diejenigen, welche als Redner aufgetreten sind, nur dann strafbar, wenn die Versagung der Genehmigung oder das nachträgliche Verbot vorher öffentlich oder den Theilnehmern besonders bekannt gemacht war. Wird die Nichtgenehmigung oder das Verbot während der Versammlung oder des Aufzuges selbst bekannt gemacht, so kann sich wegen seiner späteren Betheiligung Niemand mit Unkenntniß der Nichtgenehmigung oder des Verbotes entschuldigen.

[1] Umwandlung: §§ 28, 29 StrGB.

[2] Sollte auch (Abs. 3 Satz 1 steht nicht entgegen) die Versammlung bezw. der Aufzug garnicht stattgefunden haben. OTr. v. 3./10. 62, Entsch. Bd. 49 S. 19*, GA. X 838, OR. III 48, JMBl. 1862 S. 314.

[3] Also auch bei mangelndem Bewußtsein der nicht erfolgten Genehmigung. OTr. v. 1./7. 75, GA. XXIII 631, OR. XVI 510.

[4] d. h. wenn die Versammlung bezw. der Aufzug an andern als den genannten Orten, z. B. überhaupt nicht unter freiem Himmel stattgefunden hat und § 11 nicht in Frage steht. Vgl.

OTr. v. 3./10. 62, Entsch. Bd. 49 S. 19*, GA. X 838, OR. III 48, JMBl. 1862 S. 314.

§. 18. (L. bzw. A.) Wer gegen das Verbot des §. 7. in einer Versammlung bewaffnet erscheint, wird mit Gefängniß von vierzehn Tagen bis zu sechs Monaten bestraft.

§. 19. (L.) Wer auffordert, in einer Versammlung mit Waffen zu erscheinen, oder die Aufforderung hierzu verbreiten läßt, oder in einer Versammlung Waffen austheilt, wird mit Gefängniß von sechs Wochen bis zu Einem Jahre bestraft.[1]

[1] Vgl. § 127 StGB.

§. 20. Die in dieser Verordnung mit Strafe bedrohten Handlungen sind, unbeschadet der Zuständigkeit der Schwurgerichte in Ansehung der in Versammlungen begangenen politischen Vergehen, von der Kompetenz der Schwurgerichte ausgeschlossen, selbst wenn sie durch die Presse begangen sind.[1]

[1] Bedeutungslos seit Ges. v. 6./3. 54 (GS. 96).

§. 21. Auf die durch das Gesetz oder die gesetzlichen Autoritäten angeordneten Versammlungen[1] und die Versammlungen der Mitglieder beider Kammern während der Dauer der Sitzungsperiode finden[2] die vorstehenden Bestimmungen keine Anwendung.

Wahlvereine[1] unterliegen den Beschränkungen des §. 8. nicht.[3]

[1] z. B. die Provinziallandtage, Kreistage, Stadtverordneten.

[2] aber nur, wenn sie in gesetzlicher Weise berufen sind und zusammentreten, vgl. oben Anm. 3 zu Art. 51 VerfUrk.

[3] d. s. solche, die lediglich in Beziehung auf konkrete anstehende Wahlen eine Wirksamkeit entfalten. OAppGer. Berlin 27./1. 69 (JMBl. 50), GA. XVII 286, OTr. v. 15./12. 75, GA. XXIII 632, OR. XVI 800. — Vgl. Reichs-Wahlges. v. 31./5. 69 (BGBl. 145) § 17, welches Ges. indeß die Bestimmungen der Landesgesetze über Anzeige der Versammlungen, sowie über die Ueberwachung derselben unberührt läßt.

[2] wohl aber den übrigen, z. B. der Anmeldepflicht des § 1, Erk. d. RG. v. 8./11. 87, Entsch. in Strafs. XVI 294.

§. 22. Zuwiderhandlung gegen die Vorschrift des Artikels 38. der Verfassungs-Urkunde vom 31. Januar 1850., welcher also lautet:

„Die bewaffnete Macht darf weder in noch außer dem Dienste berathschlagen, oder sich anders, als auf Befehl versammeln. Versammlungen und Vereine der Landwehr zur Berathung militairischer Einrichtungen, Befehle und Anordnungen sind auch dann, wenn dieselbe nicht zusammenberufen ist, untersagt."

wird nach den Bestimmungen des §. 125. des ersten Theiles des Militair-Strafgesetzbuches bestraft.[1]

[1] Vgl. jetzt die §§ 101, 113 MStrGB. v. 20./6. 72 (RGBl. 174), durch welche § 22 ersetzt ist.

§. 23. Gegenwärtiges Gesetz tritt an die Stelle der Verordnung vom 29. Juni 1849. (Gesetz-Sammlung S. 221—225.)

Anlage III. zu Art. 65—68.

Verordnung wegen Bildung der Ersten Kammer.

Vom 12. Oktober 1854. (GS. 541.)

Diese Verordnung erging in Folge des Ges. v. 7./5. 53 (GS. S. 181); sie ist in soweit als gültig anzusehen, wie sie dem Ges. v. 7./5. 53 entspricht (s. Anm. 4 zu Art. 68 der VerfUrk.). Die Gültigkeit würde, da die Verordnung gehörig publizirt ist, gemäß Art. 106 auch nur von den Kammern in Zweifel gezogen werden dürfen. Die Verordnung kann nach der im Ges. v. 7./5. 53 (GS. S. 181) enthaltenen besonderen Bestimmung nur in Gesetzesform wieder aufgehoben werden. Es ist dagegen nicht anzunehmen, daß diese Verordnung als Theil der VerfUrk. anzusehen und daher nur durch verfassungsänderndes Gesetz abgeändert werden könne, denn eine zur Ausführung oder in Ausführung der Verfass. ergehende Vorschrift ist keine Verfassungsvorschrift. Nur das Ges. v. 7./5. 53, nicht die Verordnung v. 12./10. 54 ist an Stelle der Art. 65 bis 68 der VerfUrk. getreten. (Derselben Ans.: Bornhak S. 368 und v. Stengel S. 75; anderer Ans.: v. Rönne I § 57 S. 218 und H. Schulze I § 159 S. 584, Derselbe in Marquardsen's Handbuch S. 53.)

Wäre, wie v. Rönne und Schulze behaupten, die Verordnung v. 12./10. 54 Bestandtheil der Verfass., so könnte sie nur durch verfassungsänderndes Ges. (Verf. Art. 107) aufgehoben werden. Alsdann aber wäre es überflüssig und ohne allen Sinn, daß das Ges. v. 7./5. 53 in Art. 1 noch besonders bestimmt hätte, daß die auf Grund dieses Art. ergehende Verordnung nur durch ein mit Zustimmung der Kammern zu erlassendes Gesetz abgeändert werden kann. Zudem übersehen v. Rönne und Schulze, daß Art. 2 des Ges. v. 7./5 53 bestimmt: Art. 1 dieses Ges. (nicht aber die auf Grund dieses Ges. zu erlassende KV.) tritt an die Stelle der Art. 65, 66, 67 und 68 der VerfUrk.

§. 1. Die Erste Kammer besteht:[1]

1) aus den Prinzen Unseres Königlichen Hauses, welche Wir, sobald sie in Gemäßheit Unserer Hausgesetze die Großjährigkeit erreicht haben, in die Erste Kammer zu berufen, Uns vorbehalten;
2) aus Mitgliedern, welche mit erblicher Berechtigung,
3) aus Mitgliedern, welche auf Lebenszeit von Uns berufen sind.

[1] Gemäß Ges. v. 7./5. 53 (GS. 181) beruht die Mitgliedschaft des Herrenhauses lediglich auf der königl. Berufung.

§. 2. Mit erblicher Berechtigung gehören zur Ersten Kammer:

1) die Häupter der Fürstlichen Häuser von Hohenzollern-Hechingen[1] und Hohenzollern-Sigmaringen;
2) die nach der Deutschen Bundes-Akte vom 8. Juni 1815. zur Standschaft berechtigten Häupter der vormaligen Deutschen reichsständischen Häuser in Unseren Landen;[2]
3) die übrigen nach Unserer Verordnung vom 3. Februar 1847. zur Herren-Kurie des Vereinigten Landtags berufenen Fürsten, Grafen und Herren.[3]

Außerdem gehören mit erblicher Berechtigung zur Ersten Kammer diejenigen Personen, welchen das erbliche Recht auf Sitz und Stimme in der Ersten Kammer von

Uns durch besondere Verordnung verliehen wird. Das Recht hierzu wird in der durch die Verleihungs-Urkunde festgesetzten Folgeordnung vererbt.

[1] Das Haus Hohenzollern-Hechingen ist ausgestorben.

[2] Die einzelnen (20) s. bei v. Rönne I S. 209. Ueber die Rechtsverhältnisse der Standesherrn s. Instr. v. 30./5. 20 (GS. 81).

[3] S. § 2 der Verordnung v. 3./2. 47 (GS. 34); das sind die schlesischen Fürsten und Standesherren, sowie alle mit Virilstimmen begabten oder an Kollektivstimmen betheiligten Fürsten, Grafen und Herren der acht Provinzen.

§. 3. Als Mitglieder auf Lebenszeit wollen wir berufen:

1) Personen, welche Uns in Gemäßheit der folgenden Paragraphen präsentirt werden;
2) die Inhaber der vier großen Landes-Aemter[1] im Königreich Preußen;
3) einzelne Personen, welche Wir aus besonderem Vertrauen ausersehen. Aus denselben wollen Wir „Kron-Syndici" bestellen, welchen Wir wichtige Rechtsfragen zur Begutachtung vorlegen, imgleichen die Prüfung und Erledigung rechtlicher Angelegenheiten des Hauses anvertrauen werden.[2]

[1] d. s. das Oberburggrafen-, Obermarschall-, Landhofmeister- und Kanzleramt.

[2] S. auch Allerh. Erl. v. 27./11. 54 bei v. Rönne I S. 210 Anm. 10.

§. 4. Das Präsentationsrecht steht zu:[1]

1) den nach Unserer Verordnung vom 3. Februar 1847. zur Herren-Kurie des Vereinigten Landtags berufenen Stiftern;[2]

2) dem für jede Provinz[3] zu bildenden Verbande der darin mit Rittergütern angesessenen Grafen, für je einen zu Präsentirenden;

3) den Verbänden der durch ausgebreiteten Familienbesitz ausgezeichneten Geschlechter, welche Wir mit diesem Recht begnadigen;[4]

4) den Verbänden des alten und des befestigten Grundbesitzes;

5) einer jeden Landes-Universität;

6) denjenigen Städten, welchen Wir dieses Recht besonders beilegen.[5]

[1] Aus dem Wortlaute des Ges. v. 7./5. 53 (GS. 181) und § 3 der Verordnung v. 12./10. 54 geht hervor, daß die Krone in keiner Weise verpflichtet ist, einen Präsentirten in das Herrenhaus einzuberufen.

[2] d. s. die Domstifter zu Brandenburg, Merseburg und Naumburg a/S.

[3] Die Altmark gehört in ständischer Beziehung zur Provinz Brandenburg.

[4] d. s. Gräflich v. Königsmark'sche Familie, die Familien von der Gröben-Langheim, v. Alvensleben, v. Schwerin, v. d. Schulenburg, v. Bredow, v. Arnim, die Verbände der Pommerschen Schloßgesessenen Geschlechter v. d. Osten, v. Wedell, v. Borcke, Verband des Pommerschen Geschlechts v. Kleist. Jeder Verband darf ein Familienmitglied präsentiren.

[5] zur Zeit Aachen, Altona, Barmen, Berlin, Bielefeld, Brandenburg, Bonn, Breslau, Bromberg, Cassel, Coblenz, Cöln, Crefeld, Danzig, Dortmund, Düsseldorf, Duisburg, Elberfeld, Elbing, Erfurt, Essen, Flensburg, Frankfurt a/M., Frankfurt a/O., Glogau, Görlitz, Greifswald, Halberstadt, Halle, Hannover, Hildesheim, Kiel, Königsberg, Liegnitz, Magdeburg, Memel, Minden, Mühlhausen, Münster, Nordhausen, Osnabrück, Posen, Potsdam, Stettin, Stralsund, Thorn, Trier, Wiesbaden, zusammen 48.

§. 5. Die von den Stiftern zu präsentirenden Vertreter werden von den Mitgliedern derselben aus ihrer Mitte, die von den Universitäten zu präsentirenden von dem akademischen Senate aus der Zahl der ordentlichen Professoren, die von den Städten zu präsentirenden von dem Magistrate, oder in Ermangelung eines kollegialischen Vorstandes von den übrigen kommunalverfassungsmäßigen Vertretern der Stadt aus der Zahl der Magistrats-Mitglieder erwählt.

§. 6. Die näheren reglementarischen Bestimmungen wegen Bildung der Verbände des alten und des befestigten Grundbesitzes — Landschafts-Bezirke — (§. 4. Nr. 4.) und wegen Ausübung des Präsentationsrechts (§. 4. Nr. 1. bis 6.) werden von Uns erlassen.[1]

[1] Diese Bestimmungen (welche gleichfalls auf dem Ges. v. 7./5. 53 beruhen) sind erlassen in der Verordnung, betreffend die definitive Erledigung der Vorbehalte wegen Bildung der Verbände des alten und des befestigten Grundbesitzes — Landschafts-Bezirke — und wegen Wahl der Seitens dieser Verbände und der Provinzial-Verbände der Grafen zu präsentirenden Mitglieder des Herrenhauses. Vom 10./11. 65 (GS. 1077).

§ 1. Für die nach der anliegenden Nachweisung zu bildenden Landschafts-Bezirke des alten und des befestigten Grundbesitzes sind zur Präsentation zu wählen: in der Provinz Preußen 18, Brandenburg 15, Pommern 13, Schlesien 18, Posen 7, Sachsen 10, Westphalen 4, Rheinland 5.

§ 2. Zum alten Grundbesitze sind solche Rittergüter zu zählen, welche zur Zeit der Präsentation seit mindestens funfzig Jahren im Besitze einer und derselben Familie*) sich befinden.

*) Der Begriff der Familie ist hier nicht aus ALR. Thl. II Tit. 3

§ 3. Zum befestigten Grundbesitze gehören solche Rittergüter, deren Vererbung in der männlichen Linie durch eine besondere Erbordnung (Lehn, Majorat, Minorat, Seniorat, Fideikommiß, fideikommissarische Substitution) gesichert ist.

§ 4. Um an der Ausübung des Präsentationsrechts in den Landschafts-Bezirken, sowie in den Grafen-Verbänden Theil nehmen zu dürfen, sind die zur Mitgliedschaft des Herrenhauses nach §. 7. der Verordnung vom 12. Oktober 1854. nothwendigen Eigenschaften mit der Maaßgabe erforderlich, daß ein Lebensalter von 25 Jahren genügt.

§ 5. Die Mitglieder des Herrenhauses mit erblicher Berechtigung nehmen an den Wahlen in den Verbänden der Grafen nicht Theil, ebensowenig an denen der Landschafts-Bezirke. Dagegen sind diejenigen Mitglieder der Grafen-Verbände, welche vermöge der Beschaffenheit ihres Rittergutsbesitzes zu den Wahlen in den Landschafts-Bezirken befähigt sind, berechtigt, auch an diesen Theil zu nehmen.

§ 6. Befindet sich ein Rittergut, dessen Besitz zur Theilnahme an den Wahlen in den Grafen-Verbänden oder Landschafts-Bezirken befähigt, im Mitbesitze mehrerer Personen, so haben dieselben bei der Wahl nur Eine Stimme, wogegen jede von ihnen, unter Voraussetzung der übrigen Erfordernisse, wahlfähig ist.

§ 7. Wer vermöge seines Grundbesitzes in verschiedenen Grafen-Verbänden oder Landschafts-Bezirken zur Wahl berechtigt ist, hat die Befugniß, an derselben in jedem dieser Verbände oder Bezirke Theil zu nehmen.

§ 8. Die Präsentationswahlen der Grafen-Verbände und der Landschafts-Bezirke sind auf Mitglieder des betreffenden Verbandes oder Bezirks zu richten.

§ 9. Bei dem Wahlverfahren sind die Vorschriften des Reglements über das Verfahren bei den ständischen Wahlen

---

§ 1 zu entnehmen. Die Familie wechselt, wenn die Erbtochter einen Fremden heirathet und von diesem einen Gutserben gebärt.

vom 22. Juni 1842. (Gesetz-Samml. S. 213.) anzuwenden. Jedoch ist eine Präsentationswahl in Zukunft nur dann für gültig vollzogen zu erachten, wenn an derselben mindestens zehn zur aktiven Wahl befähigte Rittergutsbesitzer Theil genommen haben.

§ 10. Die Aufstellung und Fortführung der Verzeichnisse der Wahlberechtigten, die Festsetzung des Ortes und Tages der Wahl und die Ernennung des Wahlkommissars liegt den Oberpräsidenten ob.

§ 11. Sind in einem Landschafts-Bezirke weniger als zehn zur aktiven Wahl befähigte Besitzer vorhanden, so wählen dieselben, vereinigt mit dem vom Oberpräsidenten zu bestimmenden nächsten Landschafts-Bezirke, in welchem sich mindestens zehn zur aktiven Wahl befähigte Besitzer befinden, nur die von dem letzteren zu präsentirende Anzahl von Mitgliedern.

§ 12. Abänderungen der gegenwärtigen Verordnung, sowie der Verordnung, wegen Bildung der Ersten Kammer vom 12. Oktober 1854., können gemäß Artikel 1. des Gesetzes, betreffend die Bildung der Ersten Kammer, vom 7. Mai 1853., fortan nur durch ein mit Zustimmung beider Häuser des Landtages der Monarchie zu erlassendes Gesetz vorgenommen werden.*)

§. 7. Das Recht auf Sitz und Stimme in der Ersten Kammer kann nur von Preußischen Unterthanen ausgeübt werden, welche sich im Vollbesitze der bürgerlichen Rechte[1] befinden, ihren Wohnsitz innerhalb Preußen haben und nicht im aktiven Dienste eines außerdeutschen Staates stehen.

Ferner ist dazu — außer bei den Prinzen Unseres

*) Die Verordnung v. 10./11. 65 ist ebensowenig ein Bestandtheil der Verfassung wie die Verordnung v. 12./10. 54. Auch für jene gilt die oben für diese gemachte Vorbemerkung.

Königlichen Hauses — ein Alter von dreißig Jahren erforderlich.

[1] StrGB. §§ 33, 34.

§. 8. Das Recht der Mitgliedschaft der Ersten Kammer erlischt[1] bei denjenigen Mitgliedern, welche in Gemäßheit der §§. 4. bis 6. präsentirt werden, mit dem Verluste der Eigenschaft, in welcher die Präsentation erfolgt ist.[2]

[1] Die Behauptung, daß ein Erlöschen des Rechtes der Mitgliedschaft zum Herrenhause in Widerspruch stehe mit dem Ges. v. 7./5. 53 (GS. 181) (s. v. Rönne I S. 215 Anm. 1), ist unbegründet. Das Ges. v. 7./5. 53 hat als Grundlage der Mitgliedschaft die königliche Berufung aufgestellt. Solche Berufungen sollten zwar auf Lebenszeit erfolgen, indeß war dies nur vorgeschrieben, um periodische Wahl, Eintritt kraft des Amtes auszuschließen; besondere Modalitäten der Lebenslänglichkeit sollten damit nicht ausgeschlossen sein (vgl. Stahl's Bericht v. 7./5. 55 in den Anl. Bd. II S. 220 der Sten. Ber. des HH. 1854/5). Ein jus quaesitum für den vom Könige Einberufenen, in allen Fällen bis an sein Lebensende Mitglied des Herrenhauses zu bleiben, hat das Ges. v. 7./5. 53 nicht konstituiren wollen, dessen Grundgedanke der war, die Bildung der ersten Kammer in das Ermessen des Königs zu stellen. Ebenso Bornhak S. 369.

[2] z. B. ein Bürgermeister nicht wiedergewählt, ein Professor versetzt wird.

§. 9. Das Recht der Mitgliedschaft der Ersten Kammer geht außer den Fällen der §§. 12. und 21. des Strafgesetzbuchs[1] verloren,[2] wenn die Kammer durch einen von Uns bestätigten Beschluß einem Mitgliede das Anerkenntniß unverletzter Ehrenhaftigkeit oder eines der Würde der Kammer entsprechenden Lebenswandels oder Verhaltens versagt.[3]

[1] jetzt StrGB. §§ 33, 34.

[2] und zwar dauernd auch bei zeitigem Ehrverlust.

[3] Auf die Mitgliedschaft zum Herrenhause kann das auf Grund der Berufung eingetretene Mitglied ohne Zustimmung der Krone nicht verzichten, da diese durch Kgl. Berufung verliehene, mit Pflichten verbundene Eigenschaft mit den Ausnahmen in den Fällen der §§ 8 und 9 der Verordn. v. 12./10. 54 eine unauslöschbare ist, Bericht der Matrikelkommission v. 6./2. 60 in den Anl. zu den Sten. Ber. des HH. 1860 S. 7 f.; s. auch Sten. Ber. 1860 S. 127 ff., G. Meyer § 98 Anm. 5, s. auch v. Rönne I S. 216, H. Schulze I § 159 S. 583; anderer Ansicht Bornhak S. 378, v. Stengel S. 76.

§. 10. Wenn die Kammer mit Rücksicht auf eine gegen ein Mitglied eingeleitete Untersuchung oder aus sonstigen wichtigen Gründen der Ansicht ist, daß demselben die Ausübung des Rechts auf Sitz und Stimme zeitweise zu untersagen sei, so ist zu dieser Maaßregel Unsere Genehmigung erforderlich.

§. 11. Hat ein Mitglied der Ersten Kammer das Recht der Mitgliedschaft verloren, so wird, falls dieselbe auf erblicher Berechtigung beruht, wegen der Wahl eines anderen Mitgliedes der betreffenden Familie von Uns Bestimmung getroffen werden. Wenn ein solches Mitglied in Gemäßheit der §§. 4. bis 6. präsentirt worden ist, so werden Wir eine anderweite Präsentation anordnen.

Anlage IV. zu Art. 69 ff.

1. Verordnung über die Ausführung der Wahl der Abgeordneten zur zweiten Kammer.

Vom 30. Mai 1849 (GS. 205).

Ueber die Gültigkeit dieser Verordnung s. Einleitung S. 19. Auch ist sie in Art. 115 der Verfass. ausdrücklich anerkannt. Die Verordnung gilt zwar nicht als Theil der Verfassung, so daß sie nicht durch verfassungsänderndes Gesetz abgeändert zu werden braucht, doch kann sie nicht durch Nothverordnung abgeändert werden; denn Art. 115 bestimmt, daß die Verordnung bis zum Erl. des in Art. 72 vorgesehenen Wahlgesetzes in Kraft bleibt und daraus folgt, daß eine Vorschrift, welche vor dem Erlasse dieses Gesetzes die Verordnung abändert, gegen Art. 115 verstößt. Nothverordnungen aber dürfen (Art. 63) nicht der Verfass. zuwiderlaufen; vgl. auch v. Rönne I S. 224 Anm. 2a. Die Verordnung gilt in Hohenzollern (Ges. v. 30./4. 51, GS. 216) und (mit den zu §§ 5 und 10 aufgeführten Abweichungen) bis zum Erlaß des in Art. 72 der VerfUrk. vorgesehenen Wahlgesetzes auch für die 1866 erworbenen Provinzen zufolge Ges., betr. die fernere Geltung der Verordn. v. 30./5. 49 für die Wahlen zum Hause der Abgeordneten in den durch die Gesetze v. 20./9. und 24./12. 66 mit der preuß. Monarchie vereinigten Landestheilen v. 11./3. 69 (GS. 481), desgleichen in Lauenburg zufolge Ges. v. 23./6. 76 (GS. 169) und Helgoland, Ges. v. 18./2. 91 (GS. 11).

§. 1. Die Abgeordneten der zweiten Kammer werden von Wahlmännern in Wahlbezirken, die Wahlmänner von den Urwählern in Urwahlbezirken gewählt.[1]

[1] S. den strafrechtlichen Schutz des Wahlrechts in den §§ 107 bis 109, 339 Abs. 3 StrGB. Die Wahl ist eine mittelbare.

§. 2.[1]

[1] Aufgehoben durch § 4 des Ges. v. 27./6. 60 (s. unten).

§ 3.[1]

[1] Aufgehoben durch § 4 des Ges. v. 27./6. 60 (s. unten).

§. 4. Auf jede Vollzahl von 250 Seelen ist ein Wahlmann zu wählen.

[1] nach der letzten Volkszählung, Regl. v. 4./9. 82 § 2 Abs. 3.

§. 5. Gemeinden von weniger als 750 Seelen, so wie nicht zu einer Gemeinde gehörende bewohnte Besitzungen, werden von dem Landrathe mit einer oder mehreren benachbarten Gemeinden zu einem Urwahlbezirke vereinigt.[1]

[1] Für die 1866 erworbenen Provinzen kommt hier noch in Betracht Ges., betr. die fernere Geltung der Verordn. v. 30./5. 49 und 11./3. 69 (GS. S. 481):

§ 2. Zu § 5 der Verordn. v. 30. Mai 1849.

1) In Urwahlbezirken, welche ganz oder theilweise aus Inseln bestehen, kann je nach der Oertlichkeit und dem Bedürfnisse von einer Wahlversammlung für den ganzen Bezirk abgesehen und können Wahlversammlungen für einen Theil desselben oder für jede einzelne Insel angesetzt werden.

§. 6. Gemeinden von 1750 oder mehr als 1750 Seelen werden von der Gemeinde-Verwaltungsbehörde in mehrere Urwahlbezirke getheilt. Diese sind so einzurichten, daß höchstens 6 Wahlmänner darin zu wählen sind.

§. 7. Die Urwahlbezirke müssen, so weit es thunlich ist, so gebildet werden, daß die Zahl der in einem jeden derselben zu wählenden Wahlmänner durch drei theilbar ist.

§. 8. Jeder selbstständige[1] Preuße,[2] welcher das 24ste Lebensjahr vollendet, und nicht den Vollbesitz der bürgerlichen Rechte[3] in Folge rechtskräftigen richterlichen Erkenntnisses verloren hat, ist in der Gemeinde, worin er seit sechs Monaten seinen Wohnsitz oder Aufenthalt hat, stimmberechtigter Urwähler, sofern er nicht aus öffentlichen Mitteln Armenunterstützung[4] erhält.

[1] Im gewöhnlichen Sprachgebrauche zu verstehen (vgl. BMBl. 1849 S. 361, 362). Unselbstständig im Sinne des § 8 ist, wer nicht verfügungsfähig ist (als Wahnsinniger, Verschwender), wer gefangen oder im Konkurse ist; vgl. auch Sten. Ber. d. AbgH. 1879/80 I S. 322. Hauskinder und Dienstboten sind als solche vom Wahlrechte nicht ausgeschlossen; eigener Haushalt ist nicht zu erfordern.

[2] Wer Preuße ist, ergiebt sich aus Ges. v. 1./6. 70 (BGBl. 355) oben Anl. I. Außerpreußen haben weder aktive noch passive Wahlfähigkeit.

[3] d. h. der bürgerlichen Ehrenrechte, s. StrGB. §§ 32 bis 37. Selbstverständlich ist, daß, wenn der Verlust der bürgerlichen Ehrenrechte im Gnadenwege erlassen ist, auch die Wahlberechtigung von der Begnadigung an wieder eintritt; s. G. Meyer, Staatsr. § 99, Heinze in v. Holtzendorff's Handb. des Strafrechts II S. 635 Nr. 8.

[4] Armenunterstützung im Sinne des § 8 ist nur, was Jemandem für sich oder seine Familie zur Erhaltung von Leben und Gesundheit gegeben wird, nicht Schulgeld- oder Lehrmittelfreiheit (vgl. Reichstagsbeschluß v. 25. April 1872 in den Sten. Ber. S. 1162), und auch dann nur, wenn es zufolge öffentlich-rechtlicher Verpflich-

tung zur Armenunterstützung gewährt wird (also nicht Beihilfen bei Nothständen), z. B. Ges. v. 3./2. 80 (GS. 17) § 5. Armenunterstützungen sind nicht die Leistungen der Knappschafts- und Krankenkassen (Ges. v. 15./6. 83, RGBl. 73), § 79, oder der Unfallberufsgenossenschaften.

§. 9. Die Militairpersonen des stehenden Heeres und die Stamm-Mannschaften der Landwehr wählen an ihrem Standorte, ohne Rücksicht darauf, wie lange sie sich an demselben vor der Wahl aufgehalten haben. Sie bilden, wenn sie in der Zahl von 750 Mann oder darüber, zusammenstehen, einen oder mehrere besondere Wahlbezirke. Landwehrpflichtige, welche zur Zeit der Wahlen zum Dienste einberufen sind, wählen an dem Orte ihres Aufenthaltes für ihren Heimathsbezirk.[1]

[1] Nach dem Militärges. v. 2./5. 74 (RGBl. 45) § 49 Abs. 1 ruht für die zum aktiven Heere gehörigen Militärpersonen, mit Ausnahme der Militärbeamten, die Berechtigung zum Wählen: das aktive, nicht das passive Wahlrecht. Bei Berechnung der Seelenzahl (§§ 4 bis 6) sind die Militärpersonen mitzurechnen.

§. 10.[1] Die Urwähler werden nach Maßgabe der von ihnen zu entrichtenden direkten Staatssteuern (Klassensteuer, Grundsteuer, Gewerbesteuer) in drei Abtheilungen getheilt, und zwar in der Art, daß auf jede Abtheilung ein Drittheil der Gesammtsumme der Steuerbeträge aller Urwähler fällt.

Diese Gesammtsumme wird berechnet:

a) gemeindeweise, falls die Gemeinde einen Urwahlbezirk für sich bildet, oder in mehrere Urwahlbezirke getheilt ist. (§. 6.)

b) bezirksweise, falls der Urwahlbezirk aus mehreren Gemeinden zusammengesetzt ist. (§. 5.)

[1] Jetzt gilt statt § 10 das als verfassungändernd zu Stande gekommene Gesetz, betr. Aenderung des Wahlverfahrens v. 29./6. 1893 (GS. 103).

§ 1. Für die Wahlen zum Hause der Abgeordneten werden die Urwähler nach Maßgabe der von ihnen zu entrichtenden direkten*) Staats-, Gemeinde-**), Kreis-**), Bezirks-**) und Provinzialsteuern**) in drei Abtheilungen getheilt, und zwar in der Art, daß auf jede Abtheilung ein Drittheil der Gesammtsumme der Steuerbeträge aller Urwähler fällt.

Für jede nicht zur Staatseinkommensteuer veranlagte Person ist an Stelle dieser Steuer ein Beitrag von drei Mark zum Ansatz zu bringen.

§ 2. Urwähler, welche zu einer Staatssteuer nicht veranlagt sind, wählen in der dritten Abtheilung.

Verringert sich in Folge dessen die auf die erste und zweite Abtheilung entfallende Gesammtsteuersumme, so findet die Bildung dieser Abtheilungen in der Art statt, daß von der

---

*) Die direkten Staatssteuern sind a) die Grund- und Gebäudesteuer nach dem Ges. v. 24./5. 61 (GS. 253–340), b) die Gewerbesteuer nach dem Ges. v. 24./6. 91 (GS. 205) und die Wandergewerbesteuer nach dem Ges. v. 3./7. 76 (GS. 247), c) die Einkommensteuer nach dem Ges. v. 24./6. 91 (GS. 175), d) die Ergänzungs-(Vermögens)steuer nach dem Ges. v. 14./7. 93 (GS. 134). Die Eisenbahnabgabe nach dem Ges. v. 30./5. 53 kann hier außer Betracht bleiben, da sie wohl nicht von physischen Personen zur Erhebung kommt. Die Bergwerksabgaben sind durch Ges. v. 14./7. 93 (GS. 119) als Staatsabgaben außer Hebung gesetzt. In Hohenzollern und Helgoland gelten die bezeichneten Steuergesetze nicht.

**) Nach der VerfUrk. und der V. v. 30./5. 49 wurden nur die Staatssteuern bei der Wahl berücksichtigt. Die Grund- und Gebäudesteuer, die Gewerbesteuer und die Bergwerksabgaben sind den Gemeinden vom 1./4. 95 ab überwiesen. G. v. 14./7. 93 (GS. 119).

übrig bleibenden Summe auf die erste und zweite Abtheilung je die Hälfte entfällt.

§ 3. Wo direkte Gemeindesteuern nicht erhoben werden, treten an deren Stelle die vom Staate veranlagten Grund-, Gebäude- und Gewerbesteuern.*)

§. 11.[1] Wo keine Klassensteuer erhoben wird, tritt für dieselbe zunächst die etwa in Gemäßheit der Verordnung vom 4. April 1848., anstatt der indirekten, eingeführte direkte Staatssteuer ein.

Wo weder Klassensteuer, noch klassifizirte Steuer auf Grund der Verordnung vom 4. April 1848. erhoben wird, tritt an Stelle der Klassensteuer, die in der Gemeinde zur Hebung kommende, direkte Kommunalsteuer.

Wo auch eine solche ausnahmsweise nicht besteht, muß von der Gemeindeverwaltung nach den Grundsätzen der Klassensteuer-Veranlagung eine ungefähre Einschätzung bewirkt, und der Betrag ausgeworfen werden, welchen jeder Urwähler danach als Klassensteuer zu zahlen haben würde.

Wird die Gewerbesteuer von einer Handelsgesellschaft entrichtet, so ist die Steuer, behufs Bestimmung, in welche Abtheilung die Gesellschafter gehören, zu gleichen Theilen auf dieselben zu repartiren.

§ 11 ist obsolet (s. Anm. zu § 10).

§. 12. Die erste Abtheilung besteht aus denjenigen Urwählern, auf welche die höchsten Steuerbeträge bis

---

*) Dieser Paragraph hat Bedeutung für die selbstständigen Gutsbezirke.

zum Belaufe eines Drittheils der Gesammtsteuer (§. 10.) fallen.[1]

Die zweite Abtheilung besteht aus denjenigen Urwählern, auf welche die nächst niedrigeren Steuerbeträge bis zur Gränze des zweiten Drittheils fallen.[1]

Die dritte Abtheilung besteht aus den am niedrigsten besteuerten Urwählern, auf welche das dritte Drittheil fällt. In diese Abtheilung gehören auch diejenigen Urwähler, welche keine Steuer zahlen.[2]

[1] S. § 5 des Wahlreglements (unten S. 240).

[2] dabei ist § 1 Abs. 2 des Ges. v. 29./6. 93 (GS. 103) zu beachten; s. oben bei § 10 I (V. v. 30./5. 49); ferner den folgenden § 4 des Ges. v. 29./6. 93.

§ 4. Auch in Gemeinden, welche in mehrere Urwahlbezirke getheilt sind, wird für jeden Urwahlbezirk eine besondere Abtheilungsliste gebildet.*)

§. 13.[1] So lange der Grundsatz wegen Aufhebung der Abgabenbefreiung in Bezug auf die Klassensteuer und direkte Kommunalsteuer noch nicht durchgeführt ist, sind die zur Zeit noch befreiten Urwähler in diejenige

*) Bei Berathung des Gesetzes war, um den „plutokratischen Charakter" des Wahlrechts zu mildern, mehrfach gefordert worden, daß die Abtheilungsbildung gemeindeweise und nicht für jeden Urwahlbezirk erfolgen solle und sodann, daß nicht stets der ganze Steuerbetrag, sondern nur bis zu einer gewissen Höhe (3000 Mark) bei Bemessung des Wahlrechts und der Abtheilungsbildung in Ansatz gebracht werden soll. Die Vorschrift des Gesetzes, daß auch Kommunalsteuern bei Bemessung des Wahlrechts berücksichtigt werden sollen, tritt gemäß § 5 des Ges. mit dem 1. April 1895 in Kraft.

Abtheilung aufzunehmen, welcher sie angehören würden, wenn die Befreiungen bereits aufgehoben wären.

[1] § 13 ist obsolet.

§. 14. Jede Abtheilung wählt ein Drittheil der zu wählenden Wahlmänner.

Ist die Zahl der in einem Urwahlbezirke zu wählenden Wahlmänner nicht durch 3 theilbar, so ist, wenn nur 1 Wahlmann übrig bleibt, dieser von der zweiten Abtheilung zu wählen. Bleiben 2 Wahlmänner übrig, so wählt die erste Abtheilung den einen und die dritte Abtheilung den anderen.

§. 15. In jeder Gemeinde ist sofort ein Verzeichniß der stimmberechtigten Urwähler (Urwählerliste) aufzustellen, in welchem bei jedem einzelnen Namen der Steuerbetrag angegeben wird, den der Urwähler in der Gemeinde oder in dem, aus mehreren Gemeinden zusammengesetzten Urwahlbezirk zu entrichten hat. Dies Verzeichniß ist öffentlich auszulegen, und daß dieses geschehen, in ortsüblicher Weise bekannt zu machen.

Wer die Aufstellung für unrichtig oder unvollständig hält, kann dies innerhalb dreier Tage nach der Bekanntmachung bei der Ortsbehörde oder dem von derselben dazu ernannten Kommissar oder der dazu niedergesetzten Kommission schriftlich anzeigen oder zu Protokoll geben.

Die Entscheidung darüber steht in den Städten der Gemeinde-Verwaltungsbehörde, auf dem Lande dem Landrathe zu.

In Gemeinden, die in mehrere Urwahlbezirke getheilt sind, erfolgt die Aufstellung der Urwählerlisten nach den einzelnen Bezirken.

§. 16. Die Abtheilungen (§. 12.) werden Seitens derselben Behörden festgestellt, welche die Urwahlbezirke abgrenzen (§§. 5. 6.).

Eben diese Behörden haben für jeden Urwahlbezirk das Lokal, in welchem die auf den Bezirk bezügliche Abtheilungsliste öffentlich auszulegen, und die Wahl der Wahlmänner abzuhalten ist, zu bestimmen und den Wahlvorsteher, der die Wahl zu leiten hat, so wie einen Stellvertreter desselben für Verhinderungsfälle zu ernennen.

In Bezug auf die Berichtigung der Abtheilungslisten kommen die Vorschriften des §. 15. gleichmäßig zur Anwendung.

§. 17. Der Tag der Wahl[1] ist von dem Minister des Innern festzusetzen.[2]

[1] Der allgemeinen Wahl. In den Fällen des § 20 des Wahlreglements hat der Wahlvorsteher, des § 21 des Reglements der Regierungspräsident den Wahltag festzusetzen.

[2] Daraus folgt, daß die Wahlversammlungen nur in Folge Berufung der Staatsregierung (§ 19) stattfinden dürfen. Ohne solche Berufung zusammentretende Personen können eine rechtsgültige Wahl nicht vornehmen. Wenn die in Art. 51 der VerfUrk. vorgeschriebene Frist von der Staatsregierung unbeachtet bleibt, so handelt diese verfassungswidrig. Ein Recht aber, nach Ablauf der Frist ohne Einberufung zusammenzutreten, haben die Urwähler nicht (ebenso v. Rönne I S. 253 Anm. 3b).

§. 18. Die Wahlmänner werden in jeder Abtheilung aus der Zahl der stimmberechtigten Urwähler des Urwahlbezirks[1] ohne Rücksicht auf die Abtheilung gewählt.[2]

Mit Ausnahme des Falles der Auflösung der Kammer, sind die Wahlen der Wahlmänner für die ganze Legislaturperiode dergestalt gültig, daß bei einer erforderlich werdenden Ersatzwahl eines Abgeordneten nur an Stelle der inzwischen durch Tod, Wegziehen aus dem Urwahlbezirk, oder auf sonstige Weise ausgeschiedenen Wahlmänner neue zu wählen sind.

[1] nicht also eines anderen Urwahlbezirks. Dagegen ist es nicht erforderlich, daß die Wahlmänner gerade derjenigen Abtheilung der Urwähler angehören, von welcher die Wahl ausgeht. Es kann also jede Abtheilung ihre Wahlmänner auch aus der Zahl der stimmberechtigten Urwähler einer anderen Abtheilung wählen.

[2] Schutz des Wahlrechts im StrGB. §§ 107 bis 109, 339 Abs. 3.

§. 19. Die Urwähler sind zur Wahl durch ortsübliche Bekanntmachung zu berufen.[1]

[1] S. Anm. 1 zu § 17. Auf den Tag, an welchem die Urwahlen stattfinden, sind hinsichtlich der Amtshandlungen und der Vornahme von Rechtsgeschäften die für Sonn- und Festtage gegebenen Bestimmungen anzuwenden, s. AE. v. 9./7. 49 (GS. 251). Die Kosten der Urwahlen tragen die Gemeinden; vgl. Reskr. d. Min. d. Innern und der Finanzen v. 15./1. 1850 und 24./12. 1860 (BMBl. 1861 S. 42, s. auch ebendort 1851 S. 2).

§. 20. Der Wahlvorsteher ernennt aus der Zahl der Urwähler des Wahlbezirks einen Protokollführer, so wie 3 bis 6 Beisitzer, welche mit ihm den Wahlvorstand bilden, und verpflichtet sie mittelst Handschlags an Eidesstatt.

§. 21. Die Wahlen erfolgen abtheilungsweise durch Stimmgebung zu Protokoll, nach absoluter Mehrheit und nach den Vorschriften des Reglements. (§. 32.)

§. 22. In der Wahlversammlung dürfen weder Diskussionen stattfinden, noch Beschlüsse gefaßt werden.

Wahlstimmen, unter Protest oder Vorbehalt abgegeben, sind ungültig.

§. 23. Ergiebt sich bei der ersten Abstimmung keine absolute Stimmenmehrheit, so findet die engere Wahl statt.[1]

[1] Bei Stimmengleichheit entscheidet das Loos; § 17 des Reglements v 18./9. 93 unten S. 242.

§. 24. Der gewählte Wahlmann muß sich über die Annahme der Wahl erklären. Eine Annahme unter Protest oder Vorbehalt gilt als Ablehnung, und zieht eine Ersatzwahl nach sich.

§. 25. Das Protokoll wird von dem Wahlvorstande (§. 20.) unterzeichnet und sofort dem Wahlkommissar (§. 26.) für die Wahl der Abgeordneten eingereicht.

§. 26. Die Regierung ernennt den Wahlkommissar für jeden Wahlbezirk zur Wahl der Abgeordneten und bestimmt den Wahlort.[1]

[1] Anm. 1 zu § 17 findet hier entsprechende Anwendung.

§. 27. Der Wahlkommissar beruft die Wahlmänner mittelst schriftlicher Einladung zur Wahl der Abgeordneten. Er hat die Verhandlungen über die Urwahlen nach den Vorschriften dieser Verordnung zu prüfen, und wenn er einzelne Wahlakte für ungültig erachten sollte, der Versammlung der Wahlmänner seine Bedenken zur endgültigen Entscheidung[1] vorzutragen. Nach Ausschließung derjenigen Wahlmänner, deren Wahl für ungültig erkannt ist, schreitet die Versammlung sofort zu dem eigentlichen Wahlgeschäfte.

Außer der vorgedachten Erörterung und Entscheidung über die etwa gegen einzelne Wahlakte erhobenen Bedenken dürfen in der Versammlung keine Diskussionen Statt finden, noch Beschlüsse gefaßt werden.

[1] unbeschadet des dem Abgeordnetenhause gemäß Art. 78 der VerfUrk. zustehenden endgültigen Rechtes der Prüfung und Entscheidung; s. auch Sten. Ber. des AbgH. 1867 S. 29 ff., 69.

§. 28. Der Tag der Wahl der Abgeordneten ist von dem Minister des Innern festzusetzen.[1]

[1] Im Falle der Ablehnung oder Nichtwählbarkeit setzt der Regierungspräsident den Wahltag fest, Wahlreglement § 31; wenn ein Mandat während der Sitzungsperiode erledigt wird, der Min. des Innern, vgl. VMBl. 1851 S. 277, nach v. Rönne I § 60 S. 253 Anm. 2 der Regierungspräsident.

§. 29. Zum Abgeordneten ist jeder Preuße[1] wählbar, der das dreißigste Lebensjahr vollendet, den Vollbesitz der bürgerlichen Rechte,[2] in Folge rechtskräftigen richterlichen Erkenntnisses, nicht verloren hat und bereits ein Jahr lang dem preußischen Staatsverbande angehört.[3 4 5]

[1] S. Ges. v. 1./6. 70 (BGBl. 335) oben Anlage I.

[2] StrGB. §§ 32 bis 37; s. auch Anm. 3 zu § 8.

[3] Diese letzte Bestimmung bezieht sich seit der Bundes- (Reichs-) Verfassung Art. 3 nur noch auf solche Personen, welche vor Erwerb der preußischen Staatsangehörigkeit einem außerdeutschen Staatsverbande angehört haben, G. Meyer I S. 254, Sten. Ber. des AbgH. 1882/83 Bd. III S. 1965 f., v. Stengel S. 80 Anm. 1. Die Selbstständigkeit (wie in § 8) wird also hier nicht verlangt. Gleichwohl hat das AbgH. im Konkurse befindlichen Personen wegen mangelnder Selbstständigkeit die Wählbarkeit zu Abgeordneten abgesprochen, s. Sten. Ber. 1879 I S. 1392 f.

[4] Zu berücksichtigen bleibt noch, daß nach Art. 78 Abs. 4 der VerfUrk. Mitglieder des Herrenhauses als Abgeordnete nicht wählbar sind, und daß nach dem Ges. v. 27./3. 72 (s. Anm. 7 zu Art. 74) der Präsident und die Mitglieder der Oberrechnungskammer nicht Mitglieder eines der beiden Häuser des Landtages sein dürfen.

[5] Verlust des Wahlrechts tritt ein durch Verzicht, oder wenn eines der in § 29 aufgestellten Erfordernisse in Wegfall gekommen ist. Wegen „Unwürdigkeit" (vgl. § 9 der Verordnung wegen Bildung der Ersten Kammer v. 12./10. 54) kann die Mitgliedschaft vom Abgeordnetenhause nicht entzogen werden.

§. 30. Die Wahlen der Abgeordneten erfolgen durch Stimmengebung zu Protokoll.

Der Protokollführer und die Beisitzer werden von den Wahlmännern auf den Vorschlag des Wahlkommissarius gewählt und bilden mit diesem den Wahlvorstand.

Die Wahlen erfolgen nach absoluter Stimmenmehrheit. Wahlstimmen unter Protest oder Vorbehalt abgegeben, sind ungültig.

Ergiebt sich bei der ersten Abstimmung keine absolute Mehrheit, so wird zu einer engeren Wahl geschritten.

§. 31. Der gewählte Abgeordnete muß sich über die Annahme oder Ablehnung der auf ihn gefallenen Wahl gegen den Wahlkommissarius erklären. Eine Annahme-Erklärung unter Protest oder Vorbehalt gilt als Ablehnung und hat eine neue Wahl zur Folge.

§. 32. Die zur Ausführung dieser Verordnung erforderlichen näheren Bestimmungen hat Unser Staatsministerium in einem zu erlassenden Reglement[1] zu treffen.

[1] Folgt unter 2.

---

2. Das jetzt gültige, vom Staatsministerium auf Grund § 32 der vorstehenden Verordnung erlassene Reglement v. 18./9. 93 (BMBl. 157 f.) lautet:

Unter Aufhebung des Reglements vom 4. September 1882 werden zur Ausführung der Verordnung vom 30. Mai 1849, des Gesetzes vom 11. März 1869, des §. 2. des Gesetzes vom 23. Juni 1876, des §. 10. des Gesetzes vom 18. Februar 1891 und des Gesetzes, betreffend Aenderung des Wahlverfahrens, vom 29. Juni 1893 für den Umfang der Monarchie mit Ausnahme der Hohenzollernschen Lande*) die folgenden näheren Bestimmungen getroffen.

I. Wahl der Wahlmänner.

§. 1. Die Landräthe oder, im Falle des §. 6. der Verordnung vom 30. Mai 1849, die Gemeinde-Ver-

*) Für diese gilt Reglem. v. 4./9. 82, Hohenzoll. Amtsbl. 1882, Extra-Beil. zu Nr. 37.

waltungsbehörden, haben die Aufstellung der Urwählerlisten zu veranlassen (§. 15. der Verordnung).

Dieselben Behörden haben gleichzeitig die Urwahl-Bezirke (§§. 5., 6., 7. der Verordnung) abzugrenzen und die Zahl der auf jeden derselben fallenden Wahlmänner (§§. 4., 6., 7. der Verordnung) festzusetzen.

Die Zahl der Wahlmänner des Urwahl-Bezirkes und dessen allgemeine Abgrenzung ist auf der Urwählerliste (§. 3. des Reglements) anzugeben.

§. 2. Kein Urwahl-Bezirk darf weniger als 750 und mehr als 1749 Seelen umfassen.

Bei Berechnung der Seelenzahl sind die zum aktiven Heere gehörigen Militairpersonen der Civilbevölkerung hinzuzuzählen.

Maßgebend ist die bei der letzten allgemeinen Volkszählung ermittelte ortsanwesende Bevölkerung.

Wird danach bei der Bildung der Urwahl-Bezirke die Zusammenlegung von Gemeinden (Orts-Kommunen, selbstständigen Gutsbezirken u. s. w.) aus verschiedenen Amtsbezirken der im §. 1. des Reglements bezeichneten Behörden erforderlich, so sind hierüber die näheren Anordnungen durch die nächst höhere Verwaltungsbehörde zu treffen.

Die Bewohner der von ihrem Hauptlande getrennt liegenden Gebietstheile müssen, soweit sie in sich keinen Urwahl-Bezirk bilden können, mit nächstgelegenen Gemeinden ihres Hauptlandes zusammengelegt werden.

Sonst muß jeder Urwahl-Bezirk ein möglichst zusammenhängendes und abgerundetes Ganzes bilden.

§. 3. Die Aufstellung der Urwählerliste liegt der Gemeinde-Verwaltungsbehörde (in selbstständigen Gutsbezirken dem Gutsvorsteher) ob. In Gemeinden, die in mehrere Urwahl-Bezirke getheilt sind, erfolgt die Aufstellung der Urwählerlisten nach den einzelnen Bezirken.

Bei jedem einzelnen Namen ist der Betrag der direkten Staatssteuern (Einkommensteuer, Gewerbesteuer einschließlich der Betriebssteuer, Grund- und Gebäudesteuer) anzugeben, den der Urwähler in der Gemeinde oder in dem aus mehreren Gemeinden zusammengesetzten Urwahl-Bezirke zu entrichten hat.

Vom 1. April 1895 ab erstreckt sich der anzusetzende Steuerbetrag nicht nur auf die dann noch zur Hebung gelangenden direkten Staatssteuern (Einkommen- nebst Ergänzungssteuer und Gewerbesteuer für den Gewerbebetrieb im Umherziehen), sondern auch auf die direkten Gemeinde-, Kreis- und Provinzialsteuern — in der Provinz Hessen-Nassau auch Bezirkssteuern —, welche der Urwähler zu entrichten hat. Dabei treten an Orten, wo direkte Gemeindesteuern nicht erhoben werden, an deren Stelle die vom Staate veranlagte Grund-, Gebäude- und Gewerbesteuer.

Direkte Steuern, welche außerhalb der Gemeinde oder des aus mehreren Gemeinden zusammengesetzten Urwahl-Bezirkes in Preußen zu entrichten sind, kommen auf Antrag des betreffenden Urwählers mit zur Anrechnung, wenn ihr Betrag der mit Aufstellung der Urwählerliste betrauten Behörde spätestens innerhalb der in §. 4. des Reglements vorgeschriebenen Einspruchsfrist glaubwürdig nachgewiesen wird.

Für jede nicht zur Staatseinkommensteuer veranlagte Person ist an Stelle dieser Steuer ein Betrag von drei Mark zum Ansatz zu bringen. Dies hat auch in dem Falle zu geschehen, daß für einen solchen Urwähler eine andere, von ihm zu entrichtende direkte Staats- oder Gemeindesteuer anzurechnen ist.

In Helgoland ist nur die dort zur Hebung kommende Einkommensteuer in Anrechnung zu bringen.

§. 4. Die Urwählerliste ist von der Gemeinde-Verwaltungsbehörde in jeder Gemeinde (Orts-Kommune, selbstständigem Gutsbezirke u. s. w.) drei Tage lang öffentlich auszulegen. Daß und in welchem Lokale dies geschieht, ist beim Beginne der Auslegung in ortsüblicher Weise bekannt zu machen.

Innerhalb drei Tagen nach dieser Bekanntmachung steht es Jedem frei, gegen die Richtigkeit oder Vollständigkeit der Liste bei der Behörde, welche die Auslegung bewirkt hat, oder dem von dieser zu bezeichnenden Kommissar oder der dazu niedergesetzten Kommission seine Einwendungen schriftlich anzubringen oder zu Protokoll zu geben.

Die Entscheidung darüber erfolgt in den Städten durch die Gemeinde-Verwaltungsbehörde, auf dem Lande durch den Landrath, mit der Maßgabe, daß dieselbe

im Regierungsbezirk Wiesbaden in den im §. 22. der Kreisordnung für die Provinz Hessen-Nassau vom 7. Juni 1885 (Gesetz-Samml. S. 193) aufgeführten Städten,

in der Provinz Hannover in denjenigen Städten, auf welche die Hannoversche revidirte Städte-Ordnung vom 24. Juni 1858 (Hannoversche Gesetz-Samml. S. 141) Anwendung findet,[1]

den Gemeinde-Verwaltungsbehörden zusteht.

Die Urwählerlisten sind mit einer Bescheinigung über die nach ortsüblicher Bekanntmachung während drei Tagen erfolgte öffentliche Auslegung, sowie darüber zu versehen, daß innerhalb der Reklamationsfrist keine Reklamationen erhoben oder die erhobenen erledigt sind.

Beide Bescheinigungen liegen der Behörde ob, welche die Auslegung bewirkt hat. In dem Falle aber, daß dieser Behörde nicht auch die Entscheidung über die Reklamationen zusteht, und solche erhoben werden, hat sie die Urwählerlisten nur rücksichtlich der Auslegung zu bescheinigen und sofort nach Ablauf der Reklamationsfrist nebst den eingegangenen Reklamationen, sowie dem Atteste, daß keine weiteren, als die beigefügten Reklamationen angebracht sind, der zur Entscheidung über dieselben berufenen Behörde einzureichen, welche nach Erledigung der Reklamationen die bezügliche Bescheinigung auszustellen hat.

[1] Dies sind: Hameln, Nienburg, Peine, Goslar, Einbeck, Nordheim, Osterode, Duderstadt. Münden, Uelzen, Stade, Bremervörde, Buxtehude, Verden, Aurich, Norden, Leer, Papenburg und Lingen.

§. 5. Nach Auslegung der Urwählerlisten wird die Aufstellung der Abtheilungslisten in folgendem Verfahren bewirkt:

Nach Anleitung des anliegenden Formulars A. werden die Urwähler in der Ordnung verzeichnet, daß mit dem Namen des Höchstbesteuerten angefangen wird, dann derjenige folgt, welcher nächst jenem die höchsten Steuern entrichtet, und so fort bis zu denjenigen, welche die geringste Steuer zu zahlen haben. Zuletzt sind diejenigen Urwähler einzutragen, für welche nur der Betrag von drei Mark an Stelle der Staatseinkommensteuer gemäß §. 3. des Reglements in Ansatz zu bringen ist.

Alsdann wird die Gesammtsumme aller Steuern berechnet, und endlich die Grenze der Abtheilungen dadurch gefunden, daß man die Steuersumme der einzelnen Urwähler so lange zusammenrechnet, bis das erste und dann das zweite Drittel der Gesammtsumme aller Steuern erreicht ist.

Die Urwähler, auf welche das erste Drittel fällt, bilden die erste, diejenigen, auf welche das zweite Drittel fällt, die zweite, die übrigen die dritte Abtheilung. In die erste, beziehungsweise zweite Abtheilung gehört auch derjenige, dessen Steuerbetrag nur theilweise in das erste, beziehungsweise zweite Drittheil fällt. Wird bei Bildung der ersten Abtheilung das erste Drittheil hierdurch überschritten, so wird bei Bildung der beiden folgenden Abtheilungen nur derjenige Theil der Gesammtsteuer zu Grunde gelegt, welcher nicht von den Urwählern der ersten Abtheilung getragen wird, dergestalt, daß diejenigen, welche die Hälfte dieses Restes der Gesammtsteuer tragen, die zweite die übrigen die dritte Abtheilung bilden.

Ergiebt sich nach Vorstehendem, daß Urwähler, welche zu einer Staatssteuer nicht veranlagt sind, in die zweite oder erste Abtheilung gelangen würden, so sind dieselben gleichwohl der dritten Abtheilung zuzutheilen und die für sie in Ansatz gebrachten Steuerbeträge von der für die erste und zweite Abtheilung berechneten Steuersumme abzuziehen. Diejenigen Urwähler, auf welche die erste Hälfte der übrig bleibenden Summe ganz oder theilweise entfällt, bilden dann die erste, die übrigen, nicht zur dritten Abtheilung gehörigen Urwähler die zweite Abtheilung.

Kein Wähler kann zwei Abtheilungen zugleich angehören. Läßt sich bei gleichen Steuerbeträgen nicht entscheiden, welcher unter mehreren Wählern zu einer bestimmten Abtheilung zu rechnen ist, so giebt die alphabetische Ordnung der Familiennamen, bei gleichen Namen das Loos, den Ausschlag.

§. 6. In Gemeinden, welche für sich einen Urwahl-Bezirk bilden, und in Urwahl-Bezirken, welche aus mehreren Gemeinden bestehen, wird nur eine Abtheilungsliste angefertigt. Im ersteren Falle stellt dieselbe die Gemeinde-Verwaltungsbehörde, im letzteren Falle der Landrath auf. In Gemeinden, welche in mehrere Urwahl-Bezirke getheilt sind, wird für jeden Urwahl-Bezirk eine besondere Abtheilungsliste von der Gemeinde-Verwaltungsbehörde angefertigt.

§. 7. Die Feststellung der Abtheilungslisten erfolgt durch die im §. 1. des Reglements bezeichneten Behörden.

Dieselben Behörden haben auch die im zweiten Absatz des §. 16. der Verordnung gedachten Funktionen wahrzunehmen.

§. 8. Nach Feststellung der Abtheilungsgrenzen bleibt für die Reihenfolge der Urwähler innerhalb der Abtheilungen dieselbe Ordnung nach den Steuersätzen maßgebend, in welcher die Urwähler bei Aufstellung der Abtheilungsliste verzeichnet worden sind (§. 5. des Reglements). Die gleichbesteuerten Urwähler derselben Abtheilungen und die steuerfreien Urwähler werden alphabetisch nach Familiennamen und bei gleichen Namen durch das Loos geordnet.

§. 9. In Betreff des Reklamationsverfahrens gegen die Abtheilungsliste, insbesondere auch in Betreff der Auslegung und der Bescheinigung derselben, kommen die Vorschriften des §. 4. des Reglements mit der Maßgabe zur Anwendung, daß die öffentliche Auslegung der Abtheilungslisten in dem betreffenden Urwahl-Bezirke, oder doch in dem Gemeindebezirke, wenn solcher aus mehreren Urwahl-Bezirken besteht, stattzufinden hat, sowie daß die vorgeschriebenen Bescheinigungen der Abtheilungsliste durch diejenige Behörde zu bewirken sind, welche über die Reklamationen zu entscheiden hat.

Nachdem die Abtheilungsliste durch die Bescheinigung, daß keine Reklamationen gegen dieselbe erhoben oder die erhobenen erledigt sind, abgeschlossen worden, ist jede spätere Aufnahme von Urwählern in dieselbe untersagt.

Sie ist demnächst dem Wahlvorsteher Behufs Benutzung bei der Wahl zuzustellen.

§. 10. **Die sämmtlichen Urwähler des Urwahl-Bezirks** werden zu einer, für die Wahlbetheiligung möglichst günstigen, von den im §. 1. des Reglements bezeichneten Behörden zu bestimmenden Stunde des Tages der Wahl in ortsüblicher Weise zusammenberufen, wobei zugleich das Wahllokal und der Name des Wahlvorstehers, sowie seines Stellvertreters bekannt zu machen ist.

Darüber, daß dieses geschehen, haben die Behörden, welche die Auslegung der Urwählerlisten bewirkt haben (§. 4. des Reglements), spätestens im Wahltermine dem Wahlvorsteher eine Bescheinigung einzureichen, welche dem Protokolle (§. 22. des Reglements) beizufügen ist.

§ 11. In den Provinzen Schleswig-Holstein und Hannover kann für solche Wahlbezirke, welche ganz oder theilweise aus Inseln bestehen, je nach der Oertlichkeit und dem Bedürfnisse von einer Wahlversammlung für den ganzen Bezirk abgesehen und von dem Regierungs-Präsidenten die Abhaltung von Wahlversammlungen für einen Theil des Bezirks oder für jede einzelne Insel angeordnet werden (§. 2. Nr 1. des Gesetzes vom 11. März 1869).

Der Wahlvorsteher ist dann verpflichtet, die Wahlen an den verschiedenen Orten in einem Zeitraume von höchstens drei Tagen, mit Einschluß des von dem Minister des Innern bestimmten Tages der Wahl, in Ausführung zu bringen. In einer gleich langen Frist ist die etwa erforderliche engere Wahl zu bewirken.

Der Wahlvorsteher ernennt an jedem Orte, wo er

eine Wahlversammlung abhält, neue Beisitzer, erforderlichen Falls auch einen neuen Protokollführer.

Von dem Wahlvorstande desjenigen Ortes, wo die letzte Wahlversammlung stattfindet, wird die Wahlverhandlung abgeschlossen und das Ergebniß verkündet.

Wird eine engere Wahl nöthig, so stellt der Wahlvorsteher die Kandidatenliste für dieselbe nach §. 17. dieses Reglements fest. Er läßt alsdann sogleich die Versammlung, in welcher die erste Wahlhandlung geschlossen wurde, durch weitere Abstimmung den neuen Wahlakt beginnen, und führt denselben demnächst in den anderen Orten, nach den oben gegebenen Bestimmungen, zum Schluß.

§. 12. Der Wahlvorsteher ernennt aus der Zahl der Urwähler des Wahlbezirkes den Protokollführer und 3 bis 6 Beisitzer (§. 20. der Verordnung).

Bei einer von einer einzelnen Abtheilung vorzunehmenden Nachwahl können erforderlichen Falls zu Beisitzern oder zum Protokollführer Urwähler einer anderen Abtheilung desselben Urwahl-Bezirkes ernannt werden.

§. 13. Die Wahlverhandlung wird damit eröffnet, daß der Wahlvorsteher den Protokollführer und die Beisitzer mittelst Handschlages an Eidesstatt verpflichtet. Er weist auf die für die Wahl maßgebenden gesetzlichen und reglementarischen Bestimmungen hin, von denen ein Abdruck im Wahllokale auszulegen ist.

Jeder nicht stimmberechtigte Anwesende wird zum Abtreten veranlaßt und so die Versammlung konstituirt.

Später erscheinende Urwähler melden sich bei dem Wahlvorsteher und können an den noch nicht geschlossenen Abstimmungen Theil nehmen.

Die Anwesenheit solcher nicht stimmberechtigten Personen, ohne deren Thätigkeit der zweckentsprechende und ordnungsmäßige Verlauf der Wahlverhandlung nach dem Ermessen des Wahlvorstehers nicht möglich ist, ist vorübergehend zulässig.

Abwesende können in keiner Weise durch Stellvertreter oder sonst an der Wahl Theil nehmen.

§. 14. Die dritte Abtheilung wählt zuerst; die erste zuletzt. Sobald die Wahlverhandlung einer Abtheilung geschlossen ist, werden die Mitglieder derselben zum Abtreten veranlaßt.

§. 15. Der Protokollführer ruft die Namen der Urwähler abtheilungsweise in derselben Folge auf, wie sie in der Abtheilungsliste verzeichnet sind (§§. 5. u. 8. des Reglements), wobei mit dem Höchstbesteuerten angefangen wird. Jeder Aufgerufene tritt an den zwischen der Versammlung und dem Wahlvorsteher aufgestellten Tisch und nennt unter genauer Bezeichnung den Namen des Urwählers, welchem er seine Stimme geben will. Sind mehrere Wahlmänner zu wählen, so nennt er gleich so viel Namen, als deren in der Abtheilung zu wählen sind. Die genannten Namen trägt der Protokollführer neben den Namen des Urwählers und in Gegenwart desselben in die Abtheilungsliste ein, oder läßt sie, wenn derselbe es wünscht, von dem Urwähler selbst eintragen.

§. 16. Die Wahl erfolgt nach absoluter Mehrheit der Stimmenden.

Ungültig sind, außer dem Falle des §. 22. der Verordnung, solche Wahlstimmen, welche auf andere, als die nach §. 18. der Verordnung, oder nach §. 17. dieses Reglements wählbaren Personen fallen.

Ueber die Gültigkeit einzelner Wahlstimmen entscheidet der Wahlvorstand.

§. 17. Soweit sich bei der ersten oder einer folgenden Abstimmung absolute Stimmenmehrheit nicht ergiebt, kommen diejenigen, welche die meisten Stimmen haben, in doppelter Anzahl der noch zu wählenden Wahlmänner auf die engere Wahl.

Ist die Auswahl der hiernach zur engeren Wahl zu bringenden Personen zweifelhaft, weil auf zwei oder mehrere eine gleiche Stimmenzahl gefallen ist, so entscheidet zwischen diesen das Loos, welches durch die Hand des Vorstehers gezogen wird.

Eine engere Wahl findet auch dann statt, wenn bei der ersten Abstimmung die Stimmen zwischen zwei oder — wenn es sich um die Wahl von zwei Wahlmännern handelt — zwischen vier Personen ganz gleich getheilt sind. Tritt dieser Fall dagegen bei einer späteren Abstimmung ein, so entscheidet das Loos zwischen den zwei beziehungsweise vier Personen.

Wenn bei einer Abstimmung die absolute Stimmenmehrheit auf mehrere, als die noch zu wählenden Wahlmänner gefallen ist, so sind diejenigen derselben gewählt, welche die höchste Stimmenzahl haben. Bei Stimmengleichheit entscheidet auch hier das Loos. Ist aber die Stimmengleichheit bei der ersten Abstimmung eingetreten, so findet zunächst zwischen denen, welche eine gleiche Stimmenzahl erhalten haben, eine engere Wahl statt.

§. 18. Die gewählten Wahlmänner müssen sich, wenn sie im Wahltermine anwesend sind, sofort, sonst binnen drei Tagen, nachdem ihnen die Wahl angezeigt ist, erklären, ob sie dieselbe annehmen, und, wenn sie in mehreren Abtheilungen gewählt sind, für welche derselben sie annehmen wollen.

Annahme unter Protest oder Vorbehalt, sowie das Ausbleiben der Erklärung binnen drei Tagen, gilt als Ablehnung.

Jede Ablehnung hat für die Abtheilung eine neue Wahl zur Folge.

§. 19. Erfolgt die Ablehnung sofort im Wahltermine, und bevor die Wahlverhandlung der betreffenden Abtheilung geschlossen ist (§. 14. des Reglements), so hat der Wahlvorsteher sofort eine neue Wahl vorzunehmen.

Erfolgt die Ablehnung später oder geht binnen drei Tagen (§. 18. des Reglements) keine Erklärung des Gewählten ein, so hat der Wahlvorsteher die betreffende Abtheilung unter Beobachtung der im §. 10. des Reglements gegebenen Bestimmungen unverzüglich und, wenn möglich, so zeitig zu einer neuen Wahl zusammenzurufen, daß der zu erwählende Wahlmann noch an der Wahl des Abgeordneten Theil nehmen kann.

§. 20. Ist in einem Urwahl-Bezirke die Wahl eines Wahlmannes wegen Nichterscheinens der Urwähler nicht zu Stande gekommen, oder die Wahl für ungültig erklärt worden, so ist, ebenso wie bei sonstigem Ausscheiden von Wahlmännern (§. 18. der Verordnung), vor der nächsten Wahl eines Abgeordneten eine Ersatzwahl durch den Regierungs-Präsidenten und für Berlin durch den Ober-Präsidenten anzuordnen.

§. 21. Wird die Ersatzwahl eines Wahlmannes nach Ablauf eines Jahres seit der letzten Wahl eines Abgeordneten erforderlich, so ist derselben eine neue Urwähler- und Abtheilungsliste, bei deren Aufstellung und Auslegung die Vorschriften dieses Reglements zu beobachten sind, zum Grunde zu legen.

§. 22. Ueber die Verhandlung ist ein Protokoll aufzunehmen.

II. Wahl der Abgeordneten.

§. 23. Die Regierungs-Präsidenten und für Berlin der Ober-Präsident haben die Wahlkommissare für die Wahl der Abgeordneten zu bestimmen, und davon, daß dies geschehen, die Wahlvorsteher zu benachrichtigen.

§ 24. Die Wahlvorsteher reichen die Urwahl-Protokolle dem Wahlkommissar ein. Der Wahlkommissar stellt aus den eingereichten Urwahl-Protokollen ein nach Kreisen, obrigkeitlichen Bezirken oder in sonst geeigneter Weise geordnetes Verzeichniß der Wahlmänner seines Wahlbezirks auf und veranlaßt, daß dieses Verzeichniß durch Auslegung in den Geschäftslokalen der Landräthe, sowie der Magisträte (Gemeinde-Verwaltungsbehörden) der einen eigenen Kreis oder Wahlbezirk bildenden Städte, und durch Abdruck in den zu amtlichen Publikationen dienenden Blättern veröffentlicht wird.

§. 25. Der Wahlkommissar ladet die Wahlmänner schriftlich zur Wahl der Abgeordneten ein. Die Zustellung ist durch einen vereideten Beamten zu bescheinigen.

Die Vorladung der Wahlmänner kann auch sofort im Urwahltermine durch die Wahlvorsteher bewirkt werden. Die Wahlvorsteher erhalten in diesem Falle Seitens des Wahlkommissars die erforderliche Anzahl von Einladungs-Formularen und Behändigungsscheinen. Sie haben die ersteren mit der Adresse der Wahlmänner zu versehen und gegen Vollziehung der Behändigungsscheine auszuhändigen, auf den letzteren aber die richtig erfolgte Zustellung zu bescheinigen und dieselben gleichzeitig mit den Urwahl-Protokollen dem Wahlkommissar einzureichen.

§. 26. Die Wahlverhandlung wird unter Hinweis auf die für die Wahl maßgebenden gesetzlichen und reglementarischen Bestimmungen, von denen ein Abdruck im Wahllokal auszulegen ist, eröffnet.

Der Protokollführer und drei bis sechs Beisitzer werden von den Wahlmännern aus ihrer Mitte auf den Vorschlag des Wahlkommissars gewählt und von diesem mittels Handschlages an Eidesstatt verpflichtet.

Bei der Entscheidung der Versammlung über die von dem Wahlkommissar für ungültig erachteten Urwahlen (§. 27. der Verordnung) sind auch diejenigen Wahlmänner stimmberechtigt, deren Wahl von dem Wahlkommissar beanstandet wird.

Im Uebrigen kommen die Bestimmungen des §. 13. zur Anwendung.

§. 27. Jeder Abgeordnete wird in einer besonderen Wahlhandlung gewählt. Die Wahl selbst erfolgt, indem der nach der Reihenfolge des Verzeichnisses (§. 24. des Reglements) aufgerufene Wahlmann an den zwischen der Wahlversammlung und dem Wahlkommissar aufgestellten Tisch tritt und den Namen desjenigen nennt, dem er seine Stimme giebt.

Den vom Wahlmann genannten Namen trägt der Protokollführer neben den Namen des Wahlmannes in die Wahlmännerliste ein, wenn der Wahlmann nicht verlangt, den Namen selbst einzutragen.

§. 28. Hat sich auf keinen Kandidaten die absolute Stimmenmehrheit vereinigt, so wird zu einer weiteren Abstimmung geschritten.

Dabei kann keinem Kandidaten die Stimme gegeben werden, welcher bei der ersten Abstimmung keine oder nur eine Stimme gehabt hat.

Die zweite Abstimmung wird unter den übrigen Kandidaten in derselben Weise, wie die erste, vorgenommen.

Jede Wahlstimme, welche auf einen anderen als die in der Wahl gebliebenen Kandidaten fällt, ist ungültig.[1]

Wenn auch die zweite Abstimmung keine absolute Mehrheit ergiebt, so fällt in jeder der folgenden Abstimmungen derjenige, welcher die wenigsten Stimmen hatte, aus der Wahl, bis die absolute Mehrheit sich auf einen Kandidaten vereinigt hat. Stehen sich Mehrere in der geringsten Stimmenzahl gleich, so entscheidet das Loos, welcher aus der Wahl fällt.

Wenn die Abstimmung nur zwischen zwei Kandidaten noch stattfindet, und jeder derselben die Hälfte der gültigen Stimmen auf sich vereinigt hat, entscheidet ebenfalls das Loos.

In beiden Fällen ist das Loos durch die Hand des Wahlkommissars zu ziehen.

[1] Gültig sind daher die Stimmen, welche auf einen in der engeren Wahl gebliebenen Kandidaten fallen, auch wenn dieser auf die weitere Abstimmung für sich verzichtet hat, s. VMBl. 1862 S. 229.

§. 29. Ueber die Gültigkeit einzelner Wahlstimmen entscheidet der Wahlvorstand.

§. 30. Der Gewählte ist von der auf ihn gefallenen Wahl durch den Wahlkommissar in Kenntniß zu setzen und zur Erklärung über die Annahme, sowie zum Nachweise, daß er nach §. 29. der Verordnung wählbar sei, aufzufordern.

Annahme unter Protest oder Vorbehalt, sowie das Ausbleiben der Erklärung binnen acht Tagen von der Zustellung der Benachrichtigung, gilt als Ablehnung.

In Fällen der Ablehnung oder Nichtwählbarkeit hat der Regierungs-Präsident und für Berlin der Ober-Präsident sofort eine neue Wahl zu veranlassen, bei welcher nöthigenfalls eine neue Abschrift der Wahlmännerliste zur Eintragung der Abstimmung zu benutzen ist.

§. 31. Sämmtliche Verhandlungen, sowohl über die Wahl der Wahlmänner, als auch über die Wahl der Abgeordneten, werden von dem Wahlkommissar dem Regierungs-Präsidenten und für Berlin dem Ober-Präsidenten, gehörig geheftet, eingereicht, und hiernächst dem Minister des Innern zur weiteren Mittheilung an das Haus der Abgeordneten vorgelegt.

---

3. Gesetz, die Feststellung der Wahlbezirke für das Haus der Abgeordneten betreffend.

Vom 27. Juni 1860 (GS. 357).

Dieses Ges. stellt die Wahlbezirke, die Wahlorte und die Zahl der in jedem Bezirk zu wählenden Abgeordneten gesetzlich fest. Für die 1866 erworbenen Provinzen sind die Wahlbezirke gemäß Art. 2 Verordnung v. 14./9. 67 (GS. 1482) in GS. 1867 S. 1483 aufgeführt. Dieser Art. 2 ist durch Ges. v. 11./3. 69 (GS. 481) § 1 aufrecht erhalten bis zum Erlasse des in Art. 72 der VerfUrk. vorbehaltenen Wahlgesetzes. So lange also gilt als Gesetz die für die 1866 erworbenen Provinzen gemäß Art. 2 der Verordnung v. 14./9. 67 erfolgte Bildung der Wahlbezirke. Lauenburg bildet zufolge Ges. v. 23./6. 76 (GS. 169) einen eigenen Wahlbezirk. Für Hannover und Hessen-Nassau sind die Wahlbezirke zum Abgeordnetenhaus neuerdings anderweitig bestimmt und zwar durch § 2 der Kreisordnung für Hannover v. 6./5. 84 (GS. 181) und § 2 der Kreisordnung für Hessen-Nassau v. 7./6. 85 (GS. 193), ferner für Westpreußen und Posen durch Ges. v. 6./6. 87 (GS. 197). Helgoland ist dem Kreise Süderdithmarschen bezüglich der Wahl zugetheilt. Ges. v. 18./2. 91 (GS. 103).

§. 1. Die Wahlbezirke, die Wahlorte und die Zahl der in jedem Bezirke zu wählenden Abgeordneten für das Haus der Abgeordneten werden nach Inhalt des anliegenden Verzeichnisses hierdurch festgestellt.[1]

[1] S. am Schlusse.

§. 2. In denjenigen Wahlbezirken, bei welchen laut des anliegenden Verzeichnisses zwei Wahlorte benannt sind, findet die zunächst eintretende Wahl in dem zuerst genannten, die demnächst folgende Wahl in dem zweitgenannten Orte und so fortgesetzt in derselben Reihenfolge abwechselnd in dem einen und dem anderen Orte statt. In dem Wahlbezirke Schleusingen-Ziegenrück (Nr. 5. Regierungsbezirk Erfurt) wird jedoch zweimal hintereinander im Wahlorte Schleusingen und sodann erst zum dritten Male in Ranis gewählt.

§. 3. Eine Abweichung von der laut §. 2. vorgeschriebenen Regel im Wechsel der Wahlorte oder die Bestimmung eines anderen als des in dem anliegenden Verzeichnisse genannten Wahlortes steht dem Minister des Innern, jedoch stets nur für die einzelne, zunächst bevorstehende Wahlhandlung, auch nur in dem Falle zu, wenn die Abhaltung der Wahl an dem im Verzeichniß bestimmten Orte des betreffenden Wahlbezirkes durch ansteckende Krankheiten, Unterbrechung der Verbindung mit dem Wahlorte oder durch andere unabwendbare Zufälle unausführbar wird.

Der vom Minister des Innern zu bezeichnende andere Wahlort darf niemals außerhalb des Wahlbezirkes bestimmt werden.

§. 4. Die §§. 2. und 3. der Wahlverordnung vom 30. Mai 1849. und die Vorschrift im §. 26. desselben Gesetzes wegen Bestimmung der Wahlorte, wie die Bestimmung unter Nr. 1. §. 2. des interimistischen Wahlgesetzes für die Wahlen zur zweiten Kammer in den Fürstenthümern Hohenzollern vom 30. April 1851. werden aufgehoben.

§. 5. Das gegenwärtige Gesetz tritt bei der ersten nach dessen Verkündigung stattfindenden Neuwahl des Hauses der Abgeordneten in Kraft.

[1] Der Minister d. Innern bestimmt den Zeitpunkt, zu welchem die im Ges. v. 6./6. 87 (GS. 197) vorgesehenen Aenderungen westpreußischer und posener Wahlbezirke in Kraft treten.

Die Wahlbezirke sind die folgenden, bezw. die aus denselben durch Ausscheidung von Stadtkreisen und Theilung hervorgegangenen oder hervorgehenden Kreise (die Wahlorte und die Zahl der Abgeordneten sind eingeklammert):

I. Provinz Ostpreußen:

A. Regierungsbez. Königsberg. 1. Memel-Heydekrug (2), (Prökuls). 2. Labiau-Wehlau (2), (Tapiau). 3. Stadt und Kreis Königsberg-Fischhausen (3), (Königsberg). 4. Heiligenbeil-Pr.-Eylau (2), (Zinten). 5. Braunsberg-Heilsberg (2), (Wormditt). 6. Pr.-Holland-Mohrungen (2), (Mohrungen). 7. Osterode-Neidenburg (2), (Hohenstein). 8. Allenstein-Rössel (2), (Wartenburg). 9. Rastenburg-Gerdauen-Friedland (2), (Schippenbeil).

B. Regierungsbez. Gumbinnen. 1. Tilsit-Niederung (2), (Tilsit). 2. Ragnit-Pillkallen (2), (Pillkallen). 3. Gumbinnen-Insterburg (2), (Insterburg). 4. Stallupönen-Goldap-Darkehmen (2), (Goldap). 5. Angerburg-Lötzen (1), (Lötzen). 6 Oletzko-Lyck-Johannisburg (2), (Lyck). 7. Sensburg-Ortelsburg (2), (Aweiden).

II. Provinz Westpreußen; s. auch Ges., betr. die Theilung von Kreisen in den Provinzen Posen und Westpreußen v. 6./6. 87 (GS. S. 197).

A. Regierungsbez. Danzig. 1. Elbing-Marienburg (2), (Marienburg). 2. Stadt Danzig, Kreise Danziger Höhe und Danziger Niederung (3), (Danzig). 3. Neustadt-Carthaus-Putzig (2), (Zoppot). 4. Berent-Dirschau-Pr.-Stargardt (2), (Stargardt).

B. Regierungsbez. Marienwerder. 1. Stuhm-Marienwerder (2), (Marienwerder). 2. Rosenberg-Graudenz (2), (Freystadt). 3. Löbau (1), (Löbau). 4. Strasburg (1), (Strasburg). 5. Thorn-Culm-Briesen (2), (Culmsee). 6. Schwetz (1), (Schwetz). 7. Conitz-Schlochau (2), (Conitz). 8. Flatow-Deutsch-Crone (2), (Jastrow).

III. Provinz Brandenburg:

A. Berlin. 1. Linkes Spree-Ufer, untere Stadt (3). 2. Linkes Spree-Ufer, obere Stadt und der Stadttheil Berlin (2). 3. Rechtes Spree-Ufer, untere Stadt (2). 4. Rechtes Spree-Ufer, obere Stadt (2).

B. Regierungsbez. Potsdam. 1. West- und Ost-Priegnitz (3), (Pritzwalk). 2. Ruppin-Templin (2), (Gransee). 3. Prenzlau-Angermünde (2), (Prenzlau). 4. Ober- und Nieder-Barnim (3), (Bernau). 5. Stadt Potsdam (1). 6. Osthavelland (1), (Nauen). 7. Westhavelland-Zauch-Belzig (3), (Brandenburg). 8. Jüterbogk-Luckenwalde (1), (Jüterbogk). 9. Teltow-Beeskow-Storkow (2), (Köpnick).

C. Regierungsbez. Frankfurt. 1. Arnswalde-Friedeberg (2), (Woldenberg). 2. Landsberg-Soldin (2), (Landsberg). 3. Königsberg (2), (Bärwalde). 4. Stadt Frankfurt, Kreis Lebus (2), (Frankfurt). 5. West- und Ost-Sternberg (2), (Drossen). 6. Züllichau-Krossen (2), (Krossen). 7. Guben-Sorau (2), (Guben). 8. Cottbus-Spremberg-Kalau (2), (Cottbus). 9. Luckau-Lübben (2) (Lübben).

IV. Provinz Pommern:

A. Regierungsbez. Stettin. 1. Demmin-Anklam-Usedom-Wollin-Ueckermünde (3), (Anklam). 2. Randow-Greifenhagen (2), (Greifenhagen). 3. Stadt Stettin (1). 4. Pyritz-Saatzig (2), (Stargardt).

5. Naugard-Regenwalde (2), (Naugard). 6. Greiffenberg-Cammin (2), (Greiffenberg).

B. Regierungsbez. Cöslin. 1. Lauenburg-Bütow-Stolp (3), (Stolp). 2. Rummelsburg-Schlawe (2), (Schlawe). 3. Schievelbein-Dramburg (1), (Schievelbein und Dramburg). 4. Kreis Fürstenthum (2), (Cörlin). 5. Neustettin-Belgard (2), (Bärwalde).

C. Regierungsbez. Stralsund. 1. Rügen-Franzburg (2), (Stralsund). 2. Grimmen-Greifswald (2), (Greifswald).

V. Provinz Schlesien:

A. Regierungsbez. Breslau. 1. Guhrau-Steinau-Wohlau (2), (Winzig). 2. Militsch-Trebnitz (2), (Trebnitz). 3. Wartenberg-Namslau-Oels (3), (Oels). 4. Stadt Breslau (3). 5. Kreis Breslau-Neumarkt (2), (Kanth.) 6. Striegau-Schweidnitz (2), (Schweidnitz). 7. Waldenburg-Reichenbach (3), (Waldenburg und Reichenbach). 8. Neurode-Glatz-Habelschwerdt (3), (Glatz). 9. Frankenstein-Münsterberg (2), (Frankenstein und Münsterberg). 10. Nimptsch-Strehlen (1), (Strehlen). 11. Ohlau-Brieg (2), (Brieg).

B. Regierungsbez. Oppeln. 1. Creutzburg-Rosenberg (2), (Creutzburg). 2. Oppeln (2), (Oppeln). 3. Groß-Strehlitz-Lublinitz (2), (Guttentag). 4. Tost-Gleiwitz (1), (Gleiwitz). 5. Beuthen (2), (Beuthen). 6. Pleß-Rybnik (3), (Sorau). 7. Ratibor (2), (Ratibor). 8. Cosel-Leobschütz (3), (Gnadenfeld). 9. Neustadt-Falkenberg (2), (Friedland). 10. Neisse-Grottkau (2), (Neisse).

C. Regierungsbez. Liegnitz. 1. Grünberg-Freystadt (2), (Neusalz). 2. Sagan-Sprottau (2), (Sagan und Sprottau). 3. Glogau-Lüben (2), (Glogau). 4. Bunzlau-Löwenberg (2), (Löwenberg). 5. Haynau-Goldberg-Liegnitz (2), (Liegnitz). 6. Jauer-Bolkenhain-Landshut (2), (Bolkenhain). 7. Hirschberg-Schönau (2), (Hirschberg). 8. Lauban-Görlitz (3), (Görlitz). 9. Rothenburg-Hoyerswerda (2), (Muskau).

VI. Provinz Posen; s. auch Ges. v. 6./6. 87 (GS. 197).

A. Regierungsbez. Posen. 1. Stadt Posen (1). 2. Kreise Ost- und West-Posen-Obornik (2), (Murowanna-Goslin). 3. Schwerin a. W.-Samter-Birnbaum (2), (Zirke). 4. Meseritz-Bomst (2), (Bomst). 5. Grätz-Neutomischel-Schmiegel-Buck-Kosten (2), (Grätz). 6. Lissa-

Fraustadt-Kröben-Gostyn-Rawitsch (3), (Lissa). 7. Schrimm-Schroda-Wreschen (3), (Schroda). 8. Pleschen-Jarotschin-Koschmin-Krotoschin (2), (Koschmin). 9. Adelnau-Ostrowo-Schildberg-Kempen (2) (Schildberg).

B. Regierungsbez. Bromberg. 1. Czarnikau-Filehne-Chodziesen (2), (Schönlanke). 2. Wirsitz-Bromberg (3), (Nakel). 3. Schubin-Inowrazlaw (2), (Labischin). 4. Znin-Mogilno-Wongrowitsch (2), (Znin). 5. Gnesen-Witkowo (1), (Gnesen).

VII. Provinz Sachsen:

A. Regierungsbez. Magdeburg. 1. Salzwedel-Gardelegen (2), (Gardelegen). 2. Osterburg-Stendal (2), (Stendal). 3. Jerichow I. und II. (2), (Genthin). 4. Stadt Magdeburg mit Neustadt und Sudenburg (2). 5. Wollmirstedt-Neuhaldensleben (2), (Neuhaldensleben). 6. Wanzleben (1), (Wanzleben), 7. Kalbe-Aschersleben (2), (Aschersleben und Kalbe). 8. Oschersleben-Halberstadt-Wernigerode (2), (Halberstadt).

B. Regierungsbez. Merseburg. 1. Liebenwerda-Torgau (2), (Torgau). 2. Schweinitz-Wittenberg (2), (Schweinitz). 3. Bitterfeld-Delitzsch (2), (Delitzsch). 4. Saalkreis inkl. Stadt Halle (2), (Halle). 5. Mansfelder See- und Gebirgskreis (2), (Eisleben). 6. Sangerhausen-Eckartsberga (2), (Artern). 7. Querfurt-Merseburg (2), (Lauchstedt). 8. Weißenfels-Naumburg-Zeitz (2), (Weißenfels).

C. Regierungsbez. Erfurt. 1. Stadt und Kreis Nordhausen (1), (Nordhausen). 2. Heiligenstadt-Worbis (2), (Heiligenstadt). 3. Langensalza-Weißensee-Mühlhausen (2), (Langensalza). 4. Kreis und Stadt Erfurt (1), (Erfurt). 5. Schleusingen-Ziegenrück (1), (Schleusingen und Ranis).

VIII. Provinz Westfalen:

A. Regierungsbez. Münster. 1. Tecklenburg (1), (Ibbenbüren). 2. Steinfurt-Ahaus (2), (Steinfurt). 3. Stadt und Kreis Münster-Koesfeld (2), (Münster). 4. Borken-Recklinghausen (2), (Dorsten). 5. Lüdinghausen-Beckum-Warendorf (2), (Ahlen).

B. Regierungsbez. Minden. 1. Minden-Lübbecke-Jade-Gebiet (2), (Minden). 2. Herford-Halle-Bielefeld (3), (Bielefeld). 3. Wiedenbrück-Paderborn-Büren (2), (Paderborn). 4. Warburg-Höxter (2), (Brackel).

C. Regierungsbez. Arnsberg. 1. Wittgenstein-Siegen (1), (Siegen). 2. Olpe-Meschede (1), (Olpe und Meschede). 3. Altena-Iserlohn (2), (Iserlohn). 4. Kreis Hagen (2), (Hagen). 5. Bochum-Dortmund (3), (Dortmund). 6. Hamm-Soest (2), (Soest). 7. Lippstadt-Arnsberg-Brilon (2), (Warstein).

IX. Rheinprovinz:

A. Regierungsbez. Cöln. 1. Stadt Cöln (2). 2. Kreis Cöln-Bergheim-Euskirchen (3), (Brühl). 3. Rheinbach-Bonn (2), (Bonn). 4. Sieg-Mühlheim-Wipperfürth (3), (Mühlheim). 5. Gummersbach Waldbroel (1), (Wiehl).

B. Regierungsbez. Düsseldorf. 1. Lennep-Solingen (3), (Solingen). 2. Stadt Elberfeld und Stadt Barmen (2), (Elberfeld). 3. Kreis Elberfeld (mit Ausschluß der Städte Elberfeld und Barmen) (1), (Mettmann). 4. Stadt und Kreis Düsseldorf (2), (Düsseldorf). 5. Essen-Duisburg (3), (Duisburg), 6. Rees (1), (Wesel). 7. Cleve (1), (Cleve). 8. Mörs (1), (Rheinberg). 9. Geldern-Kempen (2), (Geldern). 10. Stadt Crefeld (1). 11. Kreis Gladbach (2), (Gladbach). 12. Neuß-Grevenbroich-Crefeld, exl. Stadt Crefeld (2), (Neuß).

C. Regierungsbez. Coblenz. 1. Wetzlar (1), (Wetzlar). 2. Altenkirchen-Neuwied (2), (Neuwied und Altenkirchen). 3. Coblenz-St.-Goar (2), (Coblenz). 4. Kreuznach-Simmern-Zell (2), (Simmern). 5. Kochem-Mayen (2), (Polch). 6. Adenau (Ahrweiler (1), (Altenahr).

D. Regierungsbez. Trier. 1. Daun-Prüm-Bitburg (2), (Prüm). 2. Wittlich-Bernkastel (2), (Bernkastel). 3. Stadt und Kreis Trier (2), (Trier). 4. Saarburg-Merzig-Saarlouis (2), (Merzig). 5. Saarbrücken-Ottweiler-St.-Wendel (3), (Ottweiler).

E. Regierungsbez. Aachen. 1. Schleiden-Malmedy-Montjoie (2), (Montjoie). 2. Eupen-Aachen (3), (Aachen). 3. Düren-Jülich (2), (Düren). 4. Geilenkirchen-Heinsberg-Erkelenz (2), (Erkelenz).

X. Hohenzollern (2), (Gammertingen).

XI. Provinz Schleswig-Holstein. (Nur die Wahlorte sind aus Raumersparniß angegeben.) 1. (Hadersleben). 2. (Gravenstein). 3. (Flensburg). 4. (Tondern). 5. (Husum). 6. (Schleswig). 7. (Eckernförde). 8. (Altona). 9. (Pinneberg). 10. (Itzehoe). 11. (Meldorf). 12. (Heide). 13. (Rendsburg). 14. (Kiel). 15. (Segeberg). 16. (Wandsbeck). 17. (Preetz). 18. (Oldenburg).

XII. Provinz Hannover. (GS. 1884 S. 231.)

A. Regierungsbez. Hannover. 1. Diepholz-Syke (1), (Bassum). 2. Nienburg-Hoya-Sulingen (1), (Nienburg). 3. Stolzenau-Neustadt a. R. (1), (Bad Rehburg). 4. Stadtkreis Hannover (2). 5. Landkreis Hannover-Springe (1), (Hannover). 6. Linden (1), (Linden). 7. Hameln (1), (Hameln).

B. Regierungsbez. Hildesheim. 1. Stadt-Landkreis Hildesheim-Peine (1), (Hildesheim). 2. Gronau-Alfeld (1), (Gronau). 3. Marienburg-Goslar (1), (Salzgitter). 4. Zellerfeld-Ilfeld (1), (St. Andreasberg). 5. Osterode-Duderstadt (1), (Herzberg). 6. Stadt-Landkreis Göttingen-Münden (1), (Göttingen). 7. Northeim-Einbeck-Uslar (1), (Northeim).

C. Regierungsbez. Lüneburg. 1. Gifhorn-Isenhagen (1), (Gifhorn). 2. Stadt-Landkreis Celle-Burgdorf (1), (Celle). 3. Fallingbostel-Soltau (1), (Fallingbostel). 4. Uelzen (1), (Uelzen). 5. Dannenberg-Lüchow-Bleckede (1), (Dannenberg). 6. Stadt-Landkreis Lüneburg-Winsen (1), (Lüneburg). 7. Stadt-Landkreis Harburg (1) (Harburg).

D. Regierungsbez. Stade. 1. Jork-Kehdingen (1), (Stade). 2. Stade-Bremervörde (1), (Stade). 3. Neuhaus a. d. O.-Hadeln (1), (Neuhaus a. d. O.). 4. Lehe-Geestemünde (1), (Lehe). 5. Osterholz-Blumenthal-Achim (1), (Osterholz). 6. Verden-Rotenburg-Zeven (1), (Rotenburg).

E. Regierungsbez. Osnabrück. 1. Meppen-Aschendorf-Hümmling (1), (Meppen). 2. Lingen-Grafschaft Bentheim (1), (Lingen). 3. Bersenbrück-Wittlage (1), (Bramsche). 4. Stadt-Landkreis-Osnabrück (1), (Osnabrück). 5. Melle-Iburg (1), (Melle).

F. Regierungsbez. Aurich. 1. Norden, Stadt- und Landkreis Emden (1), (Marienhafe). 2. Aurich-Wittmund (1), (Aurich). 3. Leer-Weener (1), (Leer).

XIII. Provinz Hessen-Nassau. (GS. 1885 S. 238.)

A. Regierungsbez. Cassel. 1. Rinteln (1), (Rinteln). 2. Hofgeismar-Wolfhagen (1), (Grebenstein). 3. Stadtkreis Cassel (1). 4. Landkreis Cassel-Witzenhausen (1), (Gr. Almerode). 5. Eschwege-Schmalkalden (1), (Eschwege bei zwei Wahlen, bei der dritten Wahl Schmalkalden). 6. Rotenburg-Hersfeld (1), (Hersfeld). 7. Melsungen-Fritzlar (1), (Felsberg). 8. Homburg-Ziegenhain (1), (Ziegenhain). 9. Kirchhain-Frankenberg (1), (Rauschenberg). 10. Marburg (1), (Marburg). 11. Hünfeld-Gersfeld (1), (Hünfeld). 12. Fulda (1), (Fulda). 13. Schlüchtern-Gelnhausen (1), (Salmünster). 14. Stadt- und Landkreis Hanau (1), (Hanau).

B. Regierungsbez. Wiesbaden. 1. Biedenkopf (1), (Biedenkopf). 2. Dillkreis Oberwesterwaldkreis (1), (Driedorf). 3. Westerburg-Unterwesterwaldkreis (1), (Montabaur). 4. Unterlahnkreis (1), (Diez). 5. Limburg (1), (Limburg). 6. Oberlahnkreis-Usingen (1), (Weilburg). 7. St. Goarshausen-Rheingaukreis (Meisenheim) (1), (Rüdesheim). 8. Landkreis Wiesbaden-Höchst (1), (Hochheim). 9. Stadtkreis Wiesbaden-Untertaunuskreis (1), (Wiesbaden). 10. Obertaunuskreis-Landkreis Frankfurt a. M. (1), (Homburg v. d. H.). 11. Stadtkreis Frankfurt a. M. (2).

Verordnung, betreffend die Kompetenzkonflikte zwischen den Gerichten und den Verwaltungsbehörden.

Vom 1. August 1879 (GS. 573).

Die Verordnung v. 1./8. 79 wie das Ges. v. 13./2. 54 (unten Anlage VI) beruhen auf dem Gedanken der Trennung der Gewalten, insbesondere der Verwaltungs- von der richterlichen Gewalt. Sie wurzeln in der französischen Doktrin, daß die Richter „à peine de forfaiture" in die Akte der Verwaltung nicht eingreifen, noch die Verwaltungsbeamten wegen ihrer Diensthandlungen zur Rechenschaft ziehen dürfen, Code pénal art. 187.

§. 1. Die Entscheidung von Streitigkeiten über die Zulässigkeit des Rechtswegs erfolgt in den durch diese Verordnung bestimmten Fällen[1] durch den Gerichtshof zur Entscheidung der Kompetenzkonflikte.

[1] S. § 4, also nur bei solchen bürgerlichen Rechtsstreitigkeiten, welche vor den ordentlichen Gerichten anhängig sind; bei Straffällen (s. unten Anlage VI), wie bei Kompetenzkonflikten zwischen Verwaltungsbehörden und Verwaltungsgerichten entscheidet nicht der in § 1 bezeichnete Gerichtshof, sondern das OVG., s. Anm. 1 zu Art. 97, Anm. 4 zu Art. 96.

§. 2. Der Gerichtshof besteht aus elf Mitgliedern, von denen sechs dem Oberlandesgericht zu Berlin[1] angehören müssen. Die anderen fünf Mitglieder müssen für den höheren Verwaltungsdienst oder zum Richteramt befähigt sein. Zum Mitgliede kann nur ernannt werden, wer das fünfunddreißigste Lebensjahr vollendet hat.

Die Mitglieder werden für die Dauer des zur Zeit ihrer Ernennung von ihnen bekleideten Amtes oder, falls sie zu dieser Zeit ein Amt nicht bekleiden, auf Lebenszeit ernannt. Eine Enthebung vom Amte kann nur unter denselben Voraussetzungen wie bei den Mitgliedern des Reichsgerichts[2] stattfinden.

Der Vorsitzende und die übrigen Mitglieder werden vom Könige auf den Vorschlag des Staatsministeriums ernannt.

[1] „Kammergericht".
[2] GVG. §§ 128 bis 131.

§. 3. Der Gerichtshof entscheidet in der Besetzung von sieben Mitgliedern.

Die Geschäftsordnung, insbesondere die Befugnisse des Vorsitzenden und die Reihenfolge, in welcher die Mitglieder an den einzelnen Sitzungen Theil zu nehmen haben, werden durch ein Regulativ geordnet, welches der Gerichtshof zu entwerfen und dem Staatsministerium zur Bestätigung einzureichen hat.

§. 4. Der Gerichtshof entscheidet, wenn die Verwaltungsbehörden den Rechtsweg in einem bei den Gerichten anhängigen bürgerlichen Rechtsstreite für unzulässig erachten und deshalb der Kompetenzkonflikt erhoben wird.

Der Kompetenzkonflikt kann nicht erhoben werden, wenn die Zulässigkeit des Rechtswegs in der Sache durch rechtskräftiges Urtheil des Gerichts feststeht.

§. 5. Zur Erhebung des Kompetenzkonflikts ist nur die Central-[1] und die Provinzial-Verwaltungsbehörde[2] befugt.

Dieselben können den Kompetenzkonflikt auch dann erheben, wenn die Zuständigkeit zur Entscheidung der Sache für die Verwaltungsgerichte in Anspruch genommen wird.

Hat die Provinzialbehörde mehrere Abtheilungen, so steht die Erhebung des Kompetenzkonflikts dem Plenum zu.

[1] z. B. jeder Minister.

[2] z. B. ein Oberpräsident (s. JMBl. 1848 S. 184), der Regierungs- (Polizei-) Präsident, eine Bezirksregierung, Oberbergamt, Provinzialsteuerdirektion (s. JMBl. 1851 S. 44), Oberpostdirektion, Intendantur eines Armeekorps (JMBl. 1852 S. 18), Provinzialschulkollegium, Konsistorium, General-Kommission.

§. 6. Die Erhebung des Kompetenzkonflikts erfolgt bei dem Gerichte, bei welchem die Sache anhängig ist, durch die schriftliche Erklärung der Verwaltungsbehörde, daß der Rechtsweg für unzulässig erachtet werde.

Der Erklärung soll eine Begründung beigefügt werden.

Wird die Erklärung bei einem Gerichte, bei welchem die Sache nicht anhängig ist, abgegeben, so hat dieses die Erklärung an das zuständige Gericht zu übersenden.

§. 7. Das Prozeßverfahren wird durch die Erhebung des Kompetenzkonflikts für die Dauer des denselben betreffenden Verfahrens unterbrochen (§. 226. der Civilprozeßordnung). Durch die nach dem Schlusse einer mündlichen Verhandlung eintretende Unterbrechung wird auch die Verkündung einer Entscheidung gehindert.

Das Gericht hat die Verwaltungsbehörde von dem Eingange der Erklärung und die Parteien von der Erhebung des Kompetenzkonflikts von Amtswegen zu benachrichtigen.

Den Parteien ist zugleich eine Abschrift der Erklärung zu übersenden.

§. 8. Ist die Sache bei einem Gericht höherer Instanz anhängig, so sind die Prozeßakten, unter Beifügung der Erklärung der Verwaltungsbehörde und der Zustellungsurkunden über die Benachrichtigung der Parteien, dem Gerichtsschreiber des Gerichts erster Instanz zurückzusenden.

§. 9. Innerhalb der Frist eines Monats, die mit der Zustellung der Benachrichtigung beginnt, können die Parteien bei dem Gericht erster Instanz einen Schriftsatz über den Kompetenzkonflikt einreichen.

Der Schriftsatz muß von einem Rechtsanwalt unterzeichnet sein. Oeffentliche Behörden, sowie Personen, welche zum Richteramt befähigt sind, können den Schriftsatz ohne Zuziehung eines Rechtsanwalts einreichen.

Das Gericht hat der Verwaltungsbehörde und der Gegenpartei den Schriftsatz in Abschrift mitzutheilen. Die erforderliche Zahl von Abschriften ist von der Partei einzureichen.

Sind innerhalb der Frist Schriftsätze nicht eingegangen, so hat das Gericht der Verwaltungsbehörde davon Anzeige zu machen.

§. 10. Nach Eingang der Schriftsätze der Parteien oder, wenn Schriftsätze nicht eingegangen sind, nach Ablauf der im §. 9 bestimmten Frist sendet das Gericht die Akten mittelst gutachtlichen Berichts an das Oberlandesgericht, welches ihn unter Beifügung seines Gutachtens dem Justizminister überreicht.

Der Justizminister sendet die Akten und die Gutachten der Gerichte an den Gerichtshof zur Entscheidung der Kompetenzkonflikte und setzt davon den betheiligten Verwaltungschef in Kenntniß.

§. 11. Die Provinzialverwaltungsbehörden haben an den betheiligten Verwaltungschef Anzeige von der Erhebung des Kompetenzkonflikts zu erstatten und unter Vorlegung der Erklärungen der Parteien gutachtlich zu berichten.

Der Verwaltungschef kann dem Gerichtshof eine schriftliche Erklärung über den Kompetenzkonflikt mittheilen.

Er ist befugt, den Kompetenzkonflikt zurückzunehmen. In diesem Falle werden die Akten von dem Gerichtshof an den Justizminister und von diesem an das Gericht, bei welchem die Sache anhängig war, zurückgesandt. Das Gericht hat den Parteien die Zurücknahme des Kompetenzkonflikts von Amtswegen anzuzeigen.

§. 12. Die Entscheidung des Gerichtshofes über den Kompetenzkonflikt erfolgt auf Grund mündlicher Verhandlung in öffentlicher Sitzung. Die Vorschriften der §§. 170 bis 185 des Gerichtsverfassungsgesetzes über Oeffentlichkeit und Sitzungspolizei, sowie die Vorschriften der §§. 145 ff. der Civilprozeßordnung über die Aufnahme eines Protokolls finden entsprechende Anwendung.

§. 13. Der Termin zur mündlichen Verhandlung wird von dem Vorsitzenden von Amtswegen bestimmt.

Die Parteien sind zu dem Termin von Amtswegen zu laden. Das Erscheinen der Parteien oder eines Vertreters ist nicht erforderlich.

Die Parteien müssen sich, wenn sie in dem Termin verhandeln wollen, durch einen Rechtsanwalt vertreten lassen. Diese Vorschrift findet auf öffentliche Behörden und auf Personen, welche zum Richteramt befähigt sind, keine Anwendung.

Die Bestimmung des Termins ist dem betheiligten Verwaltungschef anzuzeigen. Derselbe kann einen Beamten mit seiner Vertretung beauftragen.

§. 14. In dem Termin zur mündlichen Verhandlung giebt ein von dem Vorsitzenden beauftragtes Mitglied des Gerichtshofes eine Darstellung der bisher stattgefundenen Verhandlungen. Sodann werden die Vertreter der Parteien und der von dem Verwaltungschef abgeordnete Beamte gehört.

§. 15. Das Urtheil kann nur von denjenigen Mitgliedern gefällt werden, welche der dem Urtheil zu Grunde liegenden Verhandlung beigewohnt haben.

Die Verkündung des Urtheils erfolgt in dem Termin, in welchem die mündliche Verhandlung geschlossen wird, oder in einem sofort anzuberaumenden Termin, welcher nicht über eine Woche hinaus angesetzt werden soll.

In dem Urtheil sind die Namen der Mitglieder, welche bei der Entscheidung mitgewirkt haben, anzugeben.

§. 16. Die Ausfertigungen der Urtheile sind von dem Vorsitzenden zu unterschreiben und mit dem Gerichtssiegel zu versehen.

§. 17. Eine Ausfertigung des Urtheils ist dem Verwaltungschef, eine andere mit den gerichtlichen Akten dem Justizminister mitzutheilen.

Der Justizminister übersendet die Ausfertigung des Urtheils mit den Akten an das Gericht, bei welchem die Sache anhängig war. Das Gericht hat den Parteien das Urtheil von Amtswegen zustellen zu lassen.

§. 18. Ist der Rechtsweg für unzulässig erkannt, so werden Gerichtskosten nicht erhoben und die bereits erhobenen zurückgezahlt; eine Erstattung der den Parteien erwachsenen Kosten findet nicht statt.

§. 19. Ist zur Zeit der Erhebung des Kompetenzkonflikts ein in dem Rechtsstreit erlassenes Urtheil vorläufig vollstreckbar, so hat das Gericht, bei welchem die Sache anhängig ist, die einstweilige Einstellung der Zwangsvollstreckung von Amtswegen anzuordnen. Gegen diese Entscheidung findet kein Rechtsmittel statt.

Wird der Rechtsweg für zulässig erkannt oder der Kompetenzkonflikt zurückgenommen, so ist die Entscheidung von Amtswegen wieder aufzuheben.

§. 20. Das durch die Erhebung eines Kompetenzkonflikts veranlaßte Verfahren ist gebühren- und stempelfrei. Baare Auslagen werden nicht in Ansatz gebracht. Eine Erstattung der den Parteien erwachsenen Kosten findet nicht statt.

§. 21. Haben in einer Sache einerseits die Gerichte und andererseits die Verwaltungsbehörden oder Verwaltungsgerichte ihre Unzuständigkeit endgültig ausgesprochen, weil von den Gerichten die Verwaltungsbehörden oder Verwaltungsgerichte und von diesen die Gerichte für zuständig erachtet sind,[1] so entscheidet der Gerichtshof über den Kompetenzkonflikt auf Antrag einer bei der Sache betheiligten Partei.

Der Antrag ist bei dem Gericht anzubringen, bei welchem die Sache in erster Instanz anhängig war. Der Antrag ist der Gegenpartei von Amtswegen zuzustellen. Diese kann innerhalb der Frist eines Monats einen Schriftsatz über den Kompetenzkonflikt einreichen.

Im Uebrigen finden die Vorschriften der §§. 9 bis 17, 20 dieses Gesetzes entsprechende Anwendung.

Der Gerichtshof hat in seinem Urtheil die demselben entgegenstehenden Entscheidungen aufzuheben und die Sache zur anderweiten Verhandlung und Entscheidung an die betreffende Instanz zu verweisen.

[1] Das ist der Fall des sog. negativen Kompetenzkonflikts.

§. 22. Bei Anwendung der Vorschriften dieser Verordnung gelten die Auseinandersetzungsbehörden als Verwaltungsbehörden.

§. 23. Auf die Erledigung der vor dem Inkrafttreten dieser Verordnung anhängig gewordenen Kompetenzkonflikte finden die bisherigen Bestimmungen über das Verfahren Anwendung.

§. 24. Diese Verordnung tritt gleichzeitig mit dem Gerichtsverfassungsgesetze in Kraft.[1]

[1] Das war mit 1. Oktober 1879.

Anlage VI zu Art. 97.

Gesetz, betreffend die Konflikte bei gerichtlichen Verfolgungen wegen Amts- und Diensthandlungen.

Vom 13. Februar 1854 (GS. 86).

(Gültig im ganzen Umfange der Monarchie, für die 1866 erworbenen Provinzen gemäß Art. IV der Verordnung v. 16./9. 67 (GS. 1516) und für Lauenburg gemäß § 3 des Ges. v. 25./2. 78 (GS. 99). Auch dieses Gesetz wurzelt wie die vorstehend abgedruckte Verordn. v. 1./8. 79 in dem Bestreben, die Verwaltung von der Justiz unabhängig zu machen. Zwischen der Verordn. und dem Ges. v. 13./2. 54 besteht indeß der wesentliche Unterschied, daß jene die ungesetzliche Angehung des (unzuständigen) Richters, dieses dagegen nur die mißbräuchliche Angehung des (an sich zuständigen) Richters vermeiden lassen will, Erk. des Ger. zur Entsch. der Kompetenzkonflikte v. 6./10. 55 und 7./3. 57 (JMBl. 1855 S. 407, 1857 S. 365). Durch § 11 EG. z. GVG. ist das Ges. v. 13./2. 54 modifizirt, s. Anm. 2 und 5 zu § 3.)

§. 1. Wenn gegen einen Civil-[1] oder Militairbeamten[2] wegen einer in Ausübung oder in Veranlassung der Ausübung seines Amtes vorgenommenen Handlung oder wegen Unterlassung einer Amtshandlung eine gerichtliche Verfolgung im Wege des Civil- oder Strafprozesses eingeleitet worden ist, so steht der vorgesetzten Provinzial-[3]

oder Centralbehörde[4] des Beamten, falls sie glaubt, daß demselben eine zur gerichtlichen Verfolgung geeignete Ueberschreitung seiner Amtsbefugnisse oder Unterlassung einer ihm obliegenden Amtshandlung nicht zur Last fällt, die Befugniß zu, den Konflikt zu erheben.[5]

Auf einen solchen Konflikt finden die Vorschriften des Gesetzes vom 8. April 1847. (Gesetz-Sammlung 1847. S. 170.) Anwendung.[6]

[1] Beamter ist im Sinne dieses Gesetzes der Geistliche selbst einer anerkannten Religionsgesellschaft bei einer in Ausübung seines kirchlichen Amtes vorgenommenen Handlung nicht, weil die bei Erlaß dieses Ges. v. 13./2. 54 maßgebenden und gültigen Art. 15, 16, 18 der VerfUrk. die Selbstständigkeit der Religionsgesellschaften vom Staate bestimmten. Erk. des OVG. v. 4./10. 81 und v. 27./9. 90, E. VIII S. 390, XX S. 451, s. auch Anm. 3 zu Art. 15 der VerfUrk. und Bierling Arch. f. öff. R. Bd. 7 S. 212 ff. Auch Richter, Notare und alle sonstigen Justizbeamten, deren Thätigkeit der Würdigung der Gerichte unterstehen, gehören nicht hierher (s. § 7, Sten. Ber. d. Reichst. 1876 I S. 374 f., 383 f., II S. 925 f., Seydel, bayer. Staatsr. II S. 463).

Für Personen des Soldatenstandes s. § 6.

[2] Das Ges. v. 13./2. 54 bezieht sich nur auf preußische, nicht auf Reichsbeamte. E. d. OVG. v. 24./1. 85, Entsch. XI 403, § 13 des Reichsbeamtenges. v. 31./3. 73 (RGBl. 61).

[3] Anm. 1 zu § 5 der Verordn. v. 1./8. 79 (oben Anl. V).

[4] Anm. 2 ebendort. Den Ministern ist keine Behörde vorgesetzt, folglich ist das Ges. v. 13./2. 54 auf dieselben nicht anwendbar (s. auch Anm. 1 zu Art. 61 der VerfUrk.).

[5] Auch wenn die Handlung des Beamten im Aufsichtswege oder im Verwaltungsstreitverfahren rückgängig gemacht ist (Ges. über die Zulässigkeit des Rechtsweges in Beziehung auf polizeiliche Verfügungen v. 11./3. 42 [GS. 191] §§ 1, 6), ist gleichwohl noch die Erhebung des Konflikts statthaft zur Herbeiführung einer Ent-

scheidung darüber, ob ein Polizeibeamter seine Amtsbefugnisse überschritten hat. Erk. d. OVG. v. 4./2. 82 E. VIII 408.

[6] Insoweit ist das Ges. v. 8./4. 47 noch in Kraft geblieben.

§. 2. Erachtet der Gerichtshof zur Entscheidung der Kompetenzkonflikte vor Fällung seines Urtheils noch thatsächliche Ermittelungen für erforderlich, so ist er befugt, solche durch die Verwaltungs- oder durch die Gerichtsbehörden zu veranlassen, insbesondere die Fortsetzung der gerichtlichen Instruktion oder Untersuchung bis zu einem zu bestimmenden Ziele anzuordnen.

Ueber das Ergebniß dieser Ermittelungen sind vor Fällung des Urtheils die in der Sache betheiligten Privatparteien zu hören. Denselben ist zu diesem Zwecke zu eröffnen, daß ihnen freistehe, sich über die Verhandlungen, deren Einsicht ihnen bei dem Gerichte, bei welchem die Verfolgung eingeleitet ist, gestattet werde, binnen einer Präklusivfrist von vier Wochen zu erklären. Im Uebrigen kommen auch hierbei die Bestimmungen der §§. 5. ff. des Gesetzes vom 8. April 1847. zur Anwendung.

§. 3. Befindet der Gerichtshof [1] (§. 2.), daß dem Beamten eine zur gerichtlichen Verfolgung geeignete Ueberschreitung seiner Amtsbefugnisse oder Unterlassung einer ihm obliegenden Amtshandlung nicht zur Last fällt,[2] so entscheidet er, daß der Rechtsweg gegen den Beamten unzulässig sei, im entgegengesetzten Falle [3] aber,[4] daß derselbe zulässig sei.[5] — Ein Urtheil der letzteren Art präjudizirt weder dem Beamten in seiner weiteren Vertheidigung vor dem Gerichte, noch dem Gerichte in seiner rechtlichen Entscheidung der Sache.

[1] d. h. erachtet er außer Zweifel gestellt, OVG. v. 1./3. 82, E. IX 438.

[2] Nach EG. § 11 zum GVG. (oben S. 153) hat das OVG. nicht mehr zu prüfen, ob eine „zur gerichtlichen Verfolgung geeignete" Pflichtverletzung dem Beamten zur Last fällt, sondern nur ob objektiv eine (wenn auch subjektiv entschuldbare) Ueberschreitung der Amtsbefugniß oder Unterlassung einer obliegenden Amtshandlung vorgekommen ist. Erk. d. OVG. v. 16./6. 86, Entsch. XIV 420, s. auch OVG. v. 18./11. 82, Entsch. IX 436, 22./10. 87, Entsch. XV 143, 26./10. 87, Entsch. XV 453 u. a. m. Der Konflikt ist unbegründet und der Beamte also gerichtlich verfolgbar, wenn der Beamte eine auch nur auf Verordnung oder Anweisung (nicht bloß auf Gesetz) beruhende Pflicht verletzt hat, Erk. d. OVG. v. 22./10. 87, Entsch. XV 143 u. a. m. Eine Ueberschreitung der Amtsbefugniß liegt dagegen nicht vor, und der Konflikt ist ev. begründet, wenn der Beamte lediglich den Auftrag seiner vorgesetzten Behörde ausführt, diese aber nicht befugt war, den Auftrag zu ertheilen, vielmehr verpflichtet war, die aufgetragene Handlung selbst vorzunehmen, Erk. d. OVG. v. 13./12. 84, E. IX 398.

Eine Ueberschreitung der Amtsbefugniß liegt nicht nur dann vor, wenn die bez. Handlung überhaupt nicht zur Zuständigkeit des Beamten gehört, sondern auch dann, wenn sie unter den gegebenen Umständen außerhalb dieser Zuständigkeit liegt.

[3] Nämlich wenn ihm nicht außer Zweifel gestellt zu sein scheint, OVG. v. 1./3. 82, E. IX 438.

[4] z. B. wenn der Beamte in Ausübung des Amtes sich einer Beleidigung (StrGB. §§ 185 und 193) schuldig macht: vgl. Erk. d. OVG. v. 16./11. 81, E. VIII 403, oder wenn nach Auffassung des OVG. ein Lehrer das ihm landesrechtlich (KabO. v. 14./5. 25, GS. 149) zustehende Züchtigungsrecht überschritten hat, OVG. v. 18./11. 82, E. IX 435, oder wo dem Lehrer das Recht abgeht, die Anordnung zu treffen, deren Befolgung durch die Züchtigung geahndet werden soll, Erk. d. OVG. v. 18./2. 88, Entsch. XVI 408. Die dem EG. § 11 z. GVG. entgegenstehende Vorschrift der KabO. v. 14./5. 25 (GS. 149) §§ 5, 6, wonach im gerichtlichen Wege eine Ueberschreitung des Züchtigungsrechts der Lehrer nur dann ver-

folgt werden soll, wenn die Züchtigung die Gesundheit des Kindes wirklich verletzt hat, ist aufgehoben, s. Erk. d. OVG. v. 17./10. 88, Entsch. XVI 412 und unten Anm. 5.

[5] Die (Vor-)Entscheidung des OVG. beschränkt sich nach § 11 EG. z. GVG. (oben Anm. 1 zu Art. 97 der Verf.Urk.) auf die Frage, „ob der Beamte sich einer Ueberschreitung seiner Amtsbefugnisse oder der Unterlassung einer ihm obliegenden Amtshandlung schuldig gemacht hat."

§. 4. Vorstehende Bestimmungen sind auch anwendbar, wenn eine gerichtliche Verfolgung wegen Amtshandlungen (§. 1.) gegen einen aus dem Dienste bereits ausgeschiedenen Beamten oder gegen die Erben eines Beamten anhängig wird.

§. 5. Unter den Beamten (§. 1.) sind auch diejenigen, welche in mittelbarem Staatsdienste stehen, einbegriffen.

§. 6. Das gegenwärtige Gesetz findet auch Anwendung, wenn Personen des Soldatenstandes wegen Handlungen, welche von ihnen bei Ausübung oder in Veranlassung der Ausübung ihrer Dienstverrichtungen vorgenommen sind, oder wegen Unterlassung ihrer Dienstverrichtungen bei anderen als Militairgerichten belangt werden. — In diesen Fällen steht dem vorgesetzten Divisions-Kommandeur oder kommandirenden General die Befugniß zu, den Konflikt zu erheben. Die Verrichtungen des Gerichtshofes zur Entscheidung der Kompetenz-Konflikte werden durch das Militair-Justizdepartement ausgeübt, welches unter Mitwirkung dreier höheren Offiziere, die von dem Könige jedesmal auf drei Jahre bezeichnet werden, zu entscheiden hat. Die Beschlußnahme erfolgt auf den schriftlichen Vortrag zweier rechtsverständiger Referenten, deren einer von dem Justizminister, der andere von dem Kriegsminister ernannt wird.

§. 7. Ausgeschlossen von dem gegenwärtigen Gesetze bleiben die Fälle, in denen die gerichtliche Verfolgung eingeleitet ist:

1) gegen richterliche Beamte,
2) gegen andere Justizbeamte, mit Ausnahme der Beamten der Staatsanwaltschaft und der gerichtlichen Polizei,
3) gegen die im Bezirke des Appellationsgerichtshofes zu Köln angestellten Hypothekenbewahrer und Civilstandsbeamten.

Anlage VII zu Art. 104.

Gesetz, betreffend die Einrichtung und die Befugnisse der Ober-Rechnungskammer.

Vom 27. März 1872 (GS. 278.)

Die Ober-Rechnungskammer hat eine doppelte Aufgabe: die ältere, sich schon auf die KabO. König Friedrich Wilhelms I. v. 16. Juni 1717 zurückführende, besteht darin, dem Könige die Kontrole der Behörden in finanzieller Hinsicht vorzubereiten und die Dechargirung der Behörden herbeizuführen; die jüngere, welche der Verfassung entspringt, besteht darin, dem Landtage die Kontrole darüber zu verschaffen, daß das Staatshaushalts-Etatsgesetz beobachtet worden ist (vgl. §§ 18, 19 des Ges., VerfUrk. Art. 104, s. ferner Arndt im Archiv für öffentliches Recht 1888 S. 537 ff.). Sowohl der Krone wie dem Landtage (§ 18) gegenüber hat die Ober-Rechnungskammer anzugeben, ob bei der Vermögens-Verwaltung Abweichungen von den gesetzlichen Vorschriften stattgefunden haben. Der Krone gegenüber ist sie auch zur Angabe verpflichtet (§ 12 b), ob Abänderungen der Vermögens-Verwaltung zur Beförderung des Staatszweckes nöthig oder rathsam seien. Die Aufgaben betreffen rein interne Akte der Staatsgewalt; s. Vorbemerk. zu Art. 99.)

Das Ges. v. 27. März 1872, hauptsächlich zu dem Zwecke ergangen, um dem Landtage die Kontrole zu erleichtern, diese auch weiter (z. B. auf die Spezialetats und deren einzelne Titel) auszudehnen, ist nicht erschöpfend. Nur die diesem Ges. entgegenstehenden älteren Vorschriften sind aufgehoben (§ 21); die übrigen, insbes. die Instruktion für die Ober-Rechnungskammer v. 18./12. 24 (theilweise abgedruckt in v. Kamptz' Annal. Bd. IX S. 2 f.) sind, soweit sie mit der Verf. oder diesem Ges. nicht in Widerspruch stehen, aufrecht erhalten.

Nach der Instr. v. 18./12. 24 kann der König Steuern, Gefälle und Pachtgelder erlassen (§ 9), die in den Etats bestimmten Gehälter erhöhen oder die dort vorhandenen Stellen vermehren (§ 11), Tantièmen bewilligen (§ 12), Gratifikationen und Unterstützungen (außer aus dazu angesetzten Etats) gewähren (§ 15), Verträge mit Privaten zu deren Vortheil aufheben oder abändern (§ 19), Kassen- und Rechnungsdefekte niederschlagen (§ 30).

Die Allerhöchsten Anordnungen dieser Art heißen justifizirende Kabinets-Ordres. Es ist fraglich, ob und in welchem Umfange dieselben heute noch statthaft, und wie weit sie wirksam sind.

Man muß unterscheiden a) zwischen Staats-Einnahmen und -Ausgaben, b) zwischen dem Verhältniß der Staatsregierung zum Landtage und zu Dritten.

Zu a) Der Landtag hat kein Einnahmebewilligungsrecht (Vorbemerk. zu Art. 99); daher kann der König auch heute noch Forderungen des Staates aus Verträgen, pflichtwidrigen Handlungen oder Unterlassungen seiner Beamten, Ansprüche auf erbliche Verlassenschaften gültig niederschlagen, Steuern und Gerichtskosten im Gnadenwege erlassen, ohne vorgängige oder nachträgliche Genehmigung des Landtages. Dagegen kann ohne den Landtag keine Ausgabe gültig geleistet werden; daher bedarf jede im Etat nicht vorgesehene Ausgabe, auch wenn sie durch KabO. justifizirt ist, der (vorgängigen oder nachträglichen) Genehmigung des Landtages (§ 19 des Ober-Rechnungskammerges., Vorbem. zu Art. 99 der Verf.-Urk.). Ist daher die Einnahme aus dem Vertrage, der Erstattungspflicht des Beamten, dem Steuer- oder Gerichtskostengesetze, oder der Erbschaft schon erhoben, so bedarf es zur Herausgabe der event. nachträglichen Genehmigung des Landtages (Beispiele in Hirth's Ann. 1888 S. 825 f.). Der Genehmigung des Landtages bedarf es daher ferner, wenn einem Gesandten im Etat nicht vorgesehene 125 Thlr. an Gehalt des Kanzleidieners auf Grund einer KabO.

gezahlt sind (Sten. Ber. des AbgH. 1871/72 II S. 793), oder wenn über den Etat Offiziergehalt gezahlt und dies justifizirt ist (vgl. Reichstagsverhandl. 1884/85 S. 375, 397). Rückzahlungen in demselben Etatsjahre gelten nicht als Ausgaben (VMBl. 1851 S. 32) — weil es nur Jahresetats giebt —; daher unterliegen Rückzahlungen im Gnadenwege, wenn sie in demselben Etatsjahre erfolgen, nicht der Genehmigung des Landtages; es liegt staats- und budgetrechtlich keine Ausgabe, sondern eine Mindereinnahme vor. S. auch Laband, Arch. f. öff. R., Bd. 7 S. 179.

b. Die justifizirende KabO. hat keine Wirkung dem Landtage gegenüber, d. h. das Recht des Landtages, jede Ausgabe zu bewilligen, kann durch eine KabO. nicht verändert werden. Die KabO. bedeutet also nur, daß die zu Unrecht geleistete Ausgabe (z. B. Rechnungs- und Kassendefekte) von dem Zahlungspflichtigen nicht beigetrieben werden soll. Dies ist ausdrücklich und wiederholt auch von der Staatsregierung anerkannt worden (Verhandl. des AbgH. 1866/7 S. 781, KommBer. des AbgH. v. 9. Febr. 1870, Drucks. Nr. 338 S. 7).

Aus dem Vorstehenden ergiebt sich, daß unbeschadet des dem Landtage zustehenden Ausgabebewilligungsrechtes, die dem Könige nach der Instruktion v. 18./12. 24 zustehenden oder die von ihm z. B. den Ministern überwiesenen (Gnaden-) Rechte durch die VerfUrk. nicht berührt sind.

Die Gegenzeichnung der justifizirenden KabO. steht nicht nothwendig dem Finanzminister, sondern dem Minister zu, in dessen Ressort die Einnahme oder Ausgabe entstanden, der also für dieselbe verantwortlich ist. Da die Kosten des stehenden Heeres zwar vom Reiche getragen werden, die Verwaltung und deren Vertretung aber in Preußen dem Preuß. Kriegsminister zustehen und zwar auch für die im Eigenthum des Reichs befindlichen militärischen Gebäude, so ist das Monitum der Ober-Rechnungskammer und des Reichstages, daß die Gegenzeichnung des Reichskanzlers bei justifizirenden KabO.s auf dem Gebiete der Militärverwaltung nothwendig sei (Joël l. c. S. 846), unrichtig.

Die ausführliche Darstellung des Rechts der justifizirenden KabO.s von Joël in Hirth's Ann. 1888 S. 805 kommt, obwohl von ganz anderen Erwägungen ausgehend, zu theilweise den nämlichen Ergebnissen, welche im Vorstehenden aufgestellt sind und der Praxis entsprechen.

Die Joël'sche Begründung ist m. Er. in den Grundsätzen nicht zutreffend und sich widersprechend. Um nur Eines hervorzuheben: Der Landtag hat ein Einnahmeveranschlagungs-, kein Einnahmebewilligungs-Recht. Hätte er, wie Joël meint, das Letztere, so wäre unerfindlich, wie alsdann auch nach der Joël'schen Ansicht der König auf Vertrag oder dem Landrecht beruhende Einnahmen einseitig niederschlagen könnte.

Seit der 2. Auflage sind erschienen Joël in Hirth's Annalen 1892 S. 232, Bornhak im Arch. f. öff. R. Bd. 6 S. 311, G. Meyer in den Neuen Heidelberger Jahrbüchern Bd. I S. 336 ff., endlich (und am besten) Laband im Arch. f. öff. R. Bd. 6 S. 169 ff. Letzterer kommt im Inhalte und in der Begründung zu den gleichen Ergebnissen, wie vorstehend vorgetragen ist. Seine Ausführung, daß die von mir betonte Unterscheidung zwischen Zahlung aus einer fiskalischen Kasse und Wiederaufgebung eines vom Fiskus bereits erworbenen Rechts unrichtig sei (l. c. S. 178), widerspricht den Thatsachen und seinen eigenen Ausführungen S. 178 Zeile 9, ferner dem Umstande, daß sonst kein Grund vorgelegen hätte, besonders vorzuschreiben, daß Ausgaben, welche in demselben Etatsjahre gemacht werden, budgetrechtliche Minder- (Nicht-) Einnahmen, dagegen keine Ausgaben sind.

Selbstverständlich kann der König (auch ein Minister) aus seinem Dispositionsfonds gnadenweise Ausgaben leisten (ohne besondere Genehmigung des Landtags).

§. 1. Die Ober-Rechnungskammer ist eine dem Könige unmittelbar untergeordnete, den Ministern gegenüber selbstständige Behörde, welche die Kontrole des gesammten Staatshaushalts durch Prüfung und Feststellung der Rechnungen über Einnahmen und Ausgaben von Staatsgeldern, über Zugang und Abgang von Staatseigenthum und über die Verwaltung der Staatsschulden zu führen hat.

§. 2. Die Ober-Rechnungskammer besteht aus einem Präsidenten und der erforderlichen Zahl von Direktoren und Räthen.

Dieselben werden von dem Könige ernannt, der Präsident auf den Vorschlag des Staatsministeriums, die Direktoren und Räthe auf den Vorschlag des Präsidenten der Ober-Rechnungskammer unter Gegenzeichnung des Vorsitzenden des Staatsministeriums.

§. 3. Vater und Sohn, Schwiegervater und Schwiegersohn, Brüder und Schwäger dürfen nicht zugleich Mitglieder der Ober-Rechnungskammer sein.

§. 4. Nebenämter oder mit Remuneration verbundene Nebenbeschäftigungen dürfen dem Präsidenten und den Mitgliedern der Ober-Rechnungskammer weder übertragen noch von ihnen übernommen werden.

Ebensowenig können die gedachten Beamten Mitglieder eines der Häuser des Landtages sein.

§. 5.[1] Die Mitglieder der Ober-Rechnungskammer unterliegen den Vorschriften der Gesetze über die Dienstvergehen der Richter u. s. w. vom 7. Mai 1851. (Gesetz-Samml. S. 218.) und vom 26. März 1856. (Gesetz-Samml. S. 201.) unter folgenden näheren Bestimmungen.

Das Obertribunal[2] ist das zuständige Disziplinargericht für den Präsidenten, die Direktoren und die übrigen Mitglieder der Ober-Rechnungskammer. Die im §. 13. des Gesetzes vom 7. Mai 1851. vorgeschriebene

Mahnung an Direktoren und Räthe der Ober-Rechnungskammer zu erlassen, steht dem Präsidenten derselben zu.

Die im §. 58. ebendaselbst vorgeschriebene Verrichtung wird in Ansehung des Präsidenten der Ober-Rechnungskammer von dem ersten Präsidenten des Obertribunals[2] auf Grund eines Beschlusses dieses Gerichtshofes (§. 59. a. a. O.), in Ansehung der übrigen Mitglieder von dem Präsidenten der Ober-Rechnungskammer wahrgenommen.

Die unfreiwillige Versetzung eines Mitgliedes der Ober-Rechnungskammer kann mit Beibehaltung seines Ranges in ein richterliches oder in ein anderes Amt der höheren Verwaltung, für welches dasselbe die gesetzliche Qualifikation besitzt, erfolgen.

Der in Gemäßheit des §. 54. des Gesetzes vom 7. Mai 1851. vorzulegende Befehl wird vom Staatsministerium erlassen.

In dem Falle des §. 63. a. a. O. wird der Beschluß, wenn er den Präsidenten betrifft, dem Staatsministerium, wenn er andere Mitglieder der Ober-Rechnungskammer betrifft, dem Präsidenten derselben übersendet.

Im Uebrigen stehen dem Präsidenten der Ober-Rechnungskammer in Beziehung auf die Mitglieder gleiche Befugnisse zu, wie dem Justizminister in Beziehung auf richterliche Beamte zustehen.

[1] § 5 ist theilweise abgeändert durch Ges., betr. die Abänderung von Bestimmungen der Disziplinargesetze v. 9./4. 79 (GS. 345) s. § 2 desselben.

[2] S. § 8 des Ges. v. 9./4. 79 (GS. 345): „An die Stelle des Obertribunals tritt der bei dem Oberlandesgericht zu Berlin zu bildende große Disziplinarsenat.

Der große Disziplinarsenat entscheidet in der Besetzung von fünfzehn Mitgliedern mit Einschluß des Vorsitzenden."

§. 6. Alle Beamten der Ober-Rechnungskammer, mit Ausschluß der Mitglieder, ernennt der Präsident und übt über dieselben die Disziplin mit den Befugnissen aus, welche den Ministern rücksichtlich der ihnen untergeordneten Beamten zustehen.

Die entscheidende Disziplinarbehörde für dieselben ist die Ober-Rechnungskammer, welche im Plenum unter Theilnahme von mindestens sieben Mitgliedern, einschließlich des Vorsitzenden, und im Uebrigen nach dem für das Obertribunal gültigen Disziplinarverfahren, in der Sache aber nach den Vorschriften des Gesetzes über die Dienstvergehen der nichtrichterlichen Beamten vom 21. Juli 1852. (Gesetz-Samml. S. 465. ff.) endgültig entscheidet.

§. 7. Der Geschäftsgang bei der Ober-Rechnungskammer wird durch ein Regulativ geregelt, welches auf Vorschlag der Ober-Rechnungskammer und des Staatsministeriums durch Königliche Verordnung erlassen und dem Landtage zur Kenntnißnahme mitgetheilt wird.[1] In dem Regulativ sollen besonders auch die Bestimmungen enthalten sein, welche zur Geschäftsleitung des Präsidenten erforderlich sind. Bis zum Erlaß dieses Regulativs bleiben die bisher ergangenen Instruktionen über den Geschäftsgang in so weit in Kraft, als sie mit den in diesem Gesetz festgestellten Grundsätzen kollegialischer Berathung und den übrigen Vorschriften dieses Gesetzes vereinbar sind.

1 Regulativ über den Geschäftsgang bei der Ober-Rechnungskammer v. 22./9. 73 (GS. 459); Abänderungen v. 27./7. 74 (GS. 294) und 11./5. 77 (GS. 130).

§. 8. Die Ober-Rechnungskammer faßt ihre Beschlüsse nach Stimmenmehrheit der Mitglieder, einschließlich des Vorsitzenden, welcher bei gleicher Theilung der Stimmen den Ausschlag giebt.

Die kollegialische Berathung und Beschlußfassung ist jedenfalls erforderlich, wenn

1) an den König Bericht erstattet,
2) die für die Häuser des Landtages bestimmten Bemerkungen (§. 18.) festgestellt,
3) allgemeine Grundsätze aufgestellt oder bestehende abgeändert,
4) allgemeine Instruktionen erlassen oder abgeändert,
5) über Anordnungen der obersten Verwaltungsbehörden Gutachten abgegeben werden sollen.

§. 9. Der Revision durch die Ober-Rechnungskammer unterliegen zuvörderst alle diejenigen Rechnungen, durch welche die Ausführung des festgestellten Staatshaushalts-Etats (Artikel 99. der Verfassungsurkunde) und der sämmtlichen Etats und sonstigen Unterlagen, auf welchen derselbe beruht, dargethan wird, insbesondere also:

1) die Rechnungen der Staatsbehörden, Staatsbetriebsanstalten und staatlichen Institute über Einnahmen und Ausgaben von Staatsgeldern;

2) soweit nicht in einzelnen Fällen statutarische oder vertragsmäßige Bestimmungen eine Ausnahme begründen, die Rechnungen aller derjenigen nicht staatlichen Institute, welche aus Staatsmitteln unterhalten werden, oder veränderliche Zuschüsse nach Maßgabe des Bedürfnisses aus der Staatskasse erhalten, oder mit Gewährleistung des Staates verwaltet werden, sobald und so lange diese Garantie verwirklicht werden soll.

Der Ober-Rechnungskammer wird namentlich unter Aufhebung der entgegenstehenden Anordnungen die Revision der von der Seehandlung geführten Balanzen und Bücher übertragen. Hinsichtlich der Rechnungen der Preußischen Bank bewendet es vorläufig bei den bestehenden Anordnungen. Die Rechnungen der Kasse der Ober-Rechnungskammer werden von dem Präsidenten derselben revidirt und mit den Revisionsbemerkungen den beiden Häusern des Landtages zur Prüfung und Decharge vorgelegt.

Ausgenommen von der Revision durch die Ober-Rechnungskammer sind allein die Rechnungen über die in dem Etat für das Büreau des Staatsministeriums zu allgemeinen politischen Zwecken und in dem Etat des Ministeriums des Innern zu geheimen Ausgaben im Interesse der Polizei ausgesetzten Fonds.

§. 10. Zur Revision der Ober-Rechnungskammer gelangen ferner:

1) die Rechnungen der Staatsbehörden, Staatsbetriebsanstalten und staatlichen Institute über

Naturalien, Vorräthe, Materialien und überhaupt das gesammte nicht in Gelde bestehende Eigenthum des Staates;

2) die Rechnungen derjenigen Institute, Anstalten, Stiftungen und Fonds, welche lediglich von Staatsbehörden oder durch von Staatswegen angestellte Beamte, ohne Konkurrenz der Interessenten bei der Rechnungsabnahme und Quittirung, verwaltet werden, gleichviel, ob sie Zuschüsse vom Staate erhalten oder nicht.

Inwieweit den zu 1. erwähnten Rechnungen die Inventarien beizufügen sind oder nur deren regelmäßige Führung nachzuweisen ist, bleibt der Bestimmung der Ober-Rechnungskammer nach Verschiedenheit der Kassen und Institute überlassen.

§. 11. Von den in den §§. 9. und 10. bezeichneten Rechnungen ist die Ober-Rechnungskammer berechtigt, diejenigen, welche von untergeordneter Bedeutung sind, innerhalb der bisher bestandenen Grenzen von ihrer regelmäßigen Prüfung auszuschließen, und die Revision sowie die Dechargirung derselben den Verwaltungsbehörden zu überlassen, bis darüber bei eintretendem Bedürfniß durch Königliche Verordnung anderweitige Verfügung getroffen wird; die Ober-Rechnungskammer soll jedoch von Zeit zu Zeit dergleichen Rechnungen und Nachweisungen einfordern, um sich zu überzeugen, daß die Verwaltung der Fonds, worüber sie geführt werden, vorschriftsmäßig erfolge.

Etwaige Abänderungen in dem Verzeichniß der zur Zeit von der regelmäßigen Prüfung der Ober-Rechnungskammer ausgeschlossenen Rechnungen sind dem Landtage jedesmal in kürzester Frist zur Kenntniß zu bringen.

§. 12. Die Revision der Rechnungen ist außer der Rechnungsjustifikation noch besonders darauf zu richten:

a) ob bei der Erwerbung, der Benutzung und der Veräußerung von Staatseigenthum und bei der Erhebung und Verwendung der Staatseinkünfte, Abgaben und Steuern, nach den bestehenden Gesetzen und Vorschriften, unter genauer Beachtung der maßgebenden Verwaltungsgrundsätze verfahren worden ist;

b) ob und wo nach den aus den Rechnungen zu beurtheilenden Ergebnissen der Verwaltung zur Beförderung des Staatszweckes Abänderungen nöthig oder rathsam sind.

§. 13. Die Ober-Rechnungskammer ist berechtigt, von den Behörden jede, bei Prüfung der Rechnungen und Nachweisungen für erforderlich erachtete Auskunft, sowie die Einsendung der bezüglichen Bücher und Schriftstücke, auch von den Provinzial- und den denselben untergeordneten Behörden die Einsendung von Akten zu verlangen.

Der Präsident der Ober-Rechnungskammer ist befugt, Bedenken und Erinnerungen gegen die Rechnungen an Ort und Stelle durch Kommissarien erörtern zu lassen, auch zur Informationseinziehung über die Einzelheiten der Verwaltung Kommissarien abzuordnen.

Ebenso steht ihm das Recht zu, außerordentliche Kassen- und Magazinrevisionen zu veranlassen. In diesem Falle, sowie in allen Fällen der Absendung eines Kommissarius hat er jedoch dem betreffenden Verwaltungs-Chef davon vorherige Mittheilung zu machen, damit dieser sich an den Verhandlungen durch einen seinerseits abzuordnenden Kommissarius betheiligen kann.

§. 14. Alle Verfügungen der obersten Staatsbehörden, durch welche in Beziehung auf Einnahmen oder Ausgaben des Staats eine allgemeine Vorschrift gegeben, oder eine schon bestehende abgeändert oder erläutert wird, müssen sogleich bei ihrem Ergehen der Ober-Rechnungskammer mitgetheilt werden.

Allgemeine Anordnungen der Behörden über die Kassenverwaltung und Buchführung sind schon vor ihrem Erlaß zur Kenntniß der Ober-Rechnungskammer zu bringen, damit dieselbe auf etwaige Bedenken, welche sich aus ihrem Standpunkte ergeben, aufmerksam machen kann.

Die Vorschriften über die formelle Einrichtung der Jahresrechnungen und Justifikatorien werden von der Ober-Rechnungskammer erlassen. Dieselbe hat sich darüber zwar vorher mit den betheiligten Departements-Chefs in Verbindung zu setzen, bei obwaltender Meinungsverschiedenheit steht ihr aber die entscheidende Stimme zu.

Von allen auf die Rechnungslegung bezüglichen Beschlüssen eines der beiden Häuser des Landtages ist der Ober-Rechnungskammer zur Kenntnißnahme Mittheilung zu machen.

§. 15. Die Termine zur Einsendung der Rechnungen und die Fristen zur Erledigung der dagegen aufgestellten Erinnerungen werden von der Ober-Rechnungskammer festgestellt.

§. 16. Die Provinzial- und die ihnen gleichstehenden untergebenen Behörden sind der Ober-Rechnungskammer in allen Angelegenheiten des Ressorts derselben untergeordnet. Die Ober-Rechnungskammer ist befugt, ihren Verfügungen nöthigenfalls durch Strafbefehle, innerhalb der für die obersten Verwaltungsbehörden gesetzlich bestimmten Grenzen, die schuldige Folgeleistung zu sichern, auch etwa vorkommende Unangemessenheiten in Erledigung ihrer Erlasse zu rügen.

§. 17. Die Ober-Rechnungskammer ertheilt den rechnungsführenden Beamten, wenn sie ihren Verbindlichkeiten vollständig genügt und die aufgestellten Erinnerungen erledigt haben, eine Decharge mit den in den §§. 146. bis 153. Theil I. Titel 14. des Allgemeinen Landrechts einer Quittung beigelegten Wirkungen. Stellen sich Vertretungen des Rechnungsführers oder anderer Beamten bei der Rechnungsrevision heraus, deren Deckung durch die Notatenbeantwortung nicht nachgewiesen wird, so hat die Ober-Rechnungskammer die weitere Verfolgung, welche von der vorgesetzten Behörde zu betreiben ist, nöthigen Falles durch Eintragung in das Soll der Einnahmen anzuordnen.

§. 18.[1] Die nach Vorschrift des Artikels 104. der Verfassungsurkunde mit der allgemeinen Rechnung über den Staatshaushalt jeden Jahres von der Staatsregierung dem Landtage vorzulegenden, von der Ober-Rechnungskammer unter selbstständiger, unbedingter Verantwortlichkeit aufzustellenden Bemerkungen[2] müssen ergeben:

1) ob die in der Rechnung aufgeführten Beträge in Einnahme und Ausgabe mit denjenigen übereinstimmen, welche in den von der Ober-Rechnungskammer revidirten Kassenrechnungen in Einnahme und Ausgabe nachgewiesen sind,
2) ob und inwieweit bei der Vereinnahmung und Erhebung, bei der Verausgabung oder Verwendung von Staatsgeldern oder bei der Erwerbung, Benutzung oder Veräußerung von Staatseigenthum Abweichungen von den Bestimmungen des gesetzlich festgestellten Staatshaushalts-Etats oder der von der Landesvertretung genehmigten Titel der Spezialetats (§. 19.), oder von den mit einzelnen Positionen des Etats verbundenen Bemerkungen, oder von den Bestimmungen der auf die Staatseinnahmen und Staatsausgaben oder auf die Erwerbung, Benutzung oder Veräußerung von Staatseigenthum bezüglichen Gesetze[3] stattgefunden haben, insbesondere

3) zu welchen Etatsüberschreitungen im Sinne des Artikels 104. der Verfassungsurkunde (§. 19.), sowie zu welchen außeretatsmäßigen Ausgaben[4] die Genehmigung des Landtages noch nicht beigebracht ist.

[1] § 18 betrifft das Kontrolrecht des Landtages, welches er erweitert, berührt indeß wie das ganze Gesetz nicht die materiellen Befugnisse der Krone zum Erlasse justifizirender Kabinets-Ordres. Diese Befugnisse sind durch das Ges. v. 27./3. 72 weder eingeschränkt noch erweitert worden. Hierüber bestand bei Berathung des Gesetzes allseitiges Einverständniß. Das Gesetz ist kein Komptabilitätsgesetz. Vor diesem Gesetz genügte das Vorhandensein einer KabO., um den dadurch gedeckten Gegenstand der Kenntniß und Kontrole des Landtages zu entziehen. § 18 bestimmt, daß von den dort aufgeführten Vorfällen der Landtag stets und unbedingt Kenntniß erhalten soll, auch wenn eine den Vorfall materiell erledigende KabO. ergangen sein möchte. Das Recht des Landtages zur Kontrole und die Befugniß der Krone zum Erlasse justifizirender KabO's. decken sich ebensowenig, wie sie sich wechselseitig ausschließen. Der Landtag hat stets das Recht der Kenntnißnahme und Kontrole darüber, ob alle etatsmäßigen und alle auf Gesetzen (Anm. 3) beruhenden Einnahmen erhoben sind, nicht aber bedarf es seiner Genehmigung, wenn solche Einnahmen auf Grund einer KabO. unerhoben bleiben; denn, wie dies oben S.154f. nachgewiesen, bei Berathung des Gesetzes von der Staatsregierung wiederholt betont und vom Abgeordnetenhause durch Beschluß v. 17./2. 1872 (s. Anm. 4) gutgeheißen war, besteht in Preußen kein Einnahmebewilligungsrecht des Landtages, und bedarf es niemals der Genehmigung des Landtages im Sinne des Art. 104 der Verf.-Urk., auch wenn auf dem Etat oder irgend welchen Gesetzen beruhende Einnahmen unerhoben bleiben. Nach der Ansicht von Joël l. c. S. 821 bedürfte es der Genehmigung des Landtages, wenn der König 1 M. Stempel, Steuern oder Gerichtskosten niederschlägt (da diese auf sog Finanzgesetzen beruhen), nicht aber, wenn der König auf erbliche Verlassenschaften oder vertragsmäßige Rechte

des Staates im Werthe von Millionen verzichtet! Es bedürfte der Genehmigung des Landtages, wenn der König auf dem Gerichtskostengesetze, nicht, wenn er auf dem ALR. beruhende Einnahmen aufgiebt! Ebenso Laband Arch. f. öff. Recht Bd. 7 S. 189 f.

Dahingegen bedarf der König stets der Genehmigung des Landtages zu einer außeretatsmäßigen Ausgabe, auch wenn diese durch KabO. gutgeheißen war. Mit meiner Ansicht stimmt die Praxis überein, welche es insbesondere zuläßt, daß der König ebenso auf Steuern, Gerichtskosten und Stempel wie auf Pachtgelder Verzicht leistet. Rückzahlungen, die in demselben Etatsjahre gemacht werden, sind rechtlich Mindereinnahmen, keine Ausgaben.

[2] d. h. die Ober-Rechnungskammer darf selbst durch KabOrdre nicht von der Pflicht entbunden werden, über die in § 18 genannten Gegenstände die etwa erforderlichen Bemerkungen zu machen; vgl. KommBer. des Abg.H. v. 30./1. 72 Aktenstück 148, S. 846 der StenBer. 1871/72. Vor dem Ges. v. 27. März 1872 kam zur Anwendung der Allerh. Erl. v. 21. Juni 1862, wonach diejenigen Erinnerungen dem Landtage nicht mitzutheilen waren, welche von vornherein vor der Revision durch die Ober-Rechnungskammer durch KO. justifizirt waren. Nur solche Abweichungen sind mitzutheilen, welche auf die Entlastung von Einfluß sind. nicht solche, welche der Krone auf Grund des ihr verfassungsmäßig zustehenden Gnadenrechts zustehen. Lasker StenBer. d. AbgH. 1872 S. 835, Hertel Ergänzungsheft S. 145, Laband Arch. f. öff. Recht Bd. 7 S. 209.

[3] Abweichungen von „Vorschriften und Verwaltungsgrundsätzen" sind nicht zur Kenntniß des Landtages zu bringen (StenBer. d. AbgH. 1872 S. 817—839, s. auch S. 1263). Die Gesetze im Sinne des § 18 nennt man Finanzgesetze und damit meint man jede Vorschrift, welche auf die Vermögensverwaltung Bezug hat; darunter fallen also auch Gesetze, welche Geldstrafen vorschreiben, die auf das Grundbuchwesen bezüglichen Gesetze, das Landrecht, wenn sie und soweit sie auf die staatliche Vermögensverwaltung Bezug haben. Diese fälschlich genannten Finanzgesetze sind etwas Anderes, wie die in Art. 62 Abs. 3 erwähnten wirklichen Finanzgesetze. S. Anm. 7 zu Art. 62 der VerfUrk.

[4] Nicht Mehreinnahmen, s. oben S. 160 f., 169. Der Antrag der Kommission des AbgH., diese einzuschalten, wurde am 17./2. 72 abgelehnt.

§. 19. Etatsüberschreitungen im Sinne des Artikels 104. der Verfassungsurkunde[1] sind alle Mehrausgaben,[2] welche gegen die einzelnen Kapitel und Titel des nach Artikel 99. a. a. O. festgestellten Staatshaushalts-Etats oder gegen die von der Landesvertretung genehmigten Titel der Spezialetats stattgefunden haben, soweit nicht einzelne Titel in den Etats als übertragbar ausdrücklich bezeichnet sind und bei solchen die Mehrausgaben bei einem Titel durch Minderausgaben bei anderen ausgeglichen werden.[3] Unter dem Titel eines Spezialetats ist im Sinne dieses Gesetzes zu verstehen jede Position, welche einer selbstständigen Beschlußfassung der Landesvertretung unterlegen hat und als Gegenstand einer solchen im Etat erkennbar gemacht worden ist.[4]

In die zur Vorlegung an den Landtag gelangenden Spezialetats sind fortan, zuerst in die Etats für das Jahr 1873., bei den Besoldungsfonds die Stellenzahl und die Gehaltssätze, welche für die Disposition über diese Fonds maßgebend sind, aufzunehmen.

Eine Nachweisung der Etatsüberschreitungen und der außeretatsmäßigen Ausgaben[5] ist jedesmal im nächsten Jahre, nachdem sie entstanden sind, den Häusern des Landtages zur nachträglichen Genehmigung vorzulegen.[6] Die Erinnerungen der Rechnungslegung werden durch diese Genehmigung nicht berührt.

[1] d. h. also bedürfen der Genehmigung des Landtages, auch wenn sie durch Kabinets-Ordre justifizirt worden sind.

[2] S. Anm. 4 zu § 18.

[3] Als Mehrausgaben gelten nach der Praxis auch verspätete oder verfrühte Verrechnungen, da die Etatsfonds nur dazu da sind, um die Ausgabe des Jahres zu bestreiten, für welches sie bestimmt sind.

[4] Vor dem Ges. v. 27./3. 72 lag (nach der Auffassung der Staatsregierung) eine Etatsüberschreitung im Sinne des Art. 104 der VerfUrk. (d. i. die Nothwendigkeit der Genehmigung des Landtages) nicht schon dann vor, wenn nur ein Spezialetat, oder nur ein Titel eines solchen Spezialetats, überschritten war.

[5] d. s. solche, welche sich an keinen Titel des Etats anschließen.

[6] Die Genehmigung oder Nichtgenehmigung des Landtages hat nur für die (politische) Verantwortlichkeit der Staatsregierung den Kammern gegenüber Bedeutung; der Landtag kann die Decharge verweigern; aber er kann das zu viel Verausgabte nicht einklagen lassen; s. auch Rede Virchow's am 15. Febr. 1872 im AbgH. Die Genehmigung oder Nichtgenehmigung, die Ertheilung oder Versagung der Decharge begründet für dritte Personen als rein interner Akt der Staatsgewalten weder Rechte noch Pflichten; s. Vorbemerkung zu Art. 99 und Erk. d. RG. v. 9./4. 85, Entsch. in Civils. XIII 253.

§. 20. Nach Ablauf eines jeden Geschäftsjahres erstattet die Ober-Rechnungskammer dem Könige einen Bericht über die Ergebnisse ihrer Geschäftsthätigkeit, welchem zugleich ihre gutachtlichen Vorschläge beizufügen sind, ob und inwieweit nach den aus den Rechnungen sich ergebenden Resultaten der Verwaltung zur Beförderung der Staatszwecke im Wege der Gesetzgebung oder der Verordnung zu treffende Bestimmungen nothwendig oder rathsam erscheinen.

§. 21. Alle durch frühere Gesetze und Verordnungen erlassenen Bestimmungen, soweit sie dem gegenwärtigen Gesetze zuwiderlaufen, treten außer Kraft.

Anlage VIII zu Art. 111.

Gesetz über den Belagerungszustand.

Vom 4. Juni 1851 (Preuß. GS. 451).

(Gültig im ganzen Umfange der Monarchie, für Hannover, Hessen-Nassau, Frankfurt a. M. gemäß Verordnung v. 25./6. 67 (GS. 923) Art. II H, für Meisenheim gemäß Verordnung v. 13./9. und 20./9. 67 (GS. 700 und 1534), für Kaulsdorf gemäß Verordnung v. 22./5. 67 [GS. 728]).

Dieses Gesetz gilt nach Art. 68 der Reichsverfassung als Reichsgesetz. Art. 68 bestimmt:

Der Kaiser*) kann, wenn die öffentliche Sicherheit in dem Bundesgebiete bedroht ist, einen jeden Theil desselben in Kriegszustand erklären. Bis zum Erlaß eines die Voraussetzungen, die Form der Verkündigung und die Wirkungen einer solchen Erklärung regelnden Reichsgesetzes gelten dafür die Vorschriften des Preußischen Gesetzes vom 4. Juni 1851 (Gesetz-Samml. für 1851 S. 451 ff.).

---

§. 1. Für den Fall eines Krieges ist in den, von dem Feinde bedrohten oder theilweise schon besetzten

*) und zwar (außer für Bayern) nur der Kaiser, Laband Reichsstaatsr. 2. Aufl. II S. 541 f., H. Schulze II S. 62, 63, v. Stengel S. 403.

Provinzen jeder Festungskommandant befugt, die ihm anvertraute Festung mit ihrem Rayonbezirke, der [1] kommandirende General aber den Bezirk des Armeekorps oder einzelne Theile desselben zum Zweck der Vertheidigung in Belagerungszustand zu erklären.

[1] Der im Kriegsfalle de facto kommandirende General, nicht der, welchem für Friedensverhältnisse der Kriegsbezirk zugetheilt ist, KommBer. der I. Kammer. Drucksachen 1850/1 Nr. 52 S. 2.

§. 2. Auch für den Fall eines Aufruhrs [1] kann, bei dringender Gefahr für die öffentliche Sicherheit, der Belagerungszustand sowohl in Kriegs- als in Friedenszeiten erklärt werden.

Die Erklärung des Belagerungszustandes geht alsdann vom Staats-Ministerium aus, kann aber provisorisch und vorbehaltlich der sofortigen Bestätigung oder Beseitigung durch dasselbe, in dringenden Fällen, rücksichtlich einzelner Orte und Distrikte, durch den obersten Militairbefehlshaber in denselben, auf den Antrag des Verwaltungschefs des Regierungsbezirks, wenn aber Gefahr im Verzuge ist, auch ohne diesen Antrag erfolgen.

In Festungen geht die provisorische Erklärung des Belagerungszustandes von dem Festungskommandanten aus.

[1] Vgl. StrGB. § 115.

§. 3. Die Erklärung des Belagerungszustandes ist bei Trommelschlag oder Trompetenschall zu verkünden, und außerdem durch Mittheilung an die Gemeindebehörde, durch Anschlag an öffentlichen Plätzen und durch öffentliche Blätter ohne Verzug zur allgemeinen Kenntniß zu bringen.[1] — Die Aufhebung des Belagerungszustandes wird durch Anzeige an die Gemeindebehörde und durch die öffentlichen Blätter zur allgemeinen Kenntniß gebracht.

[1] Diese Vorschrift ist instruktionell. Es genügt jede einzelne der im Gesetz vorgeschriebenen Verkündungsweisen, auch jede andere an sich geeignete, um den Belagerungszustand eintreten zu lassen, KommBer. der I. Kammer l. c. S. 3. — StenBer. der I. Kammer 1850 S. 173.

§. 4. Mit der Bekanntmachung der Erklärung des Belagerungszustandes geht die vollziehende Gewalt an die Militairbefehlshaber über.[1] Die Civilverwaltungs- und Gemeindebehörden haben den Anordnungen und Aufträgen der Militairbefehlshaber Folge zu leisten.

Für ihre Anordnungen sind die betreffenden Militairbefehlshaber persönlich verantwortlich.

[1] Daraus folgt, daß (abweichend von der Vorschrift in Art. 36 der VerfUrk.) die Militärbehörde ohne zuvorige Requisition der Civilbehörde einschreiten darf. Das Tumultges. v. 17./8. 35 (GS. S. 170), besonders §§ 8, 9, und das Ges. v. 20./3. 37 über den Waffengebrauch des Militärs (GS. 60) sind auch hier zu berücksichtigen.

§. 5. Wird bei Erklärung des Belagerungszustandes für erforderlich erachtet, die Artikel 5., 6., 7., 27., 28., 29., 30. und 36. der Verfassungs-Urkunde,[1] oder einzelne derselben, zeit- und distriktweise außer Kraft zu setzen, so müssen die Bestimmungen darüber ausdrücklich in die Bekanntmachung über die Erklärung des Belagerungszustandes aufgenommen, oder in einer besonderen, unter der nämlichen Form (§. 3.) bekannt zu machenden Verordnung verkündet werden.

Die Suspension der erwähnten Artikel oder eines derselben ist nur für den Bezirk zulässig, der in Belagerungszustand erklärt ist und nur für die Dauer des Belagerungszustandes.

[1] S. auch Reichspreßges. v. 7./5. 74 (RGBl. 65) § 30 Abs. 1, wonach die für Zeiten der Kriegsgefahr, des erklärten Belagerungszustandes oder innerer Unruhen in Bezug auf die Presse bestehenden besonderen gesetzlichen Beschränkungen auch dem Ges. v. 7./5. 74 gegenüber bis auf weiteres in Kraft bleiben. S. ferner Ges. über das Paßwesen v. 12./10. 67 (BGBl. 33) § 9, wonach dem Kaiser in dem Falle, wenn die Sicherheit des Reiches oder eines einzelnen Bundesstaates, oder die öffentliche Ordnung durch Krieg, innere Unruhen oder sonstige Ereignisse bedroht erscheinen, die Befugniß zusteht, die Paßpflichtigkeit überhaupt oder für einen bestimmten Bezirk oder zu Reisen aus und nach bestimmten Staaten des Auslandes vorübergehend einzuführen.

§. 6. Die Militairpersonen stehen während des Belagerungszustandes unter den Gesetzen, welche für den Kriegszustand ertheilt sind. — Auch finden auf dieselben die §§. 8. und 9. dieser Verordnung Anwendung.

§. 7. In den, in Belagerungszustand erklärten Orten oder Distrikten hat der Befehlshaber der Besatzung (in den Festungen der Kommandant) die höhere Militairgerichtsbarkeit über sämmtliche zur Besatzung gehörenden Militairpersonen.

Auch steht ihm das Recht zu, die wider diese Personen ergehenden kriegsrechtlichen Erkenntnisse zu bestätigen.

Ausgenommen hiervon sind nur in Friedenszeiten die Todesurtheile; diese unterliegen der Bestätigung des kommandirenden Generals der Provinz.

Hinsichtlich der Ausübung der niederen Gerichtsbarkeit verbleibt es bei den Vorschriften des Militair-Strafgesetzbuches.

§. 8. Wer in einem in Belagerungszustand erklärten Orte oder Distrikte der vorsätzlichen Brandstiftung, der vorsätzlichen Verursachung einer Ueberschwemmung, oder des Angriffs oder des Widerstandes gegen die bewaffnete Macht oder Abgeordnete der Civil- oder Militairbehörde in offener Gewalt und mit Waffen oder gefährlichen Werkzeugen versehen sich schuldig macht, wird mit dem Tode bestraft.

Sind mildernde Umstände vorhanden, so kann, statt der Todesstrafe, auf zehn- bis zwanzigjährige Zuchthausstrafe erkannt werden.[1]

[1] Vgl. § 4 EG. zum StrGB., wonach die in den §§ 81, 88, 90, 307, 311, 312, 315, 322, 323, 324 des StrGB. mit lebenslänglichem Zuchthaus bedrohten Verbrechen mit dem Tode zu bestrafen sind, wenn sie in einem Theile des Bundesgebiets, welchen der Kaiser in Kriegszustand erklärt hat, oder während eines gegen das Deutsche Reich ausgebrochenen Krieges auf dem Kriegsschauplatze begangen werden.

§. 9. Wer in einem in Belagerungszustand erklärten Orte oder Distrikte

a) in Beziehung auf die Zahl, die Marschrichtung oder angeblichen Siege der Feinde oder Aufrührer wissentlich falsche Gerüchte ausstreut oder verbreitet, welche geeignet sind, die Civil- oder Militairbehörden hinsichtlich ihrer Maaßregeln irre zu führen, oder

b) ein bei Erklärung des Belagerungszustandes oder während desselben vom Militairbefehlshaber im Interesse der öffentlichen Sicherheit erlassenes Verbot übertritt, oder zu solcher Uebertretung auffordert oder anreizt, oder

c) zu dem Verbrechen des Aufruhrs, der thätlichen Widersetzlichkeit, der Befreiung eines Gefangenen, oder zu anderen §. 8. vorgesehenen Verbrechen, wenn auch ohne Erfolg, auffordert oder anreizt, oder

d) Personen des Soldatenstandes zu Verbrechen gegen die Subordination oder Vergehungen gegen die militairische Zucht und Ordnung zu verleiten sucht,

soll, wenn die bestehenden Gesetze keine höhere Freiheitsstrafe bestimmen, mit Gefängniß bis zu Einem Jahr bestraft werden.

§. 10. Wird unter Suspension des Artikels 7. der Verfassungs-Urkunde zur Anordnung von Kriegsgerichten geschritten, so gehört vor dieselben die Untersuchung und Aburtheilung der Verbrechen des Hochverraths, des Landesverraths, des Mordes, des Aufruhrs, der thätlichen Widersetzung, der Zerstörung von Eisenbahnen und Telegraphen, der Befreiung von Gefangenen, der Meuterei, des Raubes, der Plünderung, der Erpressung, der Verleitung der Soldaten zur Untreue, und der in den §§. 8. und 9. mit Strafe bedrohten Verbrechen und Vergehen, insofern alle genannten Verbrechen und Vergehen nach der Erklärung und Bekanntmachung des Belagerungszustandes begangen oder fortgesetzte Verbrechen sind.

— — —[1]

Ist die Suspension des Art. 7. der Verfassungs-Urkunde nicht vom Staatsministerium erklärt, so bleibt in Friedenszeiten bei den von dem Kriegsgerichte eingeleiteten Untersuchungen die Vollstreckung des Urtheils ausgesetzt, bis die Suspension vom Staatsministerium genehmigt ist.

[1] Abs. 2, eine vorläufige Bestimmung bis zur Einführung eines Strafgesetzbuchs für die ganze Monarchie, ist seit Geltung des preuß. StrGB. obsolet.

§. 11. Die Kriegsgerichte bestehen aus fünf Mitgliedern, unter denen zwei von dem Vorstande des Civilgerichtes des Ortes zu bezeichnende richterliche Civilbeamte, und drei von dem Militairbefehlshaber, welcher am Orte den Befehl führt, zu ernennende Offiziere sein müssen. Die Offiziere sollen mindestens Hauptmannsrang haben; fehlt es an Offizieren dieses höheren Ranges, so ist die Zahl aus Offizieren des nächsten Grades zu ergänzen.

Sofern in einer vom Feinde eingeschlossenen Festung die erforderliche Zahl von richterlichen Civilbeamten nicht vorhanden ist, soll dieselbe von dem kommandirenden Militairbefehlshaber aus den Mitgliedern der Gemeindevertretung ergänzt werden. Ist kein richterlicher Civilbeamte in der Festung vorhanden, so ist stets ein Auditeur Civilmitglied des Kriegsgerichts.

Die Zahl der Kriegsgerichte richtet sich, wenn eine ganze Provinz oder ein Theil derselben in Belagerungszustand erklärt ist, nach dem Bedürfniß, und den Gerichtssprengel eines jeden dieser Gerichte bestimmt in derartigen Fällen der kommandirende General.

§. 12. Den Vorsitz in den Sitzungen der Kriegsgerichte führt ein richterlicher Beamte.

Von dem Vorsitzenden werden, bevor das Gericht seine Geschäfte beginnt, die zu Mitgliedern desselben bestimmten Offiziere und eintretenden Falls diejenigen Civilmitglieder, welche dem Richterstande nicht angehören, dahin vereidigt,

> daß sie die Obliegenheiten des ihnen übertragenen Richteramtes mit Gewissenhaftigkeit und Unparteilichkeit, den Gesetzen gemäß, erfüllen wollen.

Der Militairbefehlshaber, welcher die dem Offizierstande angehörigen Mitglieder des Kriegsgerichts ernennt, beauftragt als Berichterstatter einen Auditeur, oder in dessen Ermangelung einen Offizier. Dem Berichterstatter liegt ob, über die Anwendung und Handhabung des Gesetzes zu wachen, und durch Anträge die Ermittelung der Wahrheit zu fördern. Stimmrecht hat derselbe nicht.

Als Gerichtsschreiber wird zur Führung des Protokolls ein von dem Vorsitzenden des Kriegsgerichts zu bezeichnender und von ihm zu vereidigender Beamter der Civilverwaltung zugezogen.

§. 13. Für das Verfahren vor den Kriegsgerichten gelten folgende Bestimmungen:

1) Das Verfahren ist mündlich und öffentlich; die Oeffentlichkeit kann vom Kriegsgerichte durch einen öffentlich zu verkündigenden Beschluß ausgeschlossen werden, wenn es dies aus Gründen des öffentlichen Wohls für angemessen erachtet.
2) Der Beschuldigte kann sich eines Vertheidigers bedienen. — Wählt er keinen Vertheidiger, so muß ihm ein solcher von Amtswegen von dem Vorsitzenden des Gerichts bestellt werden, insofern es sich um solche Verbrechen oder Vergehen handelt, bei welchen nach dem allgemeinen Strafrecht eine höhere Strafe, als Gefängniß bis zu Einem Jahre, eintritt.
3) Der Berichterstatter trägt in Anwesenheit des Beschuldigten die demselben zur Last gelegte Thatsache vor.

   Der Beschuldigte wird aufgefordert, sich darüber zu erklären, demnächst wird zur Erhebung der anderweiten Beweismittel geschritten.

   Sodann wird dem Berichterstatter zur Aeußerung über die Resultate der Vernehmungen und die Anwendung des Gesetzes, und zuletzt dem Beschuldigten und seinem Vertheidiger das Wort gestattet.

Das Urtheil wird bei sofortiger nicht öffentlicher Berathung des Gerichts nach Stimmenmehrheit gefaßt und unmittelbar darauf dem Beschuldigten verkündigt.

4) Das Gericht erkennt auf die gesetzliche Strafe, oder auf Freisprechung, oder Verweisung an den ordentlichen Richter.

Der Freigesprochene wird sofort der Haft entlassen. Die Verweisung an den ordentlichen Richter findet statt, wenn das Kriegsgericht sich für nicht kompetent erachtet; es erläßt in diesem Falle über die Fortdauer oder Aufhebung der Haft im Urtheile zugleich besondere Verfügung.

5) Das Urtheil, welches den Tag der Verhandlung, die Namen der Richter, die summarische Erklärung des Beschuldigten über die ihm vorgehaltene Beschuldigung, die Erwähnung der Beweisaufnahme und die Entscheidung über die Thatfrage und den Rechtspunkt, sowie das Gesetz, auf welches das Urtheil begründet ist, enthalten muß, wird von den sämmtlichen Richtern und dem Gerichtsschreiber unterzeichnet.

6) Gegen die Urtheile der Kriegsgerichte findet kein Rechtsmittel statt. Die auf Todesstrafe lautenden Erkenntnisse unterliegen jedoch der Bestätigung des im §. 7. bezeichneten Militairbefehlshabers, und zwar in Friedenszeiten der Bestätigung des kommandirenden Generals der Provinz.

7) Alle Strafen, mit Ausnahme der Todesstrafe, werden binnen 24 Stunden nach der Verkündigung des Erkenntnisses, Todesstrafen binnen gleicher Frist nach Bekanntmachung der erfolgten Bestätigung an den Angeschuldigten zum Vollzug gebracht.

8) Die Todesstrafe wird durch Erschießen vollstreckt. Sind Erkenntnisse, welche auf Todesstrafe lauten, bei Aufhebung des Belagerungszustandes noch nicht vollzogen, so wird diese Strafe von den ordentlichen Gerichten in diejenige Strafe umgewandelt, welche, abgesehen von dem Belagerungszustande, die gesetzliche Folge der von dem Kriegsgerichte als erwiesen angenommenen That gewesen sein würde.

§. 14. Die Wirksamkeit der Kriegsgerichte hört mit der Beendigung des Belagerungszustandes auf.

§. 15. Nach aufgehobenem Belagerungszustande werden alle vom Kriegsgerichte erlassenen Urtheile sammt Belagstücken und dazu gehörenden Verhandlungen, sowie die noch schwebenden Untersuchungssachen an die ordentlichen Gerichte abgegeben; diese haben in den von dem Kriegsgerichte noch nicht abgeurtelten Sachen nach den ordentlichen Strafgesetzen, und nur in den Fällen des §. 9. nach den in diesem getroffenen Strafbestimmungen zu erkennen.

§. 16. Auch wenn der Belagerungszustand nicht erklärt ist, können im Falle des Krieges oder Aufruhrs, bei dringender Gefahr für die öffentliche Sicherheit die Artikel 5., 6.,[1] 27., 28., 29., 30. und 36. der Verfassungs-Urkunde oder einzelne derselben vom Staatsministerium zeit- und distriktweise außer Kraft gesetzt werden.

[1] nicht aber Art. 7. Dieser Artikel kann nur bei erklärtem Belagerungszustande suspendirt werden, KommBer. der II. Kammer in den StenBer. 1850/51 Bd. IV S. 803.

§. 17. Ueber die Erklärung des Belagerungszustandes, sowie über jede, sei es neben derselben (§. 5.) oder in dem Falle des §. 16. erfolgte Suspension auch nur eines der §§. 5. und 16. genannten Artikel der Verfassungs-Urkunde, muß den Kammern sofort, beziehungsweise bei ihrem nächsten Zusammentreten, Rechenschaft gegeben werden [1]

[1] Die Ansicht (s. Rede des Abgeordneten Camphausen in den StenBer. der I. Kammer 1850/51 I S. 217), daß, wie eine auf Grund Art. 63 der Verfass. vorgenommene Oktroyirung nur bis zur verweigerten Zustimmung einer Kammer gültig bleibe, dies noch vielmehr von dem Falle gelten müsse, wo die Regierung sogar einen Theil der Verfassung suspendire, findet weder im Gesetz noch in Art. 111 der Verfassung eine Stütze. (Anderer Ansicht anscheinend v. Rönne § 146 II S. 211.) Würde das Gesetz oder die Verfassung haben sagen wollen, daß jede Erklärung des Belagerungszustandes oder jede Suspension einzelner Verfassungsartikel der nachträglichen Genehmigung des Landtages bedürfe und aufhören müsse, wenn diese Genehmigung versagt wird, so hätte dies (wie im Falle des Art. 63 der Verfassung) ausdrücklich erklärt sein müssen. Das Wort „Rechenschaft" bedeutet lediglich die Pflicht des Ministeriums, den Kammern, jetzt des Reichskanzlers dem Reichstage gegenüber sein Verhalten zu rechtfertigen. An das Mißlingen der Rechenschaft sind rechtliche Folgen nicht geknüpft, s. auch Schulze 1. Aufl. II S. 263.

§. 18. Alle diesem Gesetze entgegenstehenden Vorschriften werden aufgehoben.

Das gegenwärtige Gesetz tritt an die Stelle der Verordnung vom 10ten Mai 1849. und der Deklaration vom 4ten Juli 1849. (Gesetz-Sammlung Seite 165. und 250.)

Sachregister.

A.

S.

T.

U.

V.

Druck von Dobrzynski & Walter, Berlin S.

FSC
www.fsc.org
MIX
Papier | Fördert gute Waldnutzung
FSC® C083411

Kolibri 360 GmbH
Ferdinand-Jühlke-Straße 7
99095 Erfurt, Deutschland
produktsicherheit@kolibri360.de